CODEPENDÊNCIA NUNCA MAIS

MELODY BEATTIE

CODEPENDÊNCIA NUNCA MAIS

PARE DE CONTROLAR OS OUTROS E CUIDE DE SI MESMO

Tradução
Carolina Simmer

35ª edição

Rio de Janeiro | 2024

TÍTULO ORIGINAL
Codependent No More – How to Stop Controlling Others and Start Caring for Yourself

TRADUÇÃO
Carolina Simmer

DESIGN DE CAPA
Leticia Quintilhano

CIP-BRASIL. CATALOGAÇÃO NA PUBLICAÇÃO
SINDICATO NACIONAL DOS EDITORES DE LIVROS, RJ

B351c
35. ed.

Beattie, Melody
  Codependência nunca mais : pare de controlar os outros e cuide de você mesmo / Melody Beattie ; tradução Carolina Simmer. - 35. ed. - Rio de Janeiro : BestSeller, 2024.

  Tradução de: Codepedent no more : how to stop controlling others and start caring for yourself
  ISBN 978-65-5712-236-5

  1. Codependência. 2. Abuso de substâncias - Pacientes - Relações com a família. 3. Cuidados pessoais com a saúde. I. Simmer, Carolina. II. Título.

23-83386

CDD: 616.869
CDU: 616.89-008.441.3

Meri Gleice Rodrigues de Souza - Bibliotecária - CRB-7/6439

Texto revisado segundo o novo Acordo Ortográfico da Língua Portuguesa.

Copyright © 1987 by Hazelden Foundation

Copyright da tradução © 2023 by Editora Best Seller Ltda.

Todos os direitos reservados. Proibida a reprodução,
no todo ou em parte, sem autorização prévia por escrito da editora,
sejam quais forem os meios empregados.

Direitos exclusivos de publicação em língua portuguesa para o Brasil
adquiridos pela
Editora Best Seller Ltda.
Rua Argentina, 171, parte, São Cristóvão
Rio de Janeiro, RJ — 20921-380
que se reserva a propriedade literária desta tradução.

Impresso no Brasil

ISBN 978-65-5712-236-5

Seja um leitor preferencial Record.
Cadastre-se e receba informações sobre nossos lançamentos e nossas promoções.
Atendimento e venda direta ao leitor:
sac@record.com.br

Este livro é dedicado a mim
— e a todas as pessoas que aprenderam comigo e
me permitiram aprender com elas.

Não é fácil encontrar felicidade em nós mesmos,
e é impossível encontrá-la em qualquer outro lugar.

— AGNES REPPLIER

SUMÁRIO

Prefácio para a edição revista	11
Introdução	15

Parte I
O que é codependência e quem sofre dela?

1. MINHA HISTÓRIA	25
2. OUTRAS HISTÓRIAS	35
3. CODEPENDÊNCIA	45
4. CARACTERÍSTICAS DO CODEPENDENTE	54

Parte II
O básico sobre autocuidado

5. DESLIGAMENTO EMOCIONAL	73
6. NÃO SE INCOMODE COM TUDO	84
7. LIBERTE-SE	93
8. LIBERTE A VÍTIMA	101
9. SUBDEPENDÊNCIA	114
10. VIVA A PRÓPRIA VIDA	127
11. AME-SE	133
12. APRENDA A ARTE DA ACEITAÇÃO	141
13. SINTA SEUS SENTIMENTOS	153
14. RAIVA	163
15. SIM, VOCÊ CONSEGUE PENSAR	173

16.	DETERMINE SUAS INTENÇÕES	178
17.	COMUNICAÇÃO	185
18.	SIGA UM PROGRAMA DE DOZE PASSOS	194
19.	UMA COISA OU OUTRA	212
20.	TRANQUILIZE-SE	228
21.	COMO APRENDER A VIVER E A AMAR DE NOVO	249

Agradecimentos	255
Canais de apoio	257
Notas	265
Bibliografia	273

PREFÁCIO PARA A EDIÇÃO REVISTA

No Valentine's Day do ano de 1986 — a pedido da minha editora —, Terry Spahn, uma vizinha que trabalhava na Fundação Hazelden, foi até minha casa em Stillwater, Minnesota, para arrancar das minhas mãos as páginas recém-saídas de uma impressora matricial e que se tornariam o livro *Codependência nunca mais*.

Eu o havia escrito em um Kaypro — um dos primeiros computadores de uso pessoal lançados no mundo — e o salvei em um disquete. Era fascinante usar aquela nova tecnologia para escrever, a qual me permitia fazer incontáveis revisões e (ao contrário das máquinas de datilografia) intervalos para me distrair jogando Pong. Também foi por isso que Terry precisou ir à minha casa buscar o manuscrito impresso. Após apertá-lo contra meu peito e tentar me esquivar por um instante enquanto ela se esforçava para arrancá-lo dos meus braços, eu o soltei e o libertei para o mundo.

Codependência nunca mais envelheceu bem desde aquele dia em Stillwater. Ele estabeleceu uma prova de conceito. Ainda gosto do ritmo e da essência do livro.

Contudo, ao longo das últimas décadas, e especialmente com os avanços tecnológicos que impactaram tanto nossa vida, percebi o quanto estava incomodada com algumas expressões e referências arcaicas e desatualizadas; com a forma cautelosa que usei para contar a *minha* história; com alguma hesitação em certos momentos (na minha vida e no livro) em determinar se realmente podemos amar a nós mesmos; e o que isso significa e o quanto é aceitável.

12 | *Codependência nunca mais*

Durante a época em que fiz minha pesquisa e escrevi o livro, na década de 1980, tínhamos uma percepção diferente do mundo, mas já estávamos começando a questionar ideias que antes não eram debatidas. Mulheres estavam deixando de ser consideradas propriedades com pouquíssimos direitos e se tornando indivíduos completos. E as pessoas estavam buscando cada vez mais informações que as ajudassem a entender a vida em uma realidade que mudava num piscar de olhos. Livrarias não tinham sessões de autoajuda, mas os leitores queriam saber mais sobre autoconhecimento. Apesar da essência do livro permanecer intacta, algumas partes pareciam tão antiquadas que acabavam ofuscando informações úteis. O livro precisava ser atualizado.

— Você acha que os leitores mais jovens sabem quem é Bob Newhart? — perguntei para minha nova editora, me referindo à epígrafe de um capítulo.

— Não — respondeu ela —, mas sabem procurar o nome dele no Google.

MUITAS MUDANÇAS QUE ocorreram na minha vida desde a publicação de *Codependência nunca mais* moldaram quem sou e aquilo em que acredito: a mudança para a Califórnia; a morte do meu ex (o pai dos meus filhos) e do meu pai — dois dos meus três qualificadores originais para a codependência; e cuidar da minha mãe no fim de sua vida (meu primeiro relacionamento de amor e ódio).

A perda mais profunda para mim, porém, foi a morte do meu filho, Shane, no dia seguinte ao seu aniversário de 12 anos. Isso me fez mergulhar de cabeça no luto, o trauma me paralisou, e eu me tornei incapaz de fazer qualquer coisa.

Essa terrível prova de fogo me fez entender como o trauma, a ansiedade e o estresse pós-traumático se conectam com a codependência. É óbvio que não dei muita atenção a esses ensinamentos enquanto os aprendia. *Trauma* nem sequer fazia parte do nosso vocabulário, exceto quando se tratava de soldados retornando da guerra, até que os atentados de 11 de Setembro nos fizeram encará-lo de forma coletiva. A comunidade, que passava pelo processo de recuperação da saúde mental, estava começando a reconhecer que o caos e o medo que sentimos por termos tido uma família marcada pelo alcoolismo[1] na infância ou por termos sofrido abusos sexuais ou físicos era semelhante a enfrentar uma guerra. Pessoalmente, entendi que precisava lidar com os traumas que ainda viviam dentro de mim, em prol de conseguir me curar e encontrar a paz.

No fim das contas, essa foi minha inspiração para escrever o novo capítulo, "Tranquilize-se", deste livro. Sou grata por ter feito isso.

DURANTE A REVISÃO do texto, também decidi assumir minha história de codependência. Como as pessoas de quem eu era mais codependente ainda estavam vivas em 1986, não revelei seus nomes e também me escondi no processo. Não me senti no direito de contar a história delas. Agora, eu as incluo aqui. Não faço isso para difamar quem não pode mais se defender, mas também parei de protegê-las por conta da minha codependência. Nós podemos contar a verdade sobre nossas experiências com amor e compaixão — sem rebaixarmos a nós mesmos ou aos outros.

Outro objetivo da revisão era remover as patologias do texto — separar as pessoas de suas aflições, seus rótulos, suas dificuldades e doenças. Muitos de nós nos encaixamos em um ponto do espectro. Apesar de boa parte do livro se basear na codependência impulsionada pela dependência química, você também encontrará histórias e relatos sem qualquer relação com o abuso de substâncias. Os métodos de recuperação aqui debatidos podem ser aplicados para uma grande variedade de gatilhos de codependência.

Nesta edição revista, também incluí um guia abrangente de recursos que as pessoas podem consultar caso precisem de ajuda extra ou estejam lidando com alguma emergência. Obrigada a Lauren Barragan, que organizou essa seção com maestria.

---

1 Embora a tradução tenha optado por manter o termo utilizado pelo A.A. (Alcoólicos Anônimos) para fazer referência às pessoas com vício em álcool, há, atualmente, outros termos utilizados para fazer referência ao vício e às vítimas dele sem pejoração, como "etilismo"/"etilista" e "adicto". No caso das pessoas com vício em drogas e outros transtornos, a editora optou por substituir o termo "viciado" por "adicto", a fim de combater qualquer pejoração. [N. do E.]

QUANTO MAIS o tempo passa, mais convencida fico de que nossa principal responsabilidade na vida é encontrar uma forma de fazer as pazes com nós mesmos, com o passado e com o futuro — não importa o que encaramos, não importa a frequência com que isso aconteça. Também é nosso dever praticar o amor-próprio deliberadamente. Todos os dias. Pela vida toda. Não é narcisismo nem egoísmo encarar a vida e nossos relacionamentos com essa postura. O amor-próprio é algo mais discreto, tranquilo. Você vai se acostumar. Eu gosto dele; talvez você goste também.

No Valentine's Day de 2022, entreguei esta nova versão revista e atualizada de *Codependência nunca mais*. Esse é o meu legado e o presente que eu já estava devendo há muito tempo para *nós* conforme passamos do fim caótico da era anterior e entramos na Era de Aquário.

Que Deus abençoe esta nova edição.

INTRODUÇÃO

Meu primeiro encontro com codependentes ocorreu no início da década de 1960. Isso aconteceu antes de as pessoas atormentadas pelo comportamento dos outros serem chamadas de codependentes e antes de as pessoas adictas em álcool e outras drogas serem classificadas como dependentes químicas. Apesar de eu não saber o que era um codependente, sabia identificá-los. Por ser alguém que lutava contra o alcoolismo e o vício, eu seguia impetuosamente pela vida, ajudando a criar outros codependentes.

Os codependentes eram um incômodo necessário. Eles eram hostis, controladores, manipuladores, dissimulados, punidores, difíceis de conversar, geralmente desagradáveis, às vezes detestáveis, e um obstáculo para a minha compulsão em ficar chapada. Eles gritavam comigo, escondiam meus comprimidos, faziam cara feia para mim, despejavam minhas bebidas na pia, tentavam me impedir de comprar mais drogas, queriam saber por que eu os fazia sofrer daquela maneira, perguntavam qual era meu problema. Mas estavam sempre lá, prontos para me resgatar dos desastres que eu mesma criava. Os codependentes na minha vida não me entendiam, e essa falta de compreensão era mútua. Eu não entendia a mim mesma e também não os entendia.

Meu primeiro encontro profissional com codependentes aconteceu anos depois, em 1976. Na época, em Minnesota, adictos e alcoólicos haviam se tornado *dependentes químicos*, suas famílias e seus amigos haviam se tornado *entes queridos* e eu, *uma adicta e alcoólica em recuperação*. Eu também trabalhava como terapeuta da área de dependência química, essa vasta rede

16 | *Codependência nunca mais*

de instituições, programas e organizações que ajuda pessoas a se recuperar. Por eu ser mulher — assim como a maioria dos entes queridos da época — e por ter menos tempo de serviço e nenhum dos meus colegas de trabalho querer realizar a tarefa, meu chefe no centro de tratamento de Mineápolis me mandou organizar grupos de apoio para as esposas dos dependentes que faziam parte do programa de tratamento.

Eu não estava preparada para isso. Ainda enxergava codependentes como pessoas hostis, controladoras, manipuladoras, dissimuladas, punidoras, difíceis de conversar, e muito mais.

No meu grupo, encontrei pessoas que se sentiam responsáveis pelo mundo inteiro, mas que se recusavam a tomar decisões sozinhas e viver a própria vida; que se doavam constantemente para os outros, mas não sabiam como receber algo em troca; que se doavam até ficarem furiosas, exaustas e completamente acabadas; algumas que se doavam até desistirem. Encontrei até uma mulher que se doou e sofreu tanto que morreu de "velhice" e causas naturais aos 33 anos. Ela era mãe de cinco filhos e esposa de um alcoólico que havia sido preso pela terceira vez.

Trabalhei com mulheres especialistas em cuidar de tudo ao redor, mas que duvidavam da própria capacidade de cuidar de si mesmas.

Encontrei pessoas vazias, que corriam de uma atividade para a outra sem pensar em coisa alguma; que viviam para agradar os outros, mártires, estoicas, tiranas, indivíduos sem vida própria, que se agarravam a tudo, e, tomando emprestada a frase de H. Sackler da peça *A grande esperança branca*, "rostos franzidos que exalavam tristezas".

A maioria dos codependentes era obcecada por outras pessoas. Eles eram capazes de recitar longas listas de atos e delitos alheios com riqueza de detalhes e precisão: o que a pessoa pensava, sentia, fazia e dizia; e o que não pensava, sentia, fazia e dizia. Sabiam o que o outro devia ou não devia fazer. E se perguntavam o tempo todo por que faziam ou não tais coisas.

Ainda assim, mesmo tendo uma grande capacidade de percepção dos outros, os codependentes não conseguiam enxergar a si mesmos. Não sabiam o que sentiam. Não tinham certeza em relação às próprias opiniões. E não entendiam o que poderiam fazer para solucionar os próprios problemas — se é que tinham algum problema além da outra pessoa.

Os codependentes formavam um grupo formidável. Sofriam, reclamavam, tentavam controlar tudo e todos, mas não tinham controle sobre si mesmos. E, com a exceção de alguns pioneiros em terapia familiar, muitos terapeutas (inclusive eu) não sabiam como ajudá-los. Os estudos sobre dependência química estavam avançando, mas o objeto era a pessoa adicta. Havia poucas fontes de pesquisa e treinamento sobre terapia familiar. Do que as pessoas codependentes precisavam? O que queriam? Elas não eram apenas uma extensão do alcoólico, visitantes do centro de tratamento? Por que não cooperavam, em vez de criar mais problemas? O alcoólico tinha uma desculpa para estar tão transtornado — ele estava bêbado. Seus entes queridos, não. Os comportamentos deles surgiam enquanto estavam sóbrios.

Não demorou muito para eu adotar duas crenças populares: essas pessoas codependentes (entes queridos) sofriam mais que os alcoólicos. E não era de admirar que os alcoólicos bebessem; quem não teria problemas com um(a) companheiro(a) daqueles(as)?

Na época, fazia bastante tempo que eu estava sóbria. Estava começando a me entender, mas não compreendia a codependência. Apesar de tentar, não conseguia — isso só aconteceria anos depois, quando fiquei tão envolvida no caos *da pessoa alcoólica com quem eu convivia* que parei de viver minha vida. Parei de pensar. Parei de sentir emoções positivas, e só me restaram raiva, amargura, ódio, medo, depressão, impotência, desespero e culpa. Em certos momentos, eu não sentia mais vontade de viver. Não tinha mais energia. Boa parte do meu tempo era dedicada a me preocupar com pessoas e tentar encontrar uma forma de ajudá-las. Eu era incapaz de dizer não (exceto para atividades divertidas) mesmo se minha vida dependesse disso, e ela dependia. Minha relação com amigos e familiares ficou abalada. Eu me sentia completamente vitimizada. Acabei me perdendo, sem saber como isso aconteceu. Eu não sabia o que tinha acontecido. Sentia que estava enlouquecendo. E pensava, apontando um dedo para meu ente querido alcoólico, que a culpa era *dele*.

Infelizmente, ninguém além de mim sabia a extensão do meu sofrimento. Meus problemas eram um segredo. Ao contrário da pessoa alcoólica, eu não sairia por aí instaurando o caos e esperando que alguém o resolvesse

18 | *Codependência nunca mais*

por mim. Na verdade, em comparação a ela, eu parecia bem. Era tão responsável, tão confiável. Às vezes, ficava em dúvida se eu tinha mesmo um problema. Apesar de saber que me sentia infeliz, não conseguia entender por que minha vida não estava dando certo.

Depois de um tempo imersa no desespero, comecei a compreender. Assim como muitos que julgam demais os outros, entendi que eu estava na mesma situação dolorosa que aquelas pessoas com quem fui tão injusta. Agora, eu entendia os codependentes. Eu tinha me tornado um deles.

Aos poucos, comecei a sair de um abismo sombrio. No caminho, acabei me apaixonando pelo assunto. Como terapeuta e escritora, minha curiosidade foi crescendo. Também havia questões pessoais em jogo. O que acontece com pessoas como eu? Como acontece? Por quê? Mais importante, como codependentes conseguem melhorar? E como continuar bem?

Conversei com terapeutas, psicólogos e outros codependentes. Li os poucos livros disponíveis sobre o assunto e questões relacionadas. Reli os básicos — os volumes de psicologia que resistiram à prova do tempo —, buscando conceitos aplicáveis na realidade. Fui a reuniões do Al-Anon, um grupo de autoajuda baseado nos Doze Passos dos Alcoólicos Anônimos, mas voltado para as pessoas afetadas pela dependência dos outros.

Com o tempo, encontrei o que buscava. Comecei a enxergar, compreender e mudar. Minha vida voltou a funcionar. Não demorou muito para eu organizar um grupo para codependentes em outro centro de tratamento em Mineápolis. Desta vez, porém, eu tinha uma vaga noção do que estava fazendo.

Eu ainda achava que codependentes eram pessoas hostis, controladoras, manipuladoras e dissimuladas. Ainda enxergava os mesmos traços de personalidade problemáticos. Mas minha visão se aprofundou.

Encontrei pessoas hostis; elas sentiam tanta mágoa que a hostilidade era a única forma que tinham de se defender de outra decepção. Elas sentiam raiva porque qualquer um que passasse pela mesma experiência sentiria raiva.

Elas eram controladoras porque tudo ao redor e dentro delas mesmas estava fora de controle. A todo momento, a represa da vida dessas pessoas e das que estavam ao redor ameaçava romper e espalhar as consequências nocivas sobre todo mundo. E ninguém mais parecia notar ou se importar com isso.

Introdução | 19

Encontrei pessoas manipuladoras porque a manipulação parecia ser a única forma de conseguir que as coisas fossem feitas. Trabalhei com pessoas que eram dissimuladas porque viviam em sistemas que pareciam incapazes de tolerar sinceridade.

Trabalhei com pessoas que achavam que estavam enlouquecendo porque acreditavam em tantas mentiras que perdiam a noção da realidade.

Encontrei pessoas que ficaram tão imersas nos problemas dos outros a ponto de não ter tempo para identificar ou solucionar suas questões. Elas se importavam de modo tão destrutivo com os outros que se esqueciam de cuidar de si mesmas. Os codependentes se sentiam responsáveis por coisas demais porque estavam cercados por pessoas que se sentiam responsáveis por coisas de menos; era apenas uma questão de dar conta do recado.

ENCONTREI PESSOAS MAGOADAS, confusas, que precisavam de apoio, compreensão e informação. Encontrei vítimas do alcoolismo que não bebiam, mas que mesmo assim eram prejudicadas pelo álcool. Encontrei vítimas lutando desesperadamente para ganhar algum poder sobre seus algozes. Elas aprendiam comigo e eu aprendia com elas.

Não demorei muito para mudar minhas crenças em relação à codependência. Os codependentes não eram loucos ou mais doentes que os alcoólicos, e sofriam tanto ou mais que eles. O sofrimento deles não era pior que o do outro, mas eles enfrentavam o próprio sofrimento sem os efeitos anestésicos do álcool e de outras drogas, ou dos estados alterados de pessoas com transtornos compulsivos. E a dor atrelada a amar alguém que esteja passando por uma situação problemática pode ser profunda.

"O parceiro com dependência química entorpece os sentimentos, e o não dependente é assolado pelo sofrimento — que é aliviado apenas com a raiva e fantasias ocasionais", escreveu Janet Geringer Woititz em um artigo do livro *Co-Dependency, An Emerging Issue* [Codependência, uma questão emergente, em tradução livre].[1]

Os codependentes são assim sóbrios porque enfrentaram tudo estando sóbrios.

Não é de admirar que se sintam tão transtornados. Quem não se sentiria, depois de conviver com as pessoas com quem eles convivem?

20 | Codependência nunca mais

É difícil para os codependentes conseguirem as informações e a ajuda prática que merecem e de que precisam. Já é bem complicado convencer pessoas que lutam contra transtornos compulsivos a buscar ajuda. É ainda pior convencer pessoas que lutam contra a codependência — aquelas que, em comparação, parecem normais, embora não se sintam assim — de que elas têm problemas.

No pano de fundo, os codependentes sofriam por trás da pessoa atormentada. Quando se recuperavam, também faziam isso nos bastidores. Por muitos anos, terapeutas (como eu) não souberam ajudá-los. Às vezes, os codependentes levavam a culpa; às vezes, eram ignorados; às vezes, esperava-se que melhorassem como em um passe de mágica (uma postura ultrapassada que nunca deu certo com o alcoolismo e também não funciona para a codependência). Raramente eram vistos como indivíduos que precisavam de algum tipo de auxílio. Raramente recebiam um programa de tratamento personalizado para os problemas e sofrimentos que estivessem enfrentando. Ainda assim, por sua natureza, o alcoolismo e outros transtornos compulsivos transformam todos os afetados em vítimas — pessoas que precisam de ajuda mesmo que não bebam, usem drogas, façam apostas, comam em excesso ou tenham qualquer tipo de compulsão.

Foi por isso que escrevi este livro. Ele surgiu a partir da minha pesquisa, das minhas experiências pessoais e profissionais e da minha paixão pelo tema. É uma opinião pessoal e, em alguns momentos, parcial.

Não sou especialista na área, e este não é um livro técnico para especialistas. Não importa se a pessoa que afeta você luta contra dependência química, transtornos alimentares, vício em jogos ou em sexo, se ela é um(a) adolescente rebelde, uma figura parental neurótica, outro(a) codependente ou uma mistura de tudo isso; este livro é para você, o(a) codependente.

Este livro não é um manual de como ajudar o outro, mas, se você estiver bem, a chance de ele se recuperar também aumenta.[2] Este livro gira em torno da sua responsabilidade mais importante e provavelmente mais negligenciada: cuidar de si mesmo. Ele fala sobre o que você pode fazer para começar a se sentir melhor.

Reuni algumas das informações mais importantes e úteis sobre codependência. Também incluí relatos e histórias sobre como pessoas reais lidam com problemas reais de codependência. Apesar de nomes e certos detalhes terem sido modificados para preservar a privacidade dos envolvidos, todas as histórias são reais e aconteceram como o descrito.

UM AMIGO, SCOTT ENGLESTON, que trabalha na área da saúde mental, me contou uma anedota sobre terapia. Ele a ouviu de um conhecido, que a ouviu de outro conhecido. Aqui vai ela:

Era uma vez uma mulher que foi morar em uma caverna nas montanhas para estudar com um guru. Segundo ela, seu objetivo era aprender tudo o que poderia ser aprendido. O guru lhe entregou uma pilha de livros e a deixou sozinha para estudar. Toda manhã, ele voltava à caverna para avaliar o progresso da mulher e trazia uma pesada bengala de madeira. Ele sempre fazia a mesma pergunta: "Você já aprendeu tudo o que pode ser aprendido?" A resposta era a mesma. "Não", dizia a mulher, "não aprendi". Então o guru batia na cabeça dela com a bengala.

A cena se repetiu por meses. Um dia, o guru entrou na caverna, fez a mesma pergunta, ouviu a mesma resposta e ergueu a bengala para golpeá-la do mesmo jeito, mas a mulher agarrou a bengala no ar, impedindo o ataque.

Aliviada por acabar com as agressões diárias, porém temendo uma represália, a mulher fitou o guru. Para sua surpresa, ele estava sorrindo.

— Parabéns — disse ele —, você terminou seus estudos. Agora já aprendeu tudo o que precisa ser aprendido.

— Como? — perguntou a mulher.

— Você aprendeu que nunca aprenderá tudo o que pode ser aprendido — respondeu ele. — E aprendeu a parar de sofrer.

É sobre isso que este livro fala: como parar de sofrer e como ter controle sobre a própria vida.

Muitas pessoas aprenderam a fazer isso. Você também vai conseguir.

Parte 1

O QUE É CODEPENDÊNCIA E QUEM SOFRE DELA?

Parte 1

O QUE É CODEPENDÊNCIA?

E QUEM SOFRE DELA?

1
MINHA HISTÓRIA

*"Quando eu o conheci, era um lindo dia e o sol brilhava.
E então a insanidade tomou conta de tudo."*

— Melody, casada com um alcoólico

Quando nos conhecemos, fazia dois anos que eu estava limpa e livre do vício em álcool e drogas. Eu trabalhava como secretária jurídica em um prestigiado escritório de advocacia em Mineápolis, no último andar do recém-construído IDS Center, enquanto estudava na Universidade de Minnesota para me tornar terapeuta especializada em dependência química. Fomos apresentados pelo meu padrinho do Alcoólicos Anônimos (A.A.). Fiquei empolgadíssima.

David era tudo o que eu sonhava e muito mais: 1,90m de altura, bonito, inteligente, gostava de ler e era engraçado. Ele fazia parte da família que fundara um grande centro terapêutico comunitário de reabilitação em Mineápolis (não era o mesmo que eu tinha frequentado) e trabalhava lá como diretor. O nome dele aparecia nos jornais o tempo todo, associado ao de juízes e figurões. Ele trabalhava com programas de intervenção, ajudando pessoas a sair do sistema carcerário e a começar um tratamento em casos de crimes relacionados a abuso de substâncias, tanto antes quanto depois do julgamento. Era um trabalho empolgante e novo. Enquanto sociedade, estávamos começando a descobrir — e a debater com honestidade — a pro-

26 | *Codependência nunca mais*

fundidade, o escopo e o impacto da dependência química. Todo mundo adorava David, desde as pessoas que ele ajudava até os juízes, amigos e familiares.

Não demorou muito para que eu o adorasse também. Naquela época, já estava me cuidando — emocional e financeiramente; eu havia me dedicado inteiramente ao meu programa de recuperação. O processo era importante demais para mim. David tinha cinco anos de sobriedade a mais que eu, apesar de não frequentar o A.A. Ele dizia que havia encontrado uma forma de permanecer limpo e sóbrio na comunidade terapêutica em que trabalhava. Por ele trabalhar na área de recuperação e ser tão respeitado e amado, não questionei.

Nosso relacionamento progrediu rápido. Ele se mudou para meu pequeno apartamento de um quarto na zona sul de Mineápolis. Como nós dois trabalhávamos — David frequentemente à noite, nos fins de semana e em feriados —, nosso tempo juntos era limitado e precioso. Eu estava ocupada estudando, trabalhando no escritório de advocacia e frequentando o A.A.

Seis meses depois de nos conhecer, nos casamos em Sioux Falls, na Dakota do Sul. Eu estava tão animada com a cerimônia, mas tudo pareceu... estranho. Em vez de permanecermos na Dakota do Sul para a lua de mel, David mudou de ideia em cima da hora e quis voltar imediatamente para Mineápolis a fim de substituir o irmão, Jim, em uma produção teatral. (Ele e Jim trabalhavam com teatro, boxe e reabilitação.) Perguntei se ele queria que eu fosse junto; ele disse que não. Depois da peça, quando voltou para o apartamento — nossa primeira noite de casados —, David me contou que o pai tinha sofrido um derrame e falecido naquela noite. Ele precisava ir ao hospital, ficar com os irmãos e resolver as questões burocráticas.

Eu disse que poderia encontrá-lo, mas ele não quis. Às seis e meia da manhã do dia seguinte, ele voltou para o apartamento e explicou que tinha resolvido jogar cartas com os amigos para se distrair. Eu tinha passado a noite inteira chorando, esperando por notícias. David ficou andando de um lado para o outro, seu corpo grande preenchendo o apartamento e ocupando meu lugar no sofá, enquanto eu tentava reprimir minha chateação.

— Eu me arrisquei muito quando casei com você — disse ele, fechando a cara. — Faz só dois anos que você está sóbria. Sua sobriedade ainda é delicada. É novidade para você. Não me decepcione. Não prove que cometi um erro.

Suas palavras me acertaram em cheio. A verdade era que eu não sabia nada sobre casamento, muito menos sobre amor. Minha mãe havia se casado oito vezes; nenhuma das relações tinha durado mais que dois anos. Ela era uma mulher agressiva, exigente, controladora — sofria muito —, criada em uma fazenda com sete irmãos, dois dos quais acabariam sendo presos sob acusações de abuso sexual de menores. Dos quatro filhos, eu era a mais nova por dez anos de diferença. Minha mãe internou o pai dos meus três irmãos mais velhos em um hospital quando eles eram jovens e pediu o divórcio. Anos depois, se casou com meu pai após engravidar de mim. A coisa que ela mais gostava de me dizer? "Eu devia ter abortado você enquanto podia."

Pessoas magoadas magoam outras pessoas, até os próprios filhos.

Todos os meus irmãos saíram de casa assim que puderam, e eu fiz o mesmo. Mamãe gostava de gritar. Ela entrava nos cômodos berrando e saía deles do mesmo jeito. Era muito intolerante, vivia nos acusando de coisas e nos repreendendo, sem um pingo de compaixão, e batia nos meus irmãos. Ainda me lembro de me esconder atrás de uma cadeira quando era muito pequena, assistindo enquanto ela pressionava meu irmão de 13 anos contra a parede. Segurando o cabelo dele com uma das mãos, ela batia no seu rosto com uma espátula de madeira pesada. De um lado para o outro. Sem parar. Como eu tinha problemas cardíacos, escapava das surras, a menos que ela pedisse ao Padrasto do Ano para me punir. Então ele fazia o que queria. *Você vai sair desta casa antes de mim*, pensava eu enquanto esperava ele sair do meu quarto.

Comecei a me anestesiar com álcool aos 11 anos; aos poucos, meu irmão e eu tomamos todas as bebidas que mamãe guardava embaixo da pia para os homens que recebia em casa. (Ela não bebia; não gostava nem de tomar aspirina quando sentia dor de cabeça.) Eu contava os dias para o meu aniversário de 18 anos em um calendário grande que escondia embaixo do meu colchão.

Na escola particular em que cursei o ensino médio, fui uma aluna exemplar — aprendi a digitar 150 palavras por minuto, a usar estenografia e a falar outros idiomas. Eu me apaixonei pela escrita quando trabalhei no jornal estudantil — a aluna mais jovem a entrar para a equipe. Mas minha vida social era inexistente. Desde que um desconhecido havia me sequestrado na rua onde morávamos e me molestado quando eu tinha 4 anos, minha mãe me proibiu de sair com outras pessoas. Esse era o jeito dela de me proteger.

Meu pai nos abandonou quando eu tinha 2 anos. Ele era um músico habilidoso e extremamente criativo que trabalhava como bombeiro. E era alcoólico. Não me lembro exatamente das palavras balbuciadas, bêbadas e desoladoras que ele disse quando nos deixou, mas elas cravaram em mim uma culpa e uma vergonha subconscientes profundas, me fazendo sentir responsável por ter um pai que não me amava.

Eu não deveria ter me surpreendido por não ter a menor ideia de como é estar casada, de como manter um casamento saudável, ou até de como seria ter uma relação assim. Só pude namorar e ter amigos depois que completei 18 anos e saí de casa. Tive meu primeiro relacionamento de verdade logo depois disso. Meu namorado era dez anos mais velho que eu e vendia maconha e remédios controlados. (Mais tarde, ele ficou sóbrio e começou a frequentar o Narcóticos Anônimos de Mineápolis.) Dois anos depois, fugi com um traficante de narcóticos pesados, um garoto rico que morava em uma mansão com o pai e a mãe endinheirados. Então descobri que estava grávida.

Eu queria ter o bebê e entregá-lo para adoção. Meu namorado disse que tinha encontrado uma família, mas descobri que a única coisa que ele sabia sobre aquelas pessoas era que estavam dispostas a lhe pagar vinte mil dólares pelo bebê. Não permiti que ele fizesse isso; eu jamais deixaria que ele vendesse nosso filho. Após o nascimento de John, meu namorado e eu fomos morar juntos em um apartamento por alguns meses. Obtivemos a habilitação de casamento no cartório, mas rasguei o documento em pedacinhos menos de 24 horas depois. Eu não estava 100% sã, mas, apesar do meu comportamento e do meu vício, me dei conta de que aquele casamento jamais daria certo.

Só que, se não nos casássemos, John seria considerado "ilegítimo" pelo resto da vida. Então remendei a habilitação de casamento com fita adesiva e nos casamos uma semana depois.

Na época, eu tinha arrumado emprego como secretária jurídica para ajudar nas contas. A empresa em que eu trabalhava representava uma nova clínica no complexo do hospital Mount Sinai, que tinha sido aberta por volta de 1970. Metadona é um substituto de opioides que ajuda dependentes químicos a evitar usar drogas. Um dia, entrei na sala do meu chefe e fechei a porta.

— Eu sou uma dependente química — contei para ele. — Nos intervalos, tomo hidromorfona. Por favor, você pode ajudar a mim e ao meu marido a entrar no programa de tratamento com metadona? Por favor — pedi. — A lista de espera da clínica é demorada, e não podemos esperar.

Após um momento, ele aceitou ajudar. No dia seguinte, entramos no programa de tratamento com metadona. Mas perdi o emprego, pois a empresa não podia manter uma adicta como funcionária.

Meu primeiro casamento acabou um mês depois. Meu marido levou nosso filho e voltou para a casa dos pais. No fundo, eu sabia que não poderia cuidar de uma criança; também não podia deixar minha mãe ficar com ele. Apesar dos pesares, consegui me sentir em paz ao permitir que ele fosse criado pelos avós paternos. Eu sabia que era o certo a fazer, mas essa decisão me deixou perdida. Por mais ou menos um ano, mergulhei profundamente na escuridão e no torpor, e por isso fui judicialmente obrigada a procurar tratamento e recebi uma advertência de que até uma multa de trânsito me levaria à prisão.

Cinco anos depois, eu estava tentando entender meu casamento com David. Talvez nossos problemas fossem normais. Talvez aquele turbilhão de sentimentos que revirava meu estômago também fosse normal. Meu padrinho achava que David e eu éramos o casal perfeito. Eu tinha minhas dúvidas. Mas queria que desse certo; precisava que desse certo. Minha esperança era que não apenas nosso casamento fosse bom para nós, mas que também pudesse inspirar outras pessoas.

Minha alma e minha autoestima não aguentariam outro divórcio. Eu conversava sobre meu casamento com uma mulher da minha idade que estava casada havia 12 anos com outro cofundador do programa de reabilitação em que David trabalhava. Ela e o marido pareciam tão felizes; a relação deles fazia sentido. Um dia, perguntei a ela:

30 | *Codependência nunca mais*

— Como manter um casamento e não se divorciar?

— Só... Nunca. Se. Divorcie — disse ela. — Não importa o que acontecer.

Parece fácil, pensei.

UM MÊS DEPOIS de me casar com David, engravidei da nossa filha, Nichole. Engravidar me inspirou a ir atrás do meu sonho de trabalhar como terapeuta de dependentes químicos. Eu queria ajudar outras pessoas da mesma maneira como meu terapeuta tinha me ajudado a transformar profundamente minha vida. Comecei a aceitar entrevistas de emprego em qualquer centro de tratamento em Mineápolis que estivesse contratando.

Na metade da década de 1970, não havia muitas vagas em centros de tratamento para mulheres além de trabalhos administrativos. Depois que fiz todas as entrevistas possíveis e não consegui vaga alguma, David chegou em casa do trabalho e disse que o centro de reabilitação em que ele trabalhava havia decidido me contratar.

— É um trabalho burocrático na diretoria — explicou ele. — Mas pode ser que apareça alguma outra coisa no futuro.

Aceitei.

David e eu nos mudamos para um apartamento maior, em Edina; trabalhei até Nichole nascer.

David parecia felicíssimo com a chegada de nossa filha, mas trabalhava o tempo todo. E viajava muito a negócios.

Três semanas após o nascimento de Nichole, eu estava em casa com ela e David quando a descarga do vaso sanitário disparou. Fui ao banheiro, e apertei o botão algumas vezes. Não resolveu. Por fim, tirei a tampa da caixa.

Como em uma cena de um filme ruim, encontrei uma garrafa de vodca enfiada lá dentro. Aquilo era clichê demais, como se tivesse saído de uma cena do filme *Vício maldito*.

David estava bebendo? Eu não conseguia acreditar em uma coisa dessas; eu nem tinha cogitado essa possibilidade. Jamais. Nem por um segundo.

Mais tarde, quando confrontei David, ameacei ir embora. Mas para onde eu iria com uma bebê de três semanas? David jurou que a vodca tinha sido uma recaída, que não aconteceria de novo. Seu irmão mais velho foi até lá para me pedir — implorar — que desse uma segunda chance a David.

Achei estranho que, de nós três, eu fosse a única a achar que o fato de David ter bebido era um problema. Eu sabia que não me faria bem permanecer com alguém que abusava de substâncias.

Mas continuei lá.

Nessa época, nossa pequena família se mudou para uma casa na Pleasant Avenue, na zona sul de Mineápolis. Minha mãe havia nos emprestado o dinheiro da entrada; o lugar estava caindo aos pedaços. Os proprietários anteriores a alugavam para outras pessoas, e era perceptível que havia anos que não faziam qualquer tipo de manutenção. Logo descobri que David não tinha familiaridade alguma com ferramentas. Aprendi a consertar e pintar paredes; lixei e envernizei o piso; consertei um buraco imenso no banheiro que atravessava a parede até o exterior da casa; transformei a cozinha em um lugar bonito e acolhedor. Tornei a casa um lar confortável, caloroso.

Também fui promovida no trabalho. O financiamento do governo exigia que o centro de reabilitação organizasse grupos com familiares e entes queridos dos dependentes químicos.

— Queremos que você organize e administre o grupo para as famílias — disse David.

Fiquei apavorada só de pensar em trabalhar com mulheres como a minha mãe. Enquanto o A.A. abria suas portas e seu coração para nós, a maioria dos jovens no programa não participava das reuniões do Al-Anon, grupo criado para ajudar familiares afetados pelo alcoolismo de outra pessoa. No geral, eu achava que era um programa para idosas católicas.

— Não sei o que fazer com... *essas pessoas* — falei.

— Nós também não — disse David. — É por isso que o emprego é seu.

Não me empolguei. Eu queria trabalhar com dependentes químicos, com as pessoas que realmente tinham um problema. Não com "entes queridos" que não eram queridos — nem para si mesmos, nem para qualquer outra pessoa.

Mesmo assim, apertei o cinto e encarei o desafio. Meu objetivo era ajudar a criar o grupo mais prestativo e eficiente possível. Não demorei nem um minuto para entender que eu também fazia parte daquele grupo. Nós éramos espelhos, os participantes e eu. Enquanto eu observava e escutava, comecei a ouvir *a mim mesma*. Apesar de me aprofundar na literatura especializada e

32 | Codependência nunca mais

me dedicar aos estudos sobre como lidar com famílias de dependentes químicos, não encontrei muitas informações úteis sobre técnicas terapêuticas que pudessem ajudar. No entanto, quando comecei a prestar atenção dentro de mim e ao meu redor, seguindo minha curiosidade, consegui, aos poucos, encontrar respostas.

Quarenta anos depois, eu descobriria uma sincronicidade universal. Enquanto nossa cultura ainda estava se conscientizando quanto à prevalência da dependência química e começava a divulgar informações sobre uma cura, o astrônomo estadunidense Charles Kowal identificava o pequeno corpo celeste Quíron, que finalmente se tornara grande e brilhante o suficiente para ser visto. Quíron se tornou conhecido como o "curador ferido", em referência à capacidade do deus grego Quíron de curar a todos, menos a si mesmo. Em 1951, Carl Jung havia sido o primeiro a relacionar o termo "curador ferido" à maneira como a doença e o sofrimento de um cuidador pode ensiná-lo a ajudar no processo de cura dos outros.[1]

Se isso for verdade, fui muito bem treinada.

Citando Rumi, "A ferida é o lugar por onde a Luz entra em você".

As "recaídas" de David com a bebida se tornaram mais intensas e frequentes, causando mais problemas para ele, nossa família e, por fim, sua carreira. Eu me tornei mais reativa, assustada, curiosa, encurralada, desanimada, insegura, sobrecarregada, desconfiada, controladora, rígida, triste e infeliz. Não havia paz nos períodos entre as recaídas; apenas raiva reprimida e o medo da próxima vez que aquilo aconteceria. Nossas finanças se tornaram um caos; eu me tornei especialista em fugir dos funcionários da companhia de gás que batiam na nossa porta para desligar o fornecimento. David achava que pagar as contas era uma besteira; eu era obcecada em quitá-las. Com o tempo, entendi que só tínhamos um ponto importante em comum: nós dois amávamos nossa filha. Eu também sabia que ele me traía, apesar de nunca conseguir provar isso. (Depois que nos divorciamos, descobri que ele nunca havia terminado o relacionamento com a ex-namorada. Ela morava a menos de dois quilômetros da nossa casa.) Como confrontar uma pessoa que é tão boa em negar suas acusações quando você não tem provas? Eu sofria tanto *gaslighting* que estava perdendo a cabeça.

Precisei desistir.

Eu não queria viver naquela angústia; não queria ver nossa família destruída. Eu não queria ser codependente.

Eu odiava ser codependente.

Dois anos e dois meses após o nascimento de Nichole, nosso filho Shane nasceu. David mal apareceu no hospital, apesar de eu estar em um daqueles quartos maravilhosos em que os dois pais podem dormir com o bebê. Nichole estava na casa da avó; tenho certeza de que David estava com a amante. Aos poucos, as mentiras e traições — e o alcoolismo — acabaram com qualquer amor que eu sentia por ele.

Eu me divorciei de David quando chegou a hora certa, quando me senti capaz de fazer isso. Aguentei o máximo que pude; as crianças amavam tanto o pai. Quando nos mudamos da Pleasant Avenue, encontrei dezenas de garrafas de vodca vazias escondidas no porão.

David foi meu carma. Ele foi meu qualificador, a pessoa que me qualificou para a codependência (e para o Al-Anon), e meu gatilho (e ele engatilhou muitas coisas mesmo). Ele também foi minha motivação, a força que me impulsionou a aprender mais sobre codependência e a desejar compartilhar meu processo de cura com outras pessoas. Ele não era um homem ruim, apesar de o seu comportamento causar muito sofrimento para mim e para minha família. Muitos dos nossos conhecidos sabiam sobre as traições — e sobre a bebedeira. Era vergonhoso e humilhante. Desde então, entendi que seu comportamento era um reflexo apenas dele e que eu não era responsável por isso.

Ele sentia compulsão por beber e fazer sexo; ele tinha perdido o controle.

Eu sentia compulsão por controlá-lo; eu também tinha perdido o controle.

Eu estava prestes a aprender três conceitos básicos.

O primeiro era que eu não era louca; eu era codependente. O alcoolismo e outros transtornos compulsivos são doenças de família. A maneira como elas afetam os familiares se chama *codependência*.

O segundo era que, quando os familiares são afetados, a codependência ganha vida própria. É parecido com pegar pneumonia ou passar a ter qualquer hábito destrutivo. Depois que isso faz parte de você, é seu.

34 | *Codependência nunca mais*

E o terceiro era que, se quisermos nos livrar desse problema, *nós* precisamos tomar uma atitude. Não importa de quem é a culpa. A codependência é um problema *nosso* — e um desafio nosso. Solucioná-la é nossa responsabilidade.

Quando somos codependentes, precisamos encontrar o próprio processo de recuperação ou cura — o próprio caminho para o bem-estar. Para iniciar essa jornada, precisamos compreender como funciona a codependência e certos comportamentos, sentimentos e atitudes que frequentemente a acompanham. Também é importante mudar alguns desses comportamentos e compreender o que esperar dessas mudanças.

Este livro tem como objetivo buscar essa compreensão e incentivar essas transformações.

Minha história não terminou por aí. Eu encontrei um recomeço. Melhorei. Passei a viver a minha vida. E você também é capaz disso.

ATIVIDADE

1. No fim dos próximos capítulos, você encontrará orientações para registrar suas reações. Talvez seja interessante pegar um caderno e anotar pensamentos e sentimentos que surgirem no decorrer da leitura.

2
OUTRAS HISTÓRIAS

"Quando digo que sou codependente, não quero dizer que sou um pouquinho
codependente. Quero dizer que sou muito codependente. Eu não aceito me casar
com homens que param para tomar umas cervejinhas depois do trabalho.
Eu apenas me caso com homens que não trabalham."

— Ellen, participante do Al-Anon

Talvez você tenha se identificado com a minha história descrita no capítulo anterior. Ela é um exemplo de codependência, mas não é o único. Há muitas variações da minha história, assim como das pessoas que as contam.

Aqui vão algumas delas.

JASON, UM HOMEM bonito e elegante na casa dos quarenta anos, se define como "um sucesso nos negócios, mas um fracasso em seus relacionamentos com mulheres". Durante o ensino médio e a faculdade, Jason saiu com muitas mulheres. Ele era popular e considerado um bom partido. No entanto, após se formar, surpreendeu sua família e seus amigos ao se casar com Lisa. Ele nunca tivera uma namorada que o tratasse tão mal quanto ela. Lisa era fria e ríspida com Jason e seus amigos, tinha pouquíssimos interesses em comum com ele e não parecia amá-lo. Treze anos depois, o casal se divorciou depois de Jason descobrir que ela saía com outros homens desde o começo da relação, além de abusar do álcool e de outras drogas (por um bom tempo).

Jason ficou arrasado. Contudo, após passar dois meses na fossa, ele se apaixonou perdidamente por outra mulher, uma alcoólica que bebia da hora em que acordava até desmaiar. Após passar vários meses preocupado, tentando ajudá-la, tentando entender como o comportamento dele a induzia a beber, tentando controlá-la e, por fim, ficando com raiva dela por não parar de beber, ele terminou o relacionamento. Não demorou muito para que ele conhecesse outra mulher, se apaixonasse e fosse morar com ela. Em poucos meses, Jason começou a desconfiar que ela também era dependente química.

Jason passou a se preocupar com a namorada o tempo todo. Queria sempre saber o que ela estava fazendo, revirava sua bolsa em busca de comprimidos ou outras provas e a questionava sobre seus hábitos. Às vezes, ele simplesmente conseguia ignorar tudo isso. Durante essas fases, ele se mantinha ocupado, tentava aproveitar o tempo que passavam juntos (mas se sentia desconfortável) e dizia para si mesmo: *O problema sou eu. Tem algo errado comigo.*

Durante uma das muitas crises no relacionamento mais recente, quando saiu temporariamente da fase de negação, ele procurou um terapeuta de dependência química.

— Sei que eu deveria terminar o relacionamento — disse Jason —, mas não estou pronto para desistir dela. Nós conversamos sobre tudo. Somos ótimos amigos. E eu a amo. Por quê? Por que isso sempre acontece comigo? — E continuou: — Se eu estivesse em uma sala cheia de mulheres, me apaixonaria pela mais problemática, por aquela que mais me maltrata. Elas são mais desafiadoras. Se uma mulher me trata bem, não vejo graça.

Jason se considerava uma pessoa que bebia socialmente e que nunca havia tido problemas com álcool. Ele disse ao terapeuta que nunca havia usado drogas pesadas. O irmão mais velho tinha problemas de abuso de álcool desde a adolescência. Por muitos anos, Jason negara enfaticamente que seus falecidos pais tivessem sido alcoólicos, mas, com o passar do tempo, conseguiu admitir com relutância que o pai, dono de um restaurante/bar, talvez "bebesse demais".

O terapeuta sugeriu que o alcoolismo e o consumo excessivo de álcool por parte de seu núcleo familiar ainda impactava sua vida e seus relacionamentos.

— Como os problemas deles me afetariam? — perguntou Jason. — Meu pai morreu há anos, e quase não vejo meu irmão.

Após algumas sessões, Jason começou a identificar seus comportamentos codependentes, mas não sabia exatamente o que eles significavam nem o que fazer a respeito. Quando o principal problema do seu relacionamento se tornou menos incômodo, ele parou de frequentar a terapia. Decidiu que a dependência química da namorada não era tão ruim assim. Convenceu-se de que era ele o culpado por seus problemas com mulheres. Ele se sentia atraído por pessoas problemáticas. Um dia, talvez se cansasse do drama e mudasse seu comportamento.

PATRICIA TINHA MAIS de 30 anos e estava casada há 11 quando procurou a ajuda de um terapeuta particular. Ela era mãe de três filhos, e o caçula tinha paralisia cerebral. Patricia havia desistido da carreira para se dedicar à criação deles. Ela disse ao terapeuta que amava as crianças e não se arrependia da decisão de ficar em casa, mas detestava sua rotina diária.

Antes do casamento, Patricia tinha muitos amigos e interesses; trabalhava como enfermeira e gostava de praticar exercícios — fazia trilhas, malhava e até treinava para maratonas. No entanto, após o nascimento dos filhos, principalmente do caçula com deficiência, ela perdeu o entusiasmo pela vida. Afastou-se dos amigos, engordou quase quarenta quilos, não entendia como se sentia e, quando entendia, se sentia culpada pelos próprios sentimentos. Apesar de tentar se manter ativa por meio de trabalhos voluntários na escola dos filhos, geralmente acabava se sentindo inútil e ressentida. Ela cogitou voltar ao mercado de trabalho, mas não fez isso porque, como disse ao terapeuta: "A única área que conheço é a enfermagem, e estou cansada de cuidar dos outros." E também compartilhou: "Minha família e meus amigos acham que sou muito forte. A Patty dá conta de tudo. Sempre oferece um ombro amigo. Sempre está no controle. Sempre está pronta para ajudar. A verdade é que estou desmoronando por dentro. Faz anos que estou deprimida. Não consigo melhorar. Choro por qualquer coisa. Não tenho energia. Grito com as crianças o tempo todo. Não tenho libido, pelo menos não com meu marido. Fico me sentindo culpada por tudo, o tempo todo. Estou me sentindo culpada até por estar aqui", disse ela

38 | *Codependência nunca mais*

ao terapeuta. "Terapia é um desperdício absurdo de dinheiro e tempo. Eu devia ser capaz de resolver meus problemas. Devia ser capaz de melhorar. Mas eu precisava tomar uma atitude. Ultimamente, comecei a pensar em suicídio", confessou Patricia. "É óbvio que eu nunca me mataria de verdade. Muitas pessoas precisam de mim. Dependem de mim. Mas estou preocupada. E com medo."

Patricia contou para o terapeuta que, antes do casamento, o marido tinha problemas com álcool. Após se casarem, ele passara a beber menos, mantivera o emprego e conquistara uma boa reputação no trabalho. Mas, quando o terapeuta a pressionou, Patricia revelou que o marido não frequentava reuniões do A.A. nem de qualquer outro grupo de apoio. Em vez disso, ele passava meses sóbrio, para depois ter uma recaída e passar fins de semana inteiros bebendo. Quando estava sob efeito do álcool, ele perdia a cabeça. Quando não estava, ficava com raiva e hostil.

— Não sei o que aconteceu com ele. Não foi com esse homem que me casei. O mais assustador é que não sei o que está acontecendo comigo nem quem eu sou — disse Patricia. — É difícil explicar exatamente qual é o problema. Eu mesma não entendo. Não existe nenhum problema maior que eu possa apontar e dizer "É isso que está me incomodando". Mas sinto que me perdi. Às vezes, acho que estou ficando louca. Qual é o meu problema?

— Talvez o seu marido seja alcoólico, e a origem dos seus problemas seja a doença geracional que é o alcoolismo — sugeriu o terapeuta.

— Mas como? — perguntou Patricia. — Na maior parte do tempo, meu marido não bebe.

O terapeuta investigou o passado de Patricia. Ela falou com carinho sobre os pais e os dois irmãos adultos. Ela vinha de uma boa família, que era próxima e bem-sucedida. O terapeuta se aprofundou ainda mais. Patricia mencionou que o pai frequentava o A.A. desde que ela era adolescente.

— Meu pai ficou sóbrio quando eu estava no ensino médio — disse ela. — Eu o amo muito, e tenho orgulho dele. Mas a época em que ele bebia foi bem caótica para a nossa família.

Patricia era casada com alguém que provavelmente era um alcoólico, e ela também era o que chamamos de "filha adulta de um alcoólico". A família inteira tinha sido afetada pelo alcoolismo. O pai tinha parado de beber;

a mãe frequentava o Al-Anon. Mas Patricia também havia sido afetada. Ela deveria superar todos os seus traumas em um passe de mágica só porque o pai havia parado de beber?

Em vez de sugerir uma terapia contínua, o terapeuta de Patricia recomendou a ela um curso de autoestima e um treinamento de assertividade. Ele também recomendou que Patricia frequentasse reuniões do Al-Anon ou encontros específicos para filhos adultos de alcoólicos, fazendo parte de grupos de autoajuda baseados nos Doze Passos do Alcoólicos Anônimos.

Patricia seguiu a recomendação do terapeuta. Ela não encontrou uma cura do dia para a noite, porém, conforme os meses passaram, ela se viu tomando decisões com mais facilidade, expressando seus sentimentos, dizendo o que pensava, atentando para as próprias necessidades, se sentindo menos culpada. Ela se tornou mais tolerante a si mesma e a sua rotina diária. Aos poucos, a depressão melhorou. Ela chorava menos e ria mais. A energia e o entusiasmo voltaram. Por acaso, mesmo sem o incentivo de Patricia, o marido passou a frequentar o A.A. Ele se tornou menos hostil e o casamento melhorou. Patricia recuperou o autocontrole e sua vida começou a dar certo.

Agora, se você perguntar a Patricia qual é — ou era — o problema, ela responderá:

— Sou codependente.

PACIENTES QUE PROCURAM ajuda em instituições de tratamento para saúde mental e dependência química não são os únicos que sofrem de codependência. Randell era terapeuta de dependência química e alcoólico em recuperação. Ele estava há muitos anos sóbrio quando se viu lutando contra a codependência. Era filho adulto de um alcoólico; o pai e três irmãos eram alcoólicos. Ele era um homem inteligente, sensível, e gostava de trabalhar, mas não conseguia ter hábitos saudáveis em seu tempo livre. Passava boa parte dele se preocupando — ficando obcecado — com outras pessoas e os problemas delas. Às vezes, tentava resolver a bagunça que alcoólicos criavam; em outros momentos, ficava com raiva deles por criarem problemas que depois ele precisava resolver. Ele ficava nervoso porque as pessoas, não necessariamente alcoólicas, se comportavam de uma determinada maneira.

40 | *Codependência nunca mais*

Ele reclamava e se sentia culpado, arrependido e usado pelos outros. Quase nunca se sentia próximo de alguém e raramente se divertia.

Por muitos anos, Randell acreditou que tinha a obrigação de se preocupar com as pessoas e se envolver em seus problemas. Ele chamava seu comportamento de bondade, preocupação, amor e, às vezes, indignação. Mas depois de procurar ajuda ele passou a chamá-lo de codependência.

FREQUENTEMENTE, O COMPORTAMENTO codependente está associado a ser uma boa esposa, uma boa mãe, um bom marido, um bom amigo, um bom filho ou um bom funcionário. Às vezes, se mistura com a religião. Aos 40 anos, Marlyss é uma mulher atraente que gosta de manter uma boa aparência — mas raramente cuida de si mesma. Na maioria das vezes, ela está ocupada demais cuidando dos cinco filhos e do marido, que é um alcoólico em recuperação. Ela dedicou a vida à felicidade deles, mas nunca à própria. Marlyss está sempre irritada e se sente desvalorizada, e a família parece estar com raiva dela o tempo todo. Sempre que o marido quer transar, ela aceita, independentemente de ter desejo. Boa parte do orçamento da família é destinado a brinquedos e roupas que as crianças querem. Ela banca a motorista, lê livros, cozinha, limpa, abraça e paparica todos ao seu redor, mas não recebe coisa alguma em troca. Na maior parte do tempo, ninguém sequer lhe agradece. Marlyss se sente angustiada por se doar o tempo todo para as pessoas. Ela se ressente da maneira como sua vida é controlada pela família e pelas necessidades dos outros. Trabalha como professora, e frequentemente se arrepende dessa escolha.

— Mas me sinto culpada quando digo não. Eu me sinto culpada quando não cumpro minhas expectativas sobre como uma esposa e uma mãe deve se comportar, e também quando não atendo às expectativas que outras pessoas têm de mim. Eu me sinto culpada o tempo todo — disse ela. — Na verdade, organizo meu dia e minhas prioridades de acordo com a minha culpa.

Cuidar o tempo todo das pessoas, se ressentindo disso, e não esperar coisa alguma em troca faz de Marlyss uma boa esposa e mãe? Ou significa que ela é codependente?

O ABUSO DE substâncias não é o único problema familiar que pode gerar codependência. Alissa, mãe de dois adolescentes, trabalhava em meio expediente em uma organização de saúde mental quando procurou um novo terapeuta de família porque o filho mais velho, de 16 anos, vivia causando problemas. Ele fugia, não voltava para casa na hora combinada, matava aula, fumava maconha e só gostava de fazer o que queria, quando queria.

— Esse garoto está me deixando louca — disse Alissa para o terapeuta.

Ela estava falando sério. A preocupação a deixava doente. Havia dias em que ela ficava tão deprimida e atormentada que não conseguia sair da cama. Alissa havia tentado de tudo para ajudar o filho. Ela tentou convencê-lo a fazer tratamento três vezes, enviou-o para um treinamento militar voltado para adolescentes e obrigou a família inteira a fazer terapia. Também experimentou outras técnicas: ameaçou, chorou, gritou, implorou. Tentou a gentileza e o perdão. Ela foi firme e chamou a polícia para lidar com ele. Ela o trancou do lado de fora. Até se comportou como se ele não tivesse feito nada errado. Viajou para o outro lado do estado para buscá-lo depois de ele fugir. Apesar de seus esforços não terem dado certo, Alissa estava obcecada por descobrir e fazer algo que "o forçasse a enxergar seus erros" e o ajudasse a mudar.

— Por que ele está fazendo isso comigo? — perguntou ela ao terapeuta. — Ele fica fugindo e está acabando com a minha vida!

O terapeuta concordou que o problema com o filho de Alissa era doloroso, grave e precisava de uma solução. Mas isso não precisava prejudicar a vida de Alissa.

— Você não consegue controlar seu filho, mas pode controlar a si mesma — disse o terapeuta. — Você consegue lidar com a própria codependência.

Sheryl, uma modelo bem-sucedida, também se considera uma codependente. Pouco depois de se casar com o homem dos sonhos, ela se viu em um pesadelo. O marido era viciado em sexo. No caso dele, isso significava um vício em pornografia. Ele também tinha compulsão por casos com outras mulheres e, nas palavras de Sheryl, "só Deus sabe por mais o quê". Ela descobriu o vício uma semana após o casamento, quando o encontrou na cama com outra.

A primeira reação de Sheryl foi entrar em pânico. Depois, ela sentiu raiva. Em seguida ficou preocupada — com o marido e o transtorno dele. Os amigos a aconselharam a abandoná-lo, mas ela tentou manter o casamento. Ele precisava de ajuda. Ele precisava dela. Talvez ele mudasse. Ela não era suficiente?

O marido passou a frequentar o Dependentes de Amor e Sexo Anônimos (D.A.S.A.), um grupo de autoajuda que segue um programa de Doze Passos parecido com o Alcoólicos Anônimos. Sheryl se recusou a frequentar o C.O.S.A. (semelhante ao Al-Anon) para familiares de viciados em sexo. Ela não queria admitir os próprios problemas em público; não queria nem debatê-los em particular.

Ao longo de muitos meses, Sheryl passou a aceitar menos trabalhos, recusar convites para sair com amigos e sair menos de casa. Ela verificava o celular do marido o tempo todo e queria estar em casa quando ele saía e quando ele voltava. Queria ver como ele estava, como se comportava, como falava e também saber exatamente o que ele estava fazendo e se estava acompanhado. Com frequência, ligava para o padrinho dele no D.A.S.A. para reclamar, dedurar e saber sobre o progresso do marido. Ela dizia que se recusava a ser enganada e iludida de novo.

Com o tempo, Sheryl foi se afastando das pessoas e das coisas de que gostava. Estava ansiosa demais para trabalhar e envergonhada demais para conversar com os amigos. Não demorou muito para que descobrisse que estava sendo traída de novo e seus amigos ficarem frustrados por ela não deixá-lo.

— Eu não aguentava olhar para ele. Só sentia desprezo. Mas não conseguia abandoná-lo — disse Sheryl. — Eu não conseguia fazer nada além de me preocupar e ficar obcecada por ele. — Ela continua: — Percebi que estava no fundo do poço na noite em que o persegui com uma faca. Eu corri pela casa, gritando com ele, e de repente me dei conta, pela primeira vez, de *mim mesma*. Eu estava completamente perdida. Estava transtornada, descontrolada, e ele ficou parado ali, me encarando com toda a calma do mundo. Foi então que percebi que eu precisava de ajuda.

Pouco depois desse incidente, Sheryl passou a frequentar o C.O.S.A. e a chamar a própria falta de controle de codependência. Hoje, ela está se divorciando do marido e está se sentindo melhor.

* * *

Apesar de os exemplos anteriores serem drásticos, a codependência não necessariamente é tão intensa. E nem sempre envolve experiências com pessoas profundamente problemáticas. Kristen é casada, tem dois filhos pequenos, e não há qualquer histórico de alcoolismo ou transtornos compulsivos na família dela. No entanto, ela se define como codependente. Seu problema é que ela se sente responsável pelas emoções de outras pessoas; então tenta controlar o que elas estão sentindo.

— Gosto de agradar todo mundo — disse ela. — Se meu marido está feliz, e me sinto responsável por isso, então fico feliz. Se ele está nervoso, me responsabilizo por isso também. Aí eu fico ansiosa, desconfortável e nervosa até ele melhorar. Eu tento *fazê-lo* melhorar. Eu me sinto culpada quando não consigo. E ele fica irritado comigo por tentar. E não é apenas com ele que me comporto de forma codependente — disse ela. — É com todo mundo: meus pais, meus filhos, visitas na minha casa. De algum jeito, eu me perco nas outras pessoas. Eu me deixo levar por elas.

"Quero fazer algo para mudar isso, essa codependência, antes que eu piore. Não sou infeliz, mas quero aprender a relaxar e a me divertir sozinha e com outras pessoas."

Um colega resumiu a condição da seguinte maneira: "Algumas pessoas são *muito* codependentes e outras são *um pouquinho* codependentes."

Escolhi os exemplos anteriores porque representam uma variedade de experiências. Eles também mostram um argumento importante: nenhum exemplo é capaz de ilustrar a codependência ou a experiência típica de um codependente. A codependência é complexa. Pessoas são complexas. Cada pessoa é única e cada um vivencia a situação de forma diferente. Algumas têm experiências extremamente dolorosas e debilitantes. Outras, não, e podem ser apenas levemente afetadas. Às vezes, a codependência é a reação de uma pessoa ao abuso de substâncias de um ente querido; às vezes, não. Todos que lutam contra a codependência têm uma experiência única, consequência das próprias circunstâncias, do próprio passado e da própria personalidade.

Todas as histórias de codependência, porém, têm algo em comum. Elas envolvem nossas respostas e reações às pessoas ao redor. Envolvem nosso

44 | *Codependência nunca mais*

relacionamento com os outros, sejam eles dependentes químicos, viciados em apostas, sexo, comida, sejam supostamente "saudáveis". A codependência depende de como essas pessoas nos afetam e de como nós as afetamos.

Como dizem os participantes do Al-Anon: "Identifique, não compare."

ATIVIDADE

1. Você se identificou com alguma das pessoas neste capítulo? O que fez sentido para você, e por quê?

2. No momento, você está envolvido em algum relacionamento que pareça fora de controle?

3

CODEPENDÊNCIA

"Relacionamentos são como uma dança, com uma energia visível sendo transmitida entre os parceiros. Algumas relações são a dança lenta e sombria da morte."[1]

— Colette Dowling, *Complexo de Cinderela*

Até aqui, usei as palavras *codependente* e *codependência* como termos compreensíveis. No entanto, a definição delas continua vaga.

A definição de *dependência química* é ser dependente (psicológica e/ou fisicamente) de álcool ou outras drogas. *Compulsão alimentar* e *vício em jogos* também são termos que nos fazem pensar em atitudes específicas. Contudo, o que é codependência?

A princípio, a definição é a seguinte: ser um parceiro em condição de dependência. Essa definição chega perto da verdade, mas continua incompleta. Não nos faz pensar em comportamento algum. *Codependência* é um jargão de centros de tratamento, uma gíria profissional que provavelmente não diz nada para pessoas que não trabalham na área, e não faz sentido até para algumas pessoas que lidam com ela.

Jargões podem significar coisas diferentes para pessoas diferentes. A pessoa também pode conseguir captar o significado de um termo, mas não ser capaz de defini-lo com convicção, porque ele nunca foi definido de forma objetiva.

46 | Codependência nunca mais

Esses foram alguns dos problemas com que me deparei enquanto pesquisava e tentava definir o que era *codependência* e *codependente*. Muitas pessoas não conhecem os termos ou não conseguem explicá-los. As que conseguem usam definições diferentes ou recorrem a outros jargões. Para complicar a situação, passei muitos anos sem encontrar as palavras em dicionário algum. Meu computador as destacava como erros de ortografia, tentando me convencer de que não eram palavras de verdade.

No entanto, *codependência* tem uma definição específica e importante para mim e milhões de outras pessoas. Vamos deixar o jargão de lado e nos aprofundar nesse significado.

O que é codependência?

Em um artigo do livro *Co-Dependency, An Emerging Issue*, Robert Subby escreve que a codependência é "uma condição emocional, psicológica e comportamental que se desenvolve como resultado da exposição prolongada e da prática de um indivíduo a um conjunto de regras opressivas — regras que não permitem a expressão sincera de sentimentos, assim como a discussão direta de problemas pessoais e interpessoais".[2]

Ernie Larsen, outro especialista em codependência e um pioneiro na área, define codependência como "os comportamentos autodestrutivos, adquiridos, ou defeitos de caráter que resultam em uma capacidade reduzida de iniciar ou participar de relações que envolvam amor".[3]

Seguem algumas definições menos profissionais:

Uma mulher disse: "Codependência significa que cuido dos outros."

Outra respondeu: "Ser codependente significa que sou casada com um alcoólico e que preciso frequentar o Al-Anon."

"Codependência significa que estou cercada por alcoólicos", afirmou outra.

"Significa que busco alguém em quem possa me agarrar."

"Codependência? Significa que qualquer homem por quem eu sinta atração, me apaixone ou case terá dependência química ou algum problema igualmente grave."

"Codependência é saber que todos os seus relacionamentos vão seguir do mesmo jeito (dolorosamente) ou terminar do mesmo jeito (desastrosamente). Ou as duas coisas", explicou uma pessoa.

Há quase tantas definições para codependência quanto experiências que a representam. No desespero (ou talvez em um momento iluminado), alguns terapeutas proclamam: "Codependência é *qualquer coisa*, e *todo mundo* é codependente."

Então quem está certo? Qual é a definição correta? Uma breve história da codependência nos ajudará a encontrar a resposta.

Uma breve história

A palavra "codependência" surgiu em textos sobre saúde mental no fim da década de 1970. Não sei quem a criou. Apesar de muitas pessoas assumirem o feito, o termo passou a ser usado mais ou menos simultaneamente em vários centros de tratamento em Minnesota, de acordo com informações do escritório de Sondra Smalley, psicóloga e uma das líderes na área de codependência. Talvez Minnesota, a capital dos tratamentos de dependência química e dos programas de Doze Passos para transtornos compulsivos, tenha descoberto o conceito.

Robert Subby e John Friel, em um artigo do livro *Co-Dependency, An Emerging Issue*, escreveram: "Originalmente, o termo era usado para descrever a pessoa, ou pessoas, cuja vida era afetada como resultado do seu envolvimento com um dependente químico. Era observado que o cônjuge, filho ou parceiro codependente de um dependente químico desenvolvia uma forma nociva de lidar com a vida como reação ao abuso de drogas ou álcool de terceiros."[4]

Era um termo novo para um problema antigo. Fazia tempo que os profissionais suspeitavam que algo diferente acontecia com as pessoas mais próximas a dependentes químicos. Algumas pesquisas sobre o assunto foram realizadas, indicando que uma condição física, mental, emocional e espiritual semelhante parecia ser desenvolvida por muitas pessoas que não lutavam contra o alcoolismo ou a dependência química, mas eram próxi-

48 | *Codependência nunca mais*

mas de alguém que passava por isso. Palavras (outros jargões que depois se tornariam sinônimos de *codependente*) surgiram para descrever o fenômeno: "coalcoólico", "não alcoólico", "para-alcoólico".

Sem dúvida, os codependentes sentiam os efeitos da codependência muito antes de a palavra ser criada. Na década de 1940, após o nascimento do Alcoólicos Anônimos, grupos de pessoas — em grande parte formado por esposas de alcoólicos — formaram comunidades de apoio para lidar com a maneira como o alcoolismo de seus parceiros as afetava.[5] Elas não sabiam que seriam chamadas de codependentes no futuro. No entanto, sabiam que eram diretamente afetadas pelo alcoolismo do parceiro e também queriam um programa semelhante aos Doze Passos dos alcoólicos que os ajudasse na recuperação. Então elas o copiaram, revisaram as Doze Tradições do A.A., mudaram o nome para Al-Anon e... deu certo! Desde então, o Al-Anon já ajudou milhões de pessoas.[6]

A ideia básica, tanto naquela época quanto no fim da década de 1970, quando o termo *codependência* surgiu, era que codependentes (coalcoólicos ou para-alcoólicos) eram pessoas cuja vida se tornava insuportável devido ao relacionamento que nutriam com alcoólicos.[7]

No entanto, a definição de codependência foi expandida desde então. Profissionais começaram a compreender melhor os efeitos da dependência química de uma pessoa sobre a família e vice-versa. Eles também identificaram outros problemas, como compulsão e restrição alimentar, vício em jogos e certos comportamentos sexuais. Esses transtornos compulsivos eram comparáveis ao transtorno compulsivo — ou *doença* — do alcoolismo. Muitos entes queridos de pessoas com compulsão desenvolviam padrões de reação e enfrentamento semelhantes aos dos familiares de alcoólicos.

Algo diferente também acontecia nessas famílias. Conforme os profissionais começavam a entender melhor a codependência, mais grupos de pessoas pareciam sofrer dela: filhos adultos de alcoólicos; pessoas em relacionamentos com indivíduos com transtornos emocionais ou mentais; pessoas cujos parceiros têm uma doença crônica; figuras parentais de crianças com transtornos de conduta; pessoas que se relacionam com parceiros irresponsáveis; profissionais — enfermeiros, assistentes sociais e outros em ocupações que oferecem "ajuda". Até alcoólicos e dependentes químicos em recuperação notaram que eram codependentes, talvez muito antes de desenvolver uma dependência química.[8] Os codependentes começaram a surgir em todo lugar.

Quando um codependente cortava relações com alguém com transtornos, era comum que ele se relacionasse com outra pessoa nas mesmas condições e repetisse os comportamentos codependentes com ela. Esses comportamentos, ou estratégias de enfrentamento, pareciam perdurar pela vida do codependente.

Fazia sentido presumir que a codependência era engatilhada por relacionamentos com pessoas portadoras de doenças sérias, transtornos de conduta, compulsivos ou destrutivos? O alcoolismo presente em uma família ajudava a criar codependência, porém, essa condição envolve muitas outras circunstâncias.

Um denominador comum era ter um relacionamento, fosse pessoal, fosse profissional, com pessoas dependentes, com muitas necessidades ou transtornos. Porém, um segundo denominador muito comum nessas situações eram as regras implícitas, silenciosas, que costumam ser desenvolvidas no núcleo familiar e criam um padrão para relações futuras.[9] Essas regras proíbem conversas sobre o problema; a expressão sincera de sentimentos; comunicação direta e honesta; expectativas realistas (por exemplo, somos todos humanos, vulneráveis e imperfeitos); egoísmo; a confiança em outras pessoas e em si mesmo; brincar e se divertir; e abalar o delicado equilíbrio familiar com mudanças ou crescimento — por mais saudável e benéfico que esse movimento seja. Essas regras são comuns em estruturas familiares de alcoólicos, mas podem surgir em outras famílias também.

Afinal, qual definição de codependência está correta? Todas. Algumas descrevem a causa; outras, os efeitos; outras, a condição geral; outras, os sintomas; outras, os padrões; outras, o sofrimento. Codependência significava, ou passou a significar, todas as definições listadas.

Não quero confundir ninguém. A definição de codependência é vaga porque se trata de uma condição vaga, com nuances. Ela é complexa, teórica e difícil de definir em apenas uma ou duas frases.

50 | *Codependência nunca mais*

Contudo, por que essa palavra gera tanta confusão? Porque vou tentar algo difícil: definir *codependência* em uma frase. Quero que você tenha noção do quadro geral antes de eu especificá-lo. Espero que esta abordagem ajude você a identificar a codependência em si mesmo. *Definir o problema é importante, porque ajuda a encontrar a solução.* Neste caso, a solução é essencial. Ela fará com que você se sinta melhor. Ela significa recuperação.

Então, aqui vai a minha definição de uma pessoa codependente:

> É aquele indivíduo que se permitiu ser afetado pelo comportamento de outra pessoa e se tornou obcecado em controlar o comportamento dessa outra pessoa.

A outra pessoa pode ser um filho, um adulto, um parceiro, um cônjuge, um irmão, uma irmã, um avô, um pai, um cliente ou um melhor amigo. Pode ser um alcoólico, um dependente químico, alguém com transtornos mentais ou físicos, alguém que ocasionalmente tem sentimentos de tristeza, ou qualquer outra pessoa.

O foco da definição e da recuperação, porém, não está na outra pessoa — por mais que acreditemos que esteja. Ele está em nós mesmos, na maneira como permitimos que comportamentos externos nos afetem e na maneira como tentamos afetar a outra pessoa: controle, "ajuda" obsessiva, cuidados, baixa autoestima que beira o ódio a si mesmo, autorrepressão, raiva e culpa excessivas, dependência de determinadas pessoas, atração e tolerância ao que é fora do comum, foco no outro que resulta no abandono de si mesmo, problemas de comunicação, problemas de intimidade e jornada interminável e desnorteante pelos cinco passos do processo do luto.[10]

A codependência é um transtorno? Alguns profissionais dizem que não — afirmam ser uma reação normal a pessoas problemáticas.[11]

Outros definem que sim, trata-se de um transtorno crônico, progressivo. Eles sugerem que codependentes desejam e precisam manter próximas pessoas com algum outro transtorno para que se sintam felizes de um jeito nocivo. Dizem, por exemplo, que a esposa de um alcoólico sente necessidade de estar com alguém que sofre desse distúrbio e o escolheu porque, inconscientemente, acreditava que ele tinha uma dependência química. Além

Codependência | 51

disso, ela precisa se colocar nesse tipo de situação para que a carência e o caos preencham sua vida e ela se sinta realizada.

Este último julgamento pode ser cruel. Estou convencida de que codependentes não precisam disso. Outras pessoas já foram duras o suficiente conosco. Nós somos duros com nós mesmos. Já sofremos o suficiente. Fomos vitimizados por transtornos, vícios e pessoas. Cada um de nós deve decidir qual foi nosso papel na própria vitimização.

Não sei se a codependência é ou não um transtorno. Não sou especialista; sou uma escritora com grande interesse pessoal e profissional no assunto. Contudo, para dar minha opinião, preciso completar a breve história da codependência que comecei no início deste capítulo.

Apesar de os primeiros grupos do Al-Anon terem surgido na década de 1940, tenho certeza de que podemos voltar para o começo dos tempos e das relações humanas e encontrar vislumbres de comportamento codependente. As pessoas sempre tiveram problemas, e sempre houve alguém que cuidasse de amigos e parentes com transtornos. É possível que estejamos nos envolvendo com os problemas dos outros desde que o ser humano começou a se relacionar.

A codependência provavelmente acompanhou o ser humano enquanto ele lutava através dos últimos anos Antes da Era Comum (AEC), até "estes momentos costumeiramente infelizes do século XX", como Morley Safer, do programa *60 Minutes*, já disse. Desde que o ser humano existe, fazemos todas as coisas que classificamos como "codependentes". Ficamos doentes de preocupação com outra pessoa. Tentamos ajudar de formas ineficazes. Dizemos "sim" quando queremos dizer "não". Fazemos de tudo para não magoar os outros e, no processo, magoamos a nós mesmos. Temos medo de confiar em nossos sentimentos. Acreditamos em mentiras e nos sentimos traídos. Queremos nos vingar e punir os outros. Sentimos tanta raiva que temos vontade de matar alguém. Lutamos por nossos direitos quando outras pessoas não os respeitam. Vestimos trapos porque achamos que não merecemos roupas de qualidade.

É inegável que codependentes também fazem coisas boas. Por natureza, eles são benevolentes — preocupados e reagentes às necessidades do mundo. Como Thomas Wright escreveu em *Co-Dependency, An Emerging Issue*:

52 | *Codependência nunca mais*

Suspeito que os codependentes historicamente lutaram contra injustiças sociais e a favor dos direitos dos menos privilegiados. Querem ajudar. Suspeito que tenham ajudado. Mas é provável que tenham morrido pensando que não fizeram o suficiente, se sentindo culpados.

É natural querer proteger e ajudar as pessoas com quem nos importamos. Também é natural sermos afetados e reagirmos aos problemas das pessoas ao nosso redor. Conforme um problema se torna mais sério e permanece sem solução, somos mais afetados e reagimos de forma mais intensa.

A palavra "reagir" é importante aqui. Não importa como você encara a codependência, como a define e como prefere diagnosticá-la e tratá-la, ela é um processo de reatividade. Codependentes são reativos. Eles reagem de forma exagerada e desproporcional. Entretanto, raramente agem. Eles reagem aos problemas, às dores, à vida e aos comportamentos dos outros e de si mesmos. Muitas reações codependentes são geradas pelo estresse e trauma de viver ou crescer com o alcoolismo e outros transtornos. É normal reagir ao estresse. É heroico e salvador, entretanto, aprender como *não* reagir e a agir de forma saudável. E a maioria de nós precisa de ajuda para isso.

Talvez um motivo para alguns profissionais chamarem a codependência de transtorno é porque muitas das pessoas que lutam contra ela estão reagindo a um transtorno como o alcoolismo.

Outro motivo para ser considerada um transtorno é a sua progressividade. Conforme as pessoas ao nosso redor se tornam mais doentes, podemos passar a ter reações mais intensas. O que começou como uma pequena preocupação pode causar isolamento, depressão, transtornos emocionais ou físicos, ou ideações suicidas. Uma coisa leva a outra, e as coisas pioram. A codependência talvez não seja um transtorno, mas pode deixar você doente. E pode ser responsável por as pessoas ao seu redor permanecerem doentes.

Mais um motivo é porque comportamentos codependentes — assim como muitos comportamentos autodestrutivos — se tornam rotineiros. Nós reproduzimos hábitos sem pensar. Eles ganham vida própria.[12] Independentemente do transtorno da outra pessoa, a codependência envolve um sistema habitual de nos comportar, sentir e pensar sobre nós mesmos e os outros que causa sofrimento. Comportamentos ou hábitos codependentes são autodestrutivos. Quando reagimos a pessoas que estão se destruindo, nossa reação é a de aprender a nos destruir também. Esses hábitos podem nos levar a relacionamentos destrutivos ou nos manter neles; podem sabotar relacionamentos que poderiam ter funcionado e nos impedir de encontrar paz e felicidade com a pessoa mais importante de nossa vida — nós mesmos. Esses comportamentos são causados apenas por nós. Eles são um problema nosso. No próximo capítulo, vamos analisá-los.

ATIVIDADE

1. Qual definição de codependência fez mais sentido para você?

2. Você conhece alguém que afetou sua vida de forma significativa, alguém com quem você se preocupa e gostaria de poder mudar? Quem? Escreva sobre essa pessoa e o relacionamento que tem com ela. Depois, leia o que escreveu. Quais sentimentos você expressou? Quais sentimentos deixou de expressar?

4
CARACTERÍSTICAS DO CODEPENDENTE

"Concedei-me, Senhor, a serenidade necessária
Para aceitar as coisas que não posso modificar,
Coragem para modificar aquelas que posso
E sabedoria para distinguir umas das outras."

— Reinhold Niebuhr, "A oração da serenidade"

Mesmo que dois codependentes discordem da definição de codependência, se eles conversarem sobre as respectivas questões provavelmente vão se entender. Eles compartilharão coisas em comum — o que fazem, pensam, sentem e dizem —, que são características da codependência. É nesses pontos — sintomas, problemas, estratégias de enfrentamento ou reações — que a maioria das definições e programas de recuperação se sobrepõe e converge. Esses pontos prescrevem a recuperação. Eles são os elementos que precisamos reconhecer, aceitar, tolerar, encarar, enfrentar e frequentemente mudar.

No entanto, antes de eu listar os comportamentos comuns de pessoas com tendências codependentes, farei uma observação importante: ter esses problemas não significa que somos ruins, defeituosos ou inferiores. Alguns de nós os aprendemos na infância. Outros, mais tarde na vida. Podemos ter adquirido certos hábitos por conta da maneira que interpretamos a religião. Algumas mulheres podem ter aprendido que esses comportamentos eram qualidades desejáveis. Não importa de onde saíram essas lições, a maioria de nós as aprendeu muito bem.

Em geral, adotamos esses comportamentos para nos proteger e saciar nossas necessidades. Nós fazemos, sentimos e pensamos essas coisas para sobreviver — no sentido emocional, mental e, às vezes, até físico. Lutamos para compreender e lidar com nosso mundo complexo. Nem sempre é fácil conviver com outras pessoas. É especialmente difícil viver com pessoas doentes, transtornadas ou confusas. É horrível viver com alguém que é dominado por comportamentos compulsivos, descontrolados. Muitos de nós tentamos lidar com circunstâncias absurdas, e esses esforços são admiráveis e heroicos. Fazemos o melhor que podemos.

No entanto, esses mecanismos de autoproteção podem não ser mais úteis. Às vezes, as coisas que fazemos para nos proteger acabam se voltando contra nós e nos machucando. Elas se tornam autodestrutivas. Muitos codependentes mal conseguem sobreviver, e a maioria não sacia as próprias vontades. Como o terapeuta Scott Egleston observa, a codependência é uma maneira de saciar necessidades sem de fato saciá-las. Estamos fazendo as coisas erradas pelos motivos certos.[1]

Como mudar? Como aprender hábitos mais saudáveis? Não sei se a saúde mental, a saúde espiritual e a saúde emocional podem ser ensinadas, mas podemos nos inspirar e nos encorajar. Podemos aprender a agir de outra forma. Podemos mudar. Acredito que a maioria das pessoas quer estar saudável e viver da melhor maneira possível. Porém, muitos de nós não sabemos que podemos fazer as coisas de outra forma ou nem sequer compreendemos que aquilo que fazemos não está dando certo. Às vezes ficamos tão ocupados reagindo aos problemas alheios que não temos tempo para identificar nossas dificuldades, que dirá nos importar com elas.

Muitos profissionais dizem que o primeiro passo para a mudança é tomar ciência do problema. O segundo passo é a aceitação.[2] Com isso em mente, vamos examinar as características da codependência. Elas foram compiladas a partir da minha pesquisa e das minhas experiências pessoais e profissionais.

Cuidado

O codependente pode:

- pensar e sentir que é responsável por outra pessoa — pelos sentimentos, pensamentos, comportamentos, escolhas, desejos, necessidades, bem-estar, mal-estar e destino final dela;
- sentir ansiedade, pena e culpa quando outra pessoa tem um problema;
- sentir necessidade — quase a obrigação — de ajudar outra pessoa a solucionar um problema que esteja enfrentando, como dar conselhos não solicitados, oferecer uma série de sugestões rápidas ou solucionar sentimentos;
- sentir raiva quando sua ajuda não é eficaz;
- antecipar as necessidades do outro;
- se perguntar por que os outros não fazem o mesmo por ele;
- dizer "sim" quando quer dizer "não", fazer coisas que não quer fazer, assumir mais trabalho do que seria justo e fazer coisas que outras pessoas podem — e deveriam — fazer por conta própria;
- não saber o que deseja ou precisa, ou, quando sabe, dizer a si mesmo que as coisas que deseja ou de que precisa não são importantes;
- tentar agradar aos outros em vez de a si mesmo;
- ter mais facilidade em sentir e expressar raiva com as injustiças cometidas contra os outros do que contra si mesmo;
- sentir mais segurança quando se doa;
- sentir insegurança e culpa quando ninguém oferece ajuda;
- sentir tristeza por dedicar a vida inteira a outras pessoas e ninguém retribuir;
- sentir atração por pessoas com necessidades;
- ser alvo da atração de pessoas com necessidades;
- sentir-se entediado, vazio e inútil se não tiver uma crise na vida, um problema para solucionar ou alguém para ajudar;

Características do codependente | 57

- abandonar rotinas para reagir ou fazer algo por outra pessoa;
- comprometer-se demais;
- sentir estresse e pressão;
- acreditar de verdade que as outras pessoas são, de algum modo, responsáveis pela infelicidade dele;
- atribuir a causa das próprias emoções a outras pessoas;
- atribuir às outras pessoas a responsabilidade do que quer que esteja sentindo;
- acreditar que está perdendo a cabeça por causa de outras pessoas;
- sentir-se irritado, vitimizado, desvalorizado e usado;
- notar que as características anteriores fazem as outras pessoas o tratarem com impaciência ou raiva.

Autoestima baixa

O codependente tende a:

- vir de uma família complicada, reprimida ou disfuncional;
- negar que a própria família é complicada, reprimida ou disfuncional;
- se culpar por tudo;
- implicar consigo mesmo por tudo, inclusive com os próprios pensamentos, sentimentos, atitudes, com a própria aparência e com o próprio comportamento;
- ficar com raiva, na defensiva, indignado e revoltado quando é culpado e criticado por outros — algo que faz frequentemente consigo mesmo;
- rejeitar elogios ou enaltecimentos;
- ficar deprimido com a falta de elogios e enaltecimentos;
- sentir que é diferente do resto do mundo;
- pensar que não é bom o suficiente;

58 | *Codependência nunca mais*

- sentir culpa por gastar dinheiro consigo mesmo ou fazer coisas desnecessárias ou divertidas;
- ter medo de rejeição;
- levar as coisas para o lado pessoal;
- ter sido vítima de abuso sexual, físico ou emocional, negligência, abandono ou alcoolismo;
- sentir que é uma vítima;
- dizer a si mesmo que não consegue fazer nada certo;
- ter medo de cometer erros;
- se perguntar por que tem dificuldade em tomar decisões;
- esperar perfeição de si mesmo e dos outros;
- se perguntar por que nunca fica satisfeito com o que faz;
- pensar em muitas "possibilidades";
- sentir muita culpa;
- sentir vergonha de si mesmo;
- pensar que a própria vida não merece ser vivida;
- tentar ajudar outras pessoas a viver a vida delas;
- ter sentimentos equivocados sobre o próprio valor por ajudar outras pessoas;
- identificar-se em excesso com os fracassos e problemas de entes queridos;
- desejar que coisas boas aconteçam na própria vida;
- acreditar que coisas boas nunca vão acontecer;
- acreditar que não merece coisas boas e felicidade;
- desejar que outras pessoas amem ou gostem dele;
- acreditar que outras pessoas nunca vão amar ou gostar dele;
- tentar provar que é bom o suficiente para os outros;
- conformar-se em ser necessário.

Repressão

É comum que o codependente:

- evite certos pensamentos e sentimentos por medo e culpa;
- tenha medo de ser quem é de verdade;
- pareça rígido e controlado.

Obsessão

O codependente tende a:

- sentir intensa ansiedade com relação a problemas e pessoas;
- se preocupar com bobagens;
- pensar e falar muito sobre outras pessoas;
- perder o sono pensando em problemas e no comportamento dos outros;
- se preocupar;
- nunca encontrar respostas;
- vigiar pessoas;
- tentar pegar pessoas em flagrante;
- não conseguir parar de falar, pensar e se preocupar com outras pessoas e seus respectivos problemas;
- abandonar rotinas por estar nervoso demais com algo ou alguém;
- focar toda a energia em outras pessoas;
- se perguntar por que nunca tem energia;
- se perguntar por que nunca consegue fazer alguma coisa.

Controle

É comum que o codependente:

- tenha passado por situações e convivido com pessoas impossíveis de controlar, que lhe causaram tristeza e decepção;
- tenha medo de permitir que outras pessoas sejam quem são e deixar acontecimentos ocorrerem de forma natural;
- não consiga enxergar ou lidar com o medo da falta de controle;
- acredite que sabe como as coisas deveriam acontecer e como as pessoas devem se comportar;
- tente controlar situações e pessoas por meio de desamparo, culpa, coerção, ameaças, conselhos, manipulações ou domínio;
- eventualmente fracasse nos próprios esforços ou provoque a raiva das pessoas;
- fique frustrado e com raiva;
- sinta-se controlado por acontecimentos e pessoas.

Negação

O codependente tende a:

- ignorar problemas e fingir que eles não estão acontecendo;
- fingir que as circunstâncias não são tão ruins assim;
- dizer a si mesmo que as coisas vão melhorar no dia seguinte;
- permanecer ocupado para não precisar pensar em nada;
- ficar confuso;
- ficar deprimido;
- ficar doente;
- ir a médicos e tomar tranquilizantes;
- se tornar um *workaholic* ou viciado em trabalho;

Características do codependente | 61

- gastar dinheiro de forma compulsiva;
- ter compulsão alimentar;
- fingir que essas coisas também não estão acontecendo;
- observar os problemas piorarem;
- acreditar em mentiras;
- mentir para si mesmo;
- se perguntar por que sente que está enlouquecendo.

Dependência/apego

É comum que o codependente:

- não se sinta feliz, satisfeito ou em paz consigo mesmo;
- busque por felicidade no mundo exterior;
- se apegue a qualquer um, ou a qualquer coisa, que possa lhe oferecer felicidade;
- se sinta extremamente ameaçado pela perda de qualquer um, ou de qualquer coisa, que possa oferecer felicidade;
- sinta que não recebe amor e aprovação do pai e da mãe;
- não se ame;
- acredite que outras pessoas não conseguem, ou não querem, amá-lo;
- busque amor e aprovação de forma desesperada;
- geralmente busque o amor de pessoas emocionalmente indisponíveis;
- acredite que outras pessoas nunca lhe oferecem apoio;
- equipare amor a sofrimento;
- acredite que deseja/precisa/ama as pessoas mais do que elas o desejam/amam/precisam dele;
- tente provar que é bom o suficiente para ser amado;
- não se dê ao trabalho de analisar se outras pessoas lhe fazem bem;

62 | *Codependência nunca mais*

- queira que outras pessoas amem ou gostem dele;
- não se dê ao trabalho de analisar se ama ou gosta das outras pessoas;
- centralize a própria vida em torno de outras pessoas;
- acredite que relacionamentos sejam a fonte de todos os sentimentos bons;
- se desinteresse pela própria vida quando está apaixonado;
- tenha medo de ser abandonado;
- não acredite que seja capaz de cuidar de si mesmo;
- permaneça em relacionamentos que não estão dando certo;
- tolere abusos para manter o amor do outro;
- sinta-se preso em relacionamentos;
- saia de relacionamentos ruins e comece um novo que também não funciona;
- se pergunte se algum dia encontrará o amor.

Comunicação falha

O codependente com frequência:

- culpa;
- ameaça;
- coage;
- implora;
- suborna;
- aconselha;
- não diz o que pensa;
- não pensa no que diz;
- não sabe o que pensa;
- não se leva a sério;

- acha que outras pessoas não o levam a sério;
- se leva a sério demais;
- pede o que deseja e precisa de forma indireta — suspirando, por exemplo;
- tem dificuldade em chegar aonde quer;
- não sabe aonde quer chegar;
- mede as palavras com cuidado para alcançar o efeito desejado;
- tenta dizer o que acha que vai agradar os outros;
- tenta dizer o que acha que vai provocar os outros;
- tenta dizer o que acha que vai convencer os outros a fazer o que ele quer;
- elimina a palavra *não* do próprio vocabulário;
- fala demais;
- fala sobre outras pessoas;
- evita falar de si mesmo, dos próprios problemas, sentimentos e pensamentos;
- diz que tudo é culpa dele;
- diz que nada é culpa dele;
- acredita que as próprias opiniões não importam;
- espera para expressar as próprias opiniões somente depois que sabe a opinião dos outros;
- mente para proteger e encobrir as pessoas que ama;
- mente para proteger a si mesmo;
- tem dificuldade em defender os próprios direitos;
- tem dificuldade em expressar as próprias emoções de forma sincera, aberta e apropriada;
- pensa que boa parte do que tem a dizer é inútil;
- começa a falar de forma cínica, autodepreciativa ou hostil;
- pede desculpas por incomodar os outros.

Limites frágeis

O codependente com frequência:

- diz que não vai tolerar certos comportamentos de outras pessoas;
- gradualmente aumenta a própria tolerância até conseguir tolerar e fazer aquilo de que antes discordava;
- permite que outras pessoas o magoem;
- continua permitindo que outras pessoas o magoem;
- se pergunta por que fica tão magoado;
- reclama, culpa e tenta controlar enquanto continua se magoando;
- finalmente fica com raiva;
- torna-se completamente intolerante.

Falta de confiança

O codependente:

- não confia em si mesmo;
- não confia nos próprios sentimentos;
- não confia nas próprias decisões;
- não confia em outras pessoas;
- tenta confiar em pessoas não confiáveis;
- pensa que foi abandonado pelo próprio Poder Superior;
- perde a esperança e a confiança em um Poder Superior.

Raiva

O codependente tende a:

- sentir medo, mágoa e raiva;
- viver com pessoas que sentem muito medo, mágoa e raiva;
- ter medo da própria raiva;
- ter medo da raiva dos outros;
- pensar que as pessoas vão embora se deixar sua raiva transparecer;
- pensar que outras pessoas são responsáveis pela raiva dele;
- ter medo de deixar as outras pessoas com raiva;
- sentir-se controlado pela raiva de outras pessoas;
- reprimir sentimentos raivosos;
- reagir à raiva com choro, depressão, compulsão alimentar, doenças, comportamentos maldosos e desagradáveis para se vingar, hostilidade ou ataques violentos;
- punir outras pessoas por causar raiva nele;
- sentir vergonha da própria raiva;
- criticar-se por sentir raiva;
- sentir cada vez mais raiva, ressentimento e amargura;
- sentir-se mais seguro com a própria raiva do que com a mágoa;
- se perguntar se a raiva um dia passará.

Problemas com sexo/intimidade

O codependente pode:

- ter um comportamento de cuidador entre quatro paredes;
- fazer sexo quando não deseja;
- fazer sexo quando preferia receber um abraço, carinho e amor;

66 | *Codependência nunca mais*

- tentar fazer sexo quando sente raiva ou mágoa;
- recusar-se a gostar de sexo porque está com raiva do parceiro;
- temer perder o controle;
- ter dificuldade de pedir o que precisa na cama;
- afastar-se emocionalmente do parceiro;
- sentir repulsa sexual com relação ao parceiro;
- não falar sobre o assunto;
- reduzir o sexo a um ato técnico;
- se perguntar por que não gosta de sexo;
- perder o interesse por sexo;
- inventar desculpas para a abstenção;
- desejar que o parceiro sexual morra, vá embora ou leia os pensamentos dele;
- ter fantasias sexuais intensas com outras pessoas;
- cogitar ou ter um caso extraconjugal.

Questões gerais

O codependente tende a:

- ser extremamente responsável;
- ser extremament~ irresponsável:
- se tornar um mártir, sacrificando a própria felicidade e a dos outros por causas que não exigem sacrifício;
- ter dificuldade em se sentir próximo das pessoas;
- ter dificuldade em se divertir e ser espontâneo;
- reagir à codependência de forma passiva — chorando, se sentindo magoado ou desamparado;
- reagir à codependência de forma agressiva — com violência, raiva, dominância;

- ter reações passivas e agressivas;
- vacilar ao tomar decisões ou sentir emoções;
- rir quando na verdade quer chorar;
- permanecer leal a compulsões e pessoas mesmo quando isso o magoa;
- sentir vergonha de problemas familiares, pessoais ou amorosos;
- sentir-se confuso quanto à natureza do problema;
- esconder, mentir e proteger o problema;
- não procurar ajuda por dizer a si mesmo que o problema não é grave o suficiente ou que ele não é importante o suficiente;
- se perguntar por que o problema não desaparece.

Codependência progressiva

Em estágios mais avançados da codependência, é possível:

- sentir letargia;
- sentir depressão;
- se tornar retraído, isolado ou desinteressado;
- perder completamente uma rotina e estrutura diárias;
- agredir ou negligenciar os próprios filhos e outras responsabilidades;
- sentir-se impotente;
- começar a planejar a fuga de uma relação que lhe parece opressora;
- cogitar suicídio;
- tornar-se violento;
- desenvolver um transtorno emocional, mental ou físico grave;
- desenvolver um transtorno alimentar;
- viciar-se em álcool e outras drogas.

68 | *Codependência nunca mais*

As LISTAS ANTERIORES são longas, mas não incluem todas as características. Assim como todas as pessoas, os codependentes fazem, sentem e pensam muitas coisas. Não existe uma quantidade exata de características que dão certeza se uma pessoa é codependente ou não. Cada um é diferente; cada um tem o próprio jeito de fazer as coisas. O mais importante é identificarmos os comportamentos ou áreas que nos causam problemas e decidir como reagir.

No fim do Capítulo 3, perguntei qual definição de codependência tinha feito sentido para você. Como Earnie Larsen diz, se você definiu seu problema como "viver com um alcoólico", talvez acredite que *não* viver com um alcoólico seja a solução. Isso pode estar parcialmente correto. Contudo, problemas que temos enquanto codependentes são as nossas características — os nossos comportamentos codependentes.

Quem é codependente? Eu sou.

Em uma pesquisa da Gallup de 2019, 46% dos adultos norte-americanos afirmaram ter lidado com abuso de substâncias na família.[3] É provável que eles sejam codependentes.

Pessoas que amam, se importam ou trabalham com indivíduos com transtornos podem ser codependentes.

Pessoas que se importam com indivíduos com transtornos alimentares provavelmente são codependentes. No livro *Fat Is a Family Affair* [Ser gordo é uma questão familiar], Judi Hollis escreve que uma pessoa que sofre de transtornos alimentares é capaz de manter de 15 a vinte codependentes ocupados.[4] Muitas pessoas com transtornos alimentares também são codependentes. "Em uma pesquisa informal, descobri que pelo menos 40% das esposas de alcoólicos são obesas", diz Hollis.[5]

Pessoas que se importam com indivíduos que apresentem qualquer tipo de transtorno mental ou compulsivo — desde agorafobia e depressão a acumulação compulsiva e transtorno obsessivo-compulsivo (TOC) — podem ser codependentes.

Você pode estar lendo este livro por ser um codependente. Ou pode estar lendo para ajudar outra pessoa; se for o caso, é provável que seja codependente. Se a preocupação se transformou em obsessão; se a compaixão se transformou em cuidar do outro; se você está tomando conta de pessoas e não de si mesmo — talvez a codependência esteja se intensificando. Cada um precisa decidir por conta própria se a codependência é um problema. Precisamos decidir por conta própria o que devemos mudar e quando isso deve acontecer.

A codependência é muitas coisas. É depender de outras pessoas — do humor, do comportamento, da doença ou do bem-estar, e do amor delas. É uma "dependência paradoxal".[6] Nós, codependentes, parecemos oferecer dependência, mas somos nós os dependentes. Parecemos fortes, mas nos sentimos impotentes. Parecemos controladores, mas a realidade é que somos controlados, às vezes por uma doença como o alcoolismo.

Essas são as questões que regem a recuperação. Solucionar esses problemas a torna agradável. Muitas recuperações de problemas que envolvem a mente, as emoções e o espírito de uma pessoa são demoradas e sofridas. Esse não é o caso aqui. Exceto pelas emoções humanas saudáveis que já costumamos sentir e por pontadas de desconforto conforme começamos a mudar nosso comportamento, a recuperação da codependência é empolgante. É libertadora. Ela nos permite ser quem realmente somos e que as outras pessoas sejam quem realmente são; nos ajuda a assumir nosso poder interior de pensar, sentir e agir; passa uma sensação boa; traz paz; nos permite amar a nós mesmos e aos outros e a receber amor — parte das coisas boas que estamos buscando; nos oferece um ambiente melhor para que as pessoas ao nosso redor fiquem e permaneçam saudáveis. E a recuperação ajuda a eliminar o sofrimento insuportável que está presente na vida de muitos de nós.

A recuperação é agradável e simples. Nem sempre é um processo fácil, mas é simples. Ela se baseia em uma premissa que muitos esqueceram ou nunca aprenderam: somos responsáveis por nós mesmos. Ela exige o aprendizado de um comportamento novo ao qual iremos nos dedicar: o autocuidado. Na segunda parte deste livro, vamos falar sobre ideias específicas para fazermos isso.

Atividade

1. Releia as listas neste capítulo. Marque cada característica com 0 se elas nunca foram um problema para você, com 1 se ocasionalmente são um

70 | *Codependência nunca mais*

problema e com 2 se são problemas frequentes. Posteriormente, no Capítulo 16, "Determine suas intenções", você poderá usar essa classificação para estabelecer objetivos.

2. Como você se sente a respeito da ideia de mudar? O que pode acontecer se você começar a mudar? O que você pode mudar? Por quê, ou por que não? Escreva alguns parágrafos para responder a essas perguntas.

Parte II
O BÁSICO SOBRE AUTOCUIDADO

Parte II

O BÁSICO SOBRE AUTOCUIDADO

5

DESLIGAMENTO EMOCIONAL

"Desligamento emocional não é se desligar da pessoa de quem gostamos, mas da agonia do envolvimento."

— Participante do Al-Anon

Quando eu estava planejando o primeiro capítulo desta seção, muitos assuntos competiram pelo primeiro lugar. Escolhi o desligamento emocional não porque ele é um conceito muito mais importante que os outros, mas por ser um conceito *básico*. É algo que precisamos fazer frequentemente antes de tomarmos outras atitudes e que nos ajuda enquanto tentamos encontrar a felicidade. Esse é o objetivo da maioria dos programas de recuperação para codependentes. Não podemos começar a nos aprimorar, a viver nossa vida, a ter consciência dos nossos sentimentos e a solucionar nossos problemas até nos distanciarmos do objeto pelo qual estamos obcecados. Pela minha experiência (e também as de outras pessoas), parece que nem o Poder Superior é capaz de nos ajudar muito antes de nos desligarmos.

Apego

Quando um codependente diz "Acho que estou me apegando a você", cuidado! É bem provável que ele esteja falando sério.

74 | *Codependência nunca mais*

A maioria das pessoas com tendências codependentes é apegada às pessoas e aos problemas no ambiente delas. Esse "apego" não é um sentimento normal de gostar da pessoa, se preocupar com problemas ou se conectar com o mundo. Nesse caso específico, apego significa se envolver demais e, às vezes, ficar completamente imerso na relação.

O apego pode assumir várias formas:

- nós nos tornamos excessivamente preocupados e nervosos com uma pessoa ou problema (nossa energia mental está apegada);
- nós nos tornamos obcecados e controladores com pessoas e problemas no nosso ambiente (nossa energia mental, física e emocional está direcionada ao objeto de nossa obsessão);
- nós nos tornamos reativos em vez de agirmos de forma autêntica, seguindo uma vontade própria (nossa energia mental, emocional e física está apegada);
- nós nos tornamos emocionalmente dependentes das pessoas ao nosso redor (agora, realmente estamos apegados);
- nós nos tornamos cuidadores (salvadores, permissivos) das pessoas ao nosso redor (firmemente nos apegando à necessidade delas por nós).

Há muitos problemas com o apego. (Neste capítulo, o foco será a preocupação e a obsessão. Nos próximos, falarei sobre outras formas de apego.) Qualquer tipo de envolvimento em excesso pode levar a nós e as pessoas ao nosso redor a um estado caótico. Quando concentramos toda nossa energia em outras pessoas e outros problemas, sobra pouco para viver nossa vida. E toda essa preocupação e responsabilidade que sentimos fica pairando no ar. Se nos responsabilizarmos por tudo, nada sobrará para as pessoas à nossa volta. Ficaremos sobrecarregados e elas não terão nada para fazer. Além disso, ficar preocupado com pessoas e problemas não ajuda em nada, não é benéfico para você nem para os outros. É um desperdício de energia.

Existe uma citação que costuma ser atribuída ao filósofo William James: "Se você acredita que se sentir mal ou se preocupar demais mudará alguma coisa, então está vivendo em outro planeta, numa realidade diferente."[1]

A preocupação e a obsessão nos deixam tão mentalmente atordoados que não conseguimos resolver nossos problemas. Sempre que nos tornamos *apegados* dessa forma a alguém ou alguma coisa, nos *desligamos* de nós mesmos. Perdemos contato com quem somos de verdade. Abrimos mão da nossa autonomia e capacidade de pensar, sentir, agir e nos cuidar. Perdemos o controle.

Você já prestou atenção em alguém que é obcecado por alguma coisa ou pessoa? Ele não consegue falar ou pensar sobre outro assunto. Mesmo que pareça prestar atenção enquanto você fala, é perceptível que a pessoa não escuta. A mente dela está se revirando, remoendo a própria obsessão, dando voltas e mais voltas na pista de corrida infinita do pensamento compulsivo. Ela está preocupada. Associa tudo o que você diz ao objeto da própria obsessão, mesmo que uma coisa não tenha relação alguma com a outra. Ela sempre repete o que diz, algumas vezes mudando um pouco as palavras, em outras usando os mesmos termos. Nada que você disser fará diferença. Pedir que ela pare também não adianta. Ela provavelmente o faria se conseguisse. O problema é que não consegue (no momento). Ela está imersa na própria obsessão.

Muitas pessoas com quem trabalhei em grupos familiares eram obcecadas *nesse nível* por seus entes queridos. Quando eu perguntava como estavam se sentindo, elas me contavam como a outra pessoa se sentia. Quando eu perguntava o que tinham feito, elas me contavam o que a outra pessoa tinha feito. O foco estava sempre em alguém ou algo, menos nelas mesmas. Algumas passavam anos fazendo isso — tentando controlar, reagindo e se preocupando com outros seres humanos. Eram vazias, quase invisíveis. A energia delas era sugada — direcionada para outro lugar. Não conseguiam me dizer o que sentiam ou pensavam porque elas mesmas não sabiam.

Talvez você já tenha ficado obcecado por alguém ou alguma coisa. Quando uma pessoa faz ou fala alguma coisa, um pensamento surge em sua cabeça. Algo lhe faz lembrar de um acontecimento passado. Um problema surge na sua consciência. Alguma coisa acontece, ou não; ou você sente que algo está acontecendo, mas não sabe bem o quê. Alguém que costuma ligar não liga, ou não atende ao telefone quando deveria. Hoje é dia de pagamento. No passado, essa pessoa sempre bebia no dia do pagamento. Faz

76 | *Codependência nunca mais*

apenas três meses que ela parou de beber. Você fica se perguntando: *Será que isso vai se repetir hoje?*

Talvez você não saiba o quê, talvez você não saiba por quê, talvez você não saiba quando, mas sabe que algo ruim — algo terrível — aconteceu, está acontecendo ou prestes a acontecer.

É algo que você sente no estômago. A sensação lhe preenche — aquela ansiedade nauseante que lhe faz retorcer as mãos, tão familiar para codependentes. É ela que nos leva a fazer muitas das coisas que nos machucam; é a substância que alimenta a preocupação e a obsessão. É a pior face do medo. Em geral, o medo vem e vai, e nos deixa prontos para fugir, lutar, ou ficamos apenas temporariamente assustados. Contudo, a ansiedade continua lá. Ela domina a mente e nos deixa paralisados para tudo além dos próprios propósitos — uma repetição interminável dos pensamentos inúteis. Ela é o combustível que nos impulsiona a reproduzir todo tipo de comportamento controlador. Não conseguimos pensar em nada além de conter a situação, controlar o problema e acabar com ele — é a matéria da qual a codependência é feita.

Quando você está obcecado, não consegue parar de pensar na pessoa ou no problema. Você não entende o que sente e o que pensa. Você nem mesmo entende o que deveria fazer, mas aí, meu Deus, você precisa fazer alguma coisa! E rápido!

A preocupação, a obsessão e o controle são ilusões. São peças que pregamos em nós mesmos. Sentimos que estamos tomando uma providência para solucionar nossos problemas, mas não estamos. Muitos de nós reagimos assim por bons motivos. Talvez um problema grave, complicado, esteja abalando nossa vida, algo que deixaria qualquer pessoa ansiosa, nervosa, preocupada e obcecada. Podemos amar alguém que esteja passando por uma situação difícil — alguém que perdeu o controle. O problema dessa pessoa pode ser dependência química, transtorno alimentar, vício em apostas, uma questão mental ou emocional, controle da raiva, ou uma mistura dessas coisas.

Problemas menos graves também podem nos deixar preocupados. As pessoas que amamos ou com quem nos importamos podem sofrer variações de humor, ou fazer coisas que preferíamos que não fizessem. Podemos pensar que elas deveriam ter um comportamento diferente, melhor, menos problemático.

Por hábito, alguns de nós desenvolvemos um padrão de apego — um modo de se preocupar, reagir e obsessivamente tentar controlar. Talvez tenhamos convivido com pessoas ou passado por situações que estivessem fora de controle. Talvez a obsessão e o controle sejam nossa maneira de manter o equilíbrio ou temporariamente impedir que a situação piore. E então continuamos fazendo a mesma coisa. Talvez tenhamos medo de nos desligar porque, quando fizemos isso no passado, os resultados foram terríveis e dolorosos.

Talvez estejamos apegados a pessoas — vivendo a vida de cada uma por e através delas — há tanto tempo que deixamos de ter vida própria. É mais seguro permanecer apegado. Se continuarmos reagindo, pelo menos saberemos que estamos vivos. Se nos obcecarmos e tentarmos controlar a vida do outro, pelo menos teremos alguma coisa para fazer. Por muitos motivos os codependentes tendem a se apegar a problemas e pessoas. Não importa que a preocupação seja em vão; que esses problemas raramente tenham uma solução; que eles fiquem tão obcecados a ponto de não conseguir ler um livro, assistir à televisão ou dar uma volta na rua; que fiquem constantemente atormentados por causa de algo que alguém disse ou deixou de dizer, fez ou deixou de fazer, e do que acontecerá a seguir; que esse comportamento não ajude ninguém. Não importa o preço, eles permanecem ali. Trincam os dentes, se agarram à corda e a apertam com mais força que nunca.

Às vezes, nem percebemos que estamos tão apegados. Nós nos convencemos de que precisamos nos segurar com força àquela pessoa ou problema. Acreditamos que simplesmente não existe outra opção além de reagir a esse problema ou pessoa específico de forma obsessiva. Com frequência, quando sugiro que as pessoas se desliguem emocionalmente de alguém ou de alguma coisa, elas se retraem, horrorizadas. "Ah, não!", dizem. "Eu não posso fazer *isso*. Amo demais essa pessoa. Eu me importo demais para fazer algo assim. Esse problema ou pessoa é importante demais para mim. Eu *preciso* me manter apegado!"

Minha resposta é: "Quem disse que você precisa?"

78 | *Codependência nunca mais*

Tenho uma notícia — uma boa notícia. Nós não "precisamos" fazer nada. Existe uma opção melhor. Ela se chama desligamento emocional.[2] Pode ser assustador no começo, mas acabará sendo melhor para todos os envolvidos.

Uma opção melhor

O que é exatamente o desligamento emocional? (O termo, como você pode ter imaginado, é mais um jargão.)

Para começar, vamos falar sobre o que não é desligamento emocional. Desligamento emocional não é um distanciamento frio, hostil; uma aceitação resignada, desesperadora, de tudo o que a vida e as pessoas colocam em nosso caminho; uma forma robótica de encarar a vida, ignorando e permanecendo completamente alheio a pessoas e problemas; uma felicidade ignorante, *à la* Poliana; uma fuga de nossas responsabilidades *reais* com nós mesmos e com os outros; o findar de relações. Também não é o fim do nosso amor nem da nossa preocupação, apesar de, em certas situações, essa forma de desligamento ser a melhor opção para determinado momento.

No mundo ideal, desligamento emocional é se libertar, ou se desapegar, de uma pessoa ou de um problema *com amor*. Nós nos distanciamos mental, emocional e, às vezes, fisicamente de envolvimentos nocivos (e com frequência dolorosos) com a vida e as responsabilidades de outras pessoas, e com problemas que não podemos solucionar, de acordo com um panfleto chamado "Desligamento emocional", que é distribuído entre grupos de Al-Anon há anos.

O desligamento emocional se baseia na premissa de que todo mundo é responsável por si mesmo, que não podemos solucionar problemas que não são nossos e que se preocupar demais não ajuda. Tentamos ficar longe das responsabilidades das outras pessoas e cuidar apenas das nossas. Se elas se envolverem em problemas, temos de deixar que lidem com as consequências. Nós deixamos que elas sejam quem são. Damos a elas a liberdade de ser responsáveis e evoluírem. E damos a nós mesmos essa mesma liberdade. Vivemos nossa vida da melhor forma possível. Tentamos avaliar o que podemos mudar, e então paramos de tentar modificar o que não podemos. Fazemos o possível para solucionar problemas e paramos de nos incomodar e remoer a situação. Se não for possível solucionar uma questão e já tivermos feito tudo o que estava ao nosso alcance, aprendemos a aceitar o problema. E tentamos ser felizes, nos concentrando nas vantagens de nossa vida atual e nos sentindo gratos por elas. Aprendemos a lição mágica de que amplificamos as coisas boas quando as aproveitamos.

O desligamento emocional requer viver no momento presente. Permitimos que a vida aconteça, em vez de tentarmos forçar e controlar os acontecimentos. Abrimos mão de arrependimentos sobre o passado e medos quanto ao futuro. Aproveitamos cada dia ao máximo. Vivemos com liberdade.

Desligamento emocional também requer a aceitação da realidade — dos fatos. É algo que exige fé — em nós mesmos, em um Poder Superior, em outras pessoas e na ordem natural e no destino de tudo neste mundo. Acreditamos na justiça e na oportunidade de cada momento. Abrimos mão dos nossos fardos e das nossas preocupações, nos dando a liberdade de aproveitar a vida apesar de problemas pendentes. Confiamos que tudo está bem, apesar dos conflitos. Confiamos que alguém, ou algo maior que nós mesmos, sabe, ordenou e se importa com o que está acontecendo. Compreendemos que esse alguém (ou algo) pode solucionar um problema de maneira melhor que nós. Então tentamos não atrapalhar e deixamos as coisas fluírem. Com o tempo, sabemos que tudo está bem, porque vemos como as situações mais estranhas (e, às vezes, as mais dolorosas) acabam dando certo e sendo benéficas para todo mundo.

Judi Hollis escreve sobre o desligamento emocional da codependência em seu livro *Fat Is a Family Affair*. Ela o descreve como uma "neutralidade saudável".[3]

O fato de praticarmos o desligamento emocional não significa que não nos importamos. Significa que aprendemos a amar, nos importar e nos envolver sem perder a sanidade. Paramos de criar um caos na nossa mente e em nossa vida. Quando não estamos nos debatendo de forma ansiosa e compulsiva, conseguimos tomar boas decisões sobre como amar as pessoas e resolver nossos problemas. Nós nos tornamos livres para nos importar e amar de formas que ajudam os outros e não nos machucam.[4]

As recompensas do desligamento emocional são muitas: serenidade; uma profunda sensação de paz; a capacidade de dar e receber amor de formas melhores, mais energizantes e saudáveis; e a liberdade de encontrar soluções reais para nossos problemas. Conseguimos nos sentir livres para viver nossa vida sem sentimentos excessivos de culpa sobre outros e de responsabilidade por eles.[5] Às vezes, o desapego emocional até motiva e liberta pessoas ao nosso redor para começar a solucionar os próprios problemas. Paramos de nos preocupar com elas, que, por consequência, passam a assumir as próprias responsabilidades e, finalmente, começam a se preocupar consigo mesmas. Que plano genial! Cada um cuida da própria vida.

Anteriormente, descrevi uma pessoa perdida no emaranhado de obsessões e preocupações. Conheci muita gente que precisou (ou escolheu) conviver com problemas sérios, como um cônjuge alcoólico que nunca parava de beber, um filho com deficiências graves ou um adolescente determinado a se autodestruir com drogas e comportamento criminoso. Essas pessoas aprenderam a conviver com os próprios problemas. Lamentaram suas perdas e depois encontraram uma forma de seguir em frente — não com resignação, martírio e desespero, mas com entusiasmo, paz e uma gratidão verdadeira pelas coisas boas. Elas se concentraram nas verdadeiras responsabilidades as quais lhes cabiam. Entregaram-se para pessoas, as ajudaram, as amaram. Entretanto, também se entregaram e amaram a si mesmas. Elas se viram com bons olhos. Nada disso foi feito com perfeição, sem esforço ou em um piscar de olhos. Contudo, elas decidiram que fariam essas coisas, e aprenderam a fazê-las bem.

Sou grata a essas pessoas. Elas me ensinaram que o desligamento emocional era possível, provaram que poderia dar certo. Quero transmitir essa esperança para você, e desejo que faça o mesmo por outras pessoas, porque o desligamento emocional funciona de verdade, e quanto mais você cultivá-lo, mais forte ele ficará.

O desligamento emocional é uma forma de se comportar, além de uma arte. É um estilo de vida. Acredito que também seja um presente. E ele será oferecido às pessoas que o procurarem.

Como praticar o desligamento emocional? Como remover nossas emoções, nossa mente, nosso corpo e espírito da agonia do entrelaçamento? Da maneira que conseguirmos. Provavelmente seremos um pouco desajeitados no começo. Um velho ditado do A.A. e do Al-Anon sugere uma fórmula de três partes para a recuperação [conhecida em inglês pela sigla "HOW"]: boa vontade, honestidade e mente aberta.[6]

Nos próximos capítulos, entrarei em mais detalhes sobre conceitos específicos para se desligar de certos tipos de apego. Muitos dos outros conceitos que veremos mais adiante podem levar ao desligamento emocional. Você precisará decidir como essas ideias podem ser aplicadas na sua vida e na sua situação específica, e então encontrar o próprio caminho para o bem-estar. Com um pouquinho de humildade, entrega e esforço, acredito que você será bem-sucedido. Acredito que, com a prática, o desligamento emocional pode se tornar uma reação habitual da mesma maneira que a obsessão, a preocupação e o controle. Talvez você não faça isso do jeito perfeito, mas ninguém faz. No entanto, independentemente do ritmo com que pratique o desligamento emocional na sua vida, acredito que essa será a melhor solução. Espero que você consiga se desligar da pessoa — ou das pessoas — de quem precisa e ainda assim continue a amá-la(s). Na minha opinião, devemos fazer tudo com uma atitude amorosa. No entanto, por uma série de motivos, nem sempre isso é possível. Se você não conseguir se desligar com amor, creio que seja melhor se desligar com raiva que permanecer apegado. Quando nos desligamos, lidar (ou enfrentar) com nosso ressentimento se torna mais fácil. Quando estamos apegados, provavelmente não fazemos coisa alguma além de permanecer incomodados.

Quando devemos praticar o desligamento emocional? Quando não conseguimos parar de pensar, falar ou nos preocupar com alguém ou alguma coisa; quando nossas emoções ficam em polvorosa; quando sentimos que *temos de* tomar uma atitude quanto a alguém, porque não suportamos mais determinada situação; quando estamos por um fio a ponto de partir; e quando acreditamos que não conseguimos mais viver com os problemas que tentamos enfrentar. Está na hora de se desligar! Você aprenderá a reconhecer quando o desligamento emocional é o melhor caminho. Uma boa regra é: o momento certo para se desligar será quando você perceber que fazer isso parece a coisa mais improvável ou possível do mundo.

Encerrarei este capítulo com uma história verdadeira. Certa noite, por volta da meia-noite, meu telefone tocou. Eu estava na cama e, ao pegá-lo, me perguntei quem estaria ligando tão tarde. Achei que devia ser uma emergência.

82 | *Codependência nunca mais*

De certa forma, era. A pessoa do outro lado da linha era uma desconhecida. Ela havia passado a noite ligando para vários amigos, tentando encontrar consolo. Pelo visto, não tinha sido bem-sucedida. Alguém lhe passara o número de uma pessoa, que lhe passara o número de outra, que por sua vez sugerira que ela me ligasse.

Logo depois de se apresentar, a mulher desandou a falar. O marido costumava frequentar o Alcoólicos Anônimos. Ele havia se separado dela e estava com outra mulher, porque queria "se descobrir". Além disso, antes de abandoná-la, ele andou se comportando um tanto descontroladamente e tinha parado de frequentar as reuniões. Ela estava se perguntando: não é insano ele estar saindo com uma mulher *tão mais nova*?

No começo, eu não sabia o que dizer; depois, mal conseguia falar. Ela ficou tagarelando sem parar. Até que, finalmente, perguntou:

— Você não acha que ele está doente? Não acha que ele está descontrolado? Não acha que alguém devia tomar alguma providência?

— Pode ser — respondi. — Mas eu obviamente não posso fazer nada, nem você. Estou mais preocupada com você. O que *você* está sentindo? O que *você* pensa? O que precisa fazer para tomar conta de *si mesma*?

Eu lhe diria a mesma coisa, querido leitor. Sei que você tem problemas. Compreendo que muitos de vocês estão sofrendo profundamente e estão preocupados com pessoas que fazem parte da sua vida. Muitas delas podem estar destruindo a si mesmas, a você e à sua família diante dos seus olhos. No entanto, não há nada que eu possa fazer para controlar essas pessoas, e é provável que você também não possa. Se pudesse, já o teria feito.

Desligue-se. Desligue-se com amor ou desligue-se com raiva, mas tente se desligar. Sei que é difícil, mas a prática facilitará o processo. Se você não conseguir se desapegar completamente, tente permanecer apegado de leve. Relaxe. Descanse. Agora, respire fundo. O foco está em você.

ATIVIDADE

1. Existe um problema ou uma pessoa na sua vida com que você se preocupe de forma excessiva? Escreva sobre essa pessoa ou problema. Escreva tudo o que precisar para se livrar desse peso. Depois que tiver escrito

tudo sobre essa pessoa ou problema, concentre-se em si mesmo. O que você está pensando? O que está sentindo?

2. O que você acha de se desligar emocionalmente dessa pessoa ou problema? O que pode acontecer caso você se desligue? O que provavelmente acontecerá de uma forma ou de outra? Como permanecer apegado — se preocupando, se obcecando, tentando controlar tudo — ajudou até o momento?

3. Se você não tivesse essa pessoa ou problema na sua vida, como seu comportamento seria diferente do atual? Como você se sentiria e agiria? Passe alguns minutos visualizando sua vida, seus sentimentos e comportamentos — apesar de o problema não ter sido resolvido. Tudo é como deveria ser e como precisa ser neste momento.

6

NÃO SE INCOMODE COM TUDO

"Vá com calma."

— Lema do programa de Doze Passos

Sou reativa.

Um dia, enquanto eu estava sentada no meu escritório, esse pensamento invadiu minha mente. Eu já tinha ouvido conversas sobre como as pessoas reagem a certas situações, porém, até aquele momento, nunca havia compreendido *o quanto* eu era reativa.

Eu reagia aos sentimentos, comportamentos, problemas e pensamentos de outras pessoas. Reagia ao que elas *poderiam* estar sentindo, pensando ou fazendo. Eu reagia aos meus sentimentos, pensamentos e problemas. Meu ponto forte parecia ser reagir a crises — eu achava que quase tudo era uma crise. Eu exagerava. Um pânico oculto (que beirava a histeria) fervilhava dentro de mim boa parte do tempo. Às vezes, minhas reações eram mais tranquilas do que deveriam. Se o problema diante de mim fosse grave, eu entrava em negação. Eu reagia a quase tudo o que aparecia diante de mim e ao meu redor. Minha vida inteira tinha sido uma reação aos desejos, problemas, defeitos, sucessos, à vida e à personalidade de outras pessoas. Até minha baixa autoestima, que eu arrastava comigo feito um saco de lixo fedido, era uma reação. Eu parecia um fantoche, com as cordas soltas, convidando qualquer um e qualquer coisa a puxá-las.

A maioria de nós, codependentes, é reativa. Nós reagimos com raiva, culpa, vergonha, ódio de nós mesmos, preocupação, mágoa, comportamentos controladores, atos de cuidado, depressão, desespero e fúria. Nós reagimos por medo e ansiedade. Alguns de nós reagimos tanto que chega a ser doloroso se aproximar de pessoas e torturante conviver com grandes grupos. É normal reagir e responder ao ambiente ao nosso redor. Reações fazem parte da vida, das interações sociais, significa que você está vivo, que é humano. Contudo, nós, codependentes, tendemos a ficar muito nervosos e distraídos. Coisas bobas ou importantes — tudo tem o poder de nos abalar. E a maneira como agimos depois da nossa reação não costuma ser vantajosa para nós.

Podemos começar a ter reações e respostas afobadas e compulsivas, seguindo padrões que nos fazem mal. O próprio ato de *sentir* de forma afobada e compulsiva já nos faz mal. Nós permanecemos em um estado de crise — com a adrenalina fluindo e os músculos tensionados, prontos para reagir a emergências que geralmente não são, de fato, emergências. Se alguém faz alguma coisa, então precisamos tomar uma atitude. Se alguém diz alguma coisa, então precisamos dizer também. Se alguém se sente de certa forma, então do mesmo modo precisamos sentir algo. Nós abraçamos o primeiro sentimento que surge e o remoemos. Aceitamos o primeiro pensamento que aparece na nossa mente e o elaboramos. Dizemos as primeiras palavras que estão na ponta da língua, e às vezes nos arrependemos. Fazemos a primeira coisa que nos vem à cabeça, geralmente sem refletir. Esse é o problema: nós reagimos sem refletir, não raciocinamos de verdade sobre o que precisamos fazer e como devemos lidar com determinada situação. Nossas emoções e nossos comportamentos são controlados — engatilhados — por tudo e todos ao redor. Indiretamente, permitimos que outras pessoas nos digam o que fazer — isso significa que perdemos o controle e estamos sendo controlados.

Ao reagir, abrimos mão do nosso poder de pensar, sentir e nos comportar *em prol do que é melhor para nós mesmos*. Deixamos de ter autodomínio. Permitimos que outras pessoas determinem quando vamos nos sentir felizes; quando vamos nos sentir em paz; quando vamos ficar chateados; e o que vamos dizer, fazer, pensar e sentir. Abrimos mão do nosso direito de sentir paz, cedendo-o aos caprichos de quem ou do que está ao redor. Somos como um pedaço de papel em uma tempestade, carregados por qualquer vento.

Aqui vai um exemplo das reações (uma de muitas) que eu costumava ter quando mais jovem: eu trabalhava em esquema home office e tinha dois filhos pequenos. Às vezes, enquanto estava trabalhando, eles começavam a aprontar nos outros cômodos — brigavam, corriam, bagunçavam a casa, comiam e bebiam tudo o que encontrassem na cozinha. Minha primeira reação instintiva era berrar "Parem com isso!". Minha segunda reação era berrar mais um pouco. Era natural. Reagir dessa maneira parecia mais fácil do que sair do meu escritório, passar pela lavanderia e subir para o andar de cima. Também parecia mais fácil do que parar para pensar sobre como eu deveria lidar com a situação. Só que gritar e berrar não funcionava, não era mais fácil. Minha garganta doía e as crianças não aprendiam nada além de me fazer gritar do meu escritório.

Na maioria das vezes, reagir não funciona. Nós reagimos rápido demais, com muita intensidade. Raramente obtemos um bom desempenho quando estamos nesse estado de espírito. A ironia é que não precisamos — nem devemos — fazer nada quando estamos nos sentindo assim. Poucas coisas na vida dão certo quando são feitas com afobação. Pode não parecer, mas nosso frenesi geralmente atrapalha mais do que ajuda.

Então por que fazemos isso?

Nós reagimos porque nos sentimos ansiosos ou temerosos com algo que aconteceu, está acontecendo ou pode acontecer.

Muitos de nós reagimos como se tudo fosse uma crise porque já passamos por tantas que esse comportamento se torna habitual.

Reagimos porque pensamos que as coisas *não deveriam* estar acontecendo da forma que estão.

Reagimos porque não nos sentimos bem com nós mesmos.

Reagimos porque a maioria das pessoas reage.

Reagimos porque acreditamos que precisamos reagir.

Mas não precisamos.

Não precisamos ter medo das pessoas. Elas são seres humanos, assim como nós.

Não precisamos abrir mão da nossa paz. Isso não ajuda. Quando estamos em paz, temos disponíveis os mesmos fatos e recursos de quando estamos frenéticos e imersos no caos. Na verdade, temos mais recursos disponíveis, porque nossa mente e nossas emoções ficam livres para alcançar o melhor desempenho possível.

Não precisamos abrir mão do nosso poder de parar, pensar e sentir durante qualquer situação. Isso também não é necessário.

Não precisamos levar as coisas (nós mesmos, acontecimentos e outras pessoas) tão a sério. Tiramos as coisas de proporção — nossos sentimentos, pensamentos, erros e ações — e fazemos o mesmo com os outros. Dizemos a nós mesmos que tudo está péssimo, terrível, uma tragédia, o fim do mundo. Muitas coisas podem ser tristes, infelizes e desagradáveis, mas apenas o fim do mundo seria o fim do mundo. Sentimentos são importantes, mas não passam de sentimentos. Pensamentos são importantes, mas não passam de pensamentos — e nós pensamos muitas coisas diferentes. Além disso, nossos pensamentos estão sujeitos a mudanças. As coisas que dizemos e fazemos são importantes, assim como as que os outros dizem e fazem, mas o mundo não depende de um discurso ou ato específico. E se for especialmente importante que algo seja feito ou dito, não se preocupe: isso vai acontecer. Calma. Dê a si mesmo e aos outros espaços para respirar, falar e ser quem são — para ser humano. Dê à vida uma chance de acontecer e a si mesmo a oportunidade de aproveitá-la.

Não precisamos encarar o comportamento dos outros como um reflexo da nossa autoestima. Não precisamos ter vergonha se um ente querido decide se comportar de forma inapropriada. É normal reagir assim, mas não precisamos continuar sentindo vergonha e achando que somos inferiores se alguém insiste em adotar comportamentos inadequados. As pessoas são responsáveis pelo que fazem. Se uma pessoa se comporta de forma inapropriada, é ela quem deveria sentir vergonha. Se você não fez alguma coisa errada, não há motivo para se envergonhar. Sei que esse é um conceito difícil, mas pode ser aprendido.

Não precisamos encarar a rejeição como um reflexo da nossa autoestima. Se alguém importante (ou não) na sua vida rejeitar você ou suas escolhas, você continua sendo real e tendo o mesmíssimo valor que antes dessa rejeição. Sinta o que precisar sentir. Converse com alguém sobre seus pensamentos. Não permita, porém, que sua autoestima seja abalada por críticas ou rejeições alheias sobre quem você é ou o que fez. Mesmo que a pessoa a quem você considera mais importante venha a lhe rejeitar, você continuaria sendo real e continuaria bem. Se você fez algo inadequado ou precisa solucionar um problema ou mudar um comportamento, comece a cuidar disso, mas não se menospreze e não preste tanta atenção na rejeição alheia. Isso não é necessário.

Não precisamos levar as coisas para o lado pessoal. Nós permitimos que coisas que não têm nada a ver conosco nos afetem. Por exemplo, dizer "Se você me amasse, não beberia" para alguém que luta contra o alcoolismo faz tanto sentido quanto dizer "Se você me amasse, não tossiria" para alguém com pneumonia. Uma pessoa com pneumonia vai tossir até começar a tratar da doença. Da mesma forma, quem luta contra o alcoolismo também vai beber até iniciar um tratamento. Quando pessoas com transtornos compulsivos seguem os próprios impulsos, não quer dizer que elas não amem você, quer dizer que não se amam.

Também não precisamos levar bobagens para o lado pessoal. Se alguém tem um dia ruim ou fica com raiva, não presuma que aquilo tem alguma coisa a ver com você. Pode ser que tenha, pode ser que não. Se tiver, você vai descobrir. Na maioria das vezes, nós não temos nada a ver com a situação.

O mau humor, a língua ferina, o dia ruim, os pensamentos negativos, as críticas nas redes sociais ou o abuso de substâncias que causam dependência de alguém não precisa dominar nem estragar nossa vida, nossos dias, ou até mesmo uma hora do nosso tempo. Nós não podemos permitir que a *nossa* autoestima seja abalada por uma pessoa que não quer a nossa companhia ou não tem hábitos saudáveis. Esse é um reflexo apenas das circunstâncias atuais *dela.* Ao praticar o desligamento emocional, podemos diminuir nossas reações destrutivas com o mundo ao nosso redor. Seja diferente, deixe as coisas para lá e deixe as pessoas serem quem são. Quem é você para dizer que uma interrupção, um humor, uma palavra, um comentário, um dia ruim ou um problema não é uma parte importante e necessária da vida? Quem é você para dizer que esse problema específico não acabará sendo benéfico para você ou outra pessoa?

Não se incomode com tudo | 89

Nós não precisamos reagir. Temos opções. Essa é outra alegria proveniente da recuperação da codependência. E toda vez que escolhemos como preferimos agir, pensar, sentir e nos comportar, nos sentimos melhores e mais fortes.

"Mas por que não devo reagir? Por que devo ficar calado? Por que não posso ficar nervoso? Essa pessoa merece ser alvo da minha inquietação", talvez você proteste. Pode até ser, mas *você* não merece. Estamos falando sobre a sua falta de paz, de serenidade, os seus momentos desperdiçados. Esta é a sua vida. Como você quer vivê-la? Você não está se desligando emocionalmente pelo bem da outra pessoa. Está se desligando pelo *próprio* bem. É provável que essa mentalidade seja benéfica para todos.

Somos como cantores de um grande coral. Se a pessoa do nosso lado desafinar, precisamos fazer a mesma coisa? Não seria melhor para ela, e para nós mesmos, se nos esforçássemos para manter a afinação? Podemos aprender a fazer a nossa parte.

Não precisamos eliminar todas as nossas reações a pessoas e problemas. Reações podem ser úteis, elas nos ajudam a identificar o que gostamos, o que nos faz bem e os problemas internos e externos a nós. Entretanto, a maioria de nós é muito reativa. E boa parte das coisas que despertam nossas reações são bobagens, não são tão importantes assim, não valem o tempo e a atenção que dedicamos a elas. Às vezes, reagimos à reação que outras pessoas têm em relação a nós — ficamos irritados quando elas ficam irritadas; elas ficam irritadas porque ficamos com raiva; ficamos com raiva porque achamos que elas estavam com raiva de nós; elas não estavam com raiva, estavam magoadas porque... —, e esse comportamento acaba se tornando uma reação em cadeia que chateia todo mundo, apesar de ninguém entender o motivo desse sentimento. Então todo mundo perde o controle e passa a ser controlado. Às vezes, as pessoas se comportam de determinada maneira para nos induzir a agir de determinada maneira. Se pararmos de ter essas reações, as provocações perdem a graça. Nós saímos do controle delas e recuperamos o poder que tínhamos sobre nós mesmos.

Às vezes, nossas reações induzem outras pessoas a adotar determinadas atitudes. Nós as ajudamos a justificar certos comportamentos. (Não precisamos fazer isso, não é?) Às vezes, reagir restringe tanto a nossa visão que

90 | *Codependência nunca mais*

não conseguimos parar de ter reações a sintomas de problemas. Nós nos distraímos tanto com nossas reações que não temos tempo ou energia para identificar o problema real, muito menos entender como solucioná-lo. Podemos passar anos reagindo a cada incidente de bebedeira e à subsequente crise, ignorando completamente que o problema de verdade é o alcoolismo! Aprenda a parar de reagir de maneiras desnecessárias, que não funcionam. Corte as reações que machucam *você*.

Seguem algumas sugestões para lhe ajudar a se desligar emocionalmente de pessoas e das suas reações destrutivas a elas. São apenas sugestões, não há uma fórmula exata para o desligamento emocional. Você precisa encontrar o próprio caminho, uma maneira que funcione para o seu caso.

1. *Aprenda a reconhecer quando você está reagindo, quando está permitindo que alguém ou algo lhe provoque.* Geralmente, quando você começa a se sentir ansioso, com medo, indignado, revoltado, rejeitado, com pena de si mesmo, envergonhado, preocupado ou confuso, significa que sua atenção está presa a algo ao seu redor. (Não estou dizendo que é errado se sentir assim, provavelmente todo mundo se sentiria da mesma maneira. A diferença é que estamos aprendendo a decidir *por quanto tempo* queremos nos sentir dessa forma, e o que desejamos fazer quanto a isso.) Quando dizemos que alguém "me deixou com determinada sensação", isso costuma ser um indicativo de que estamos reagindo. Perder a paz e a serenidade geralmente são os indicadores mais fortes de que ficamos empacados em algum tipo de reação.

2. *Fique confortável.* Quando perceber que está tendo uma reação exagerada, diga ou faça o mínimo possível até conseguir restaurar seu nível de serenidade e paz. Faça o que for necessário (e que não seja destrutivo para si mesmo nem para os outros) para conseguir relaxar. Respire fundo. Dê uma volta. Limpe a cozinha. Passe um tempo sentado no banheiro. Visite um amigo. Vá a uma reunião do Al-Anon. Leia um livro de meditação. Faça uma viagem. Assista a um programa de televisão. Encontre uma forma de se afastar emocional, mental e (se necessário) fisicamente do motivo da sua reação. Encontre uma forma de aliviar a

ansiedade; não beba nem saia dirigindo por aí em alta velocidade. Faça algo seguro, que lhe ajudará a recuperar o equilíbrio e lhe trará de volta para si mesmo e para sua vida.

3. *Analise o que aconteceu.* Se foi um incidente bobo, talvez você consiga resolver a questão por conta própria. Se estivermos falando de um problema grave ou de algo que realmente esteja lhe deixando nervoso, talvez seja melhor conversar sobre o assunto com um amigo para conseguir acalmar seus pensamentos e suas emoções. Incômodos e sentimentos saem do controle quando os deixamos trancafiados em nós. Fale sobre o que você está sentindo. Assuma a responsabilidade pelos seus sentimentos. Sinta o que for preciso. Ninguém obrigou você a se sentir desse modo. Talvez alguém tenha lhe ajudado a se sentir de determinada forma, mas você desenvolveu seu sentimento por conta própria. Aceite isso. Então, conte a si mesmo a verdade sobre o que aconteceu.[1] Alguém tentou lhe ofender? (Quando não sei se algo foi uma ofensa ou uma rejeição, prefiro acreditar que a interação não teve coisa alguma a ver comigo. Isso economiza tempo e me ajuda a me sentir bem.) Você estava tentando controlar alguém ou algum acontecimento? O problema ainda é grave? Você está assumindo a responsabilidade por outra pessoa? Está com raiva porque alguém não adivinhou o que você realmente queria ou o que estava tentando dizer? Está levando o comportamento de outra pessoa para o lado pessoal? Alguém tocou em um ponto fraco seu e o fez se sentir inseguro ou culpado? É mesmo o fim do mundo, ou apenas algo triste e decepcionante?

4. *Entenda o que você precisa fazer para cuidar de si mesmo.* Tome decisões com base na realidade, e faça isso com tranquilidade. Você precisa pedir desculpas? Quer esquecer o assunto? Precisa ter uma conversa sincera com alguém? Necessita tomar outra decisão para cuidar de si mesmo? Quando você tomar a decisão, tenha em mente quais são as suas responsabilidades. Você não é responsável por fazer os outros "verem a luz", e você não precisa "mostrar a verdade" para qualquer pessoa que seja. Seu dever é tentar ver a luz por conta própria e entender a

92 | *Codependência nunca mais*

verdade. Se não conseguir tomar uma decisão de forma tranquila, deixe para lá, ainda não é hora de tomá-la. Espere até sentir que sua mente está tranquila e seus pensamentos, em ordem.

Vá com calma. Você não precisa ficar amedrontado nem tão frenético. Mantenha a perspectiva. Facilite a *sua* vida.

ATIVIDADE

1. Preste atenção nos gatilhos ao seu redor. Você está passando tempo demais reagindo a algo ou alguém? A quê ou a quem? Está gastando muito tempo com as redes sociais? Quais são as suas reações? É assim que você escolheria se comportar e se sentir caso tivesse escolha?

2. Repasse as etapas de desligamento emocional com relação a que — ou a quem — está lhe incomodando. Se você precisar conversar com alguém, escolha um amigo em quem confia. Se necessário, procure ajuda profissional.

3. Que atividades fazem você se sentir em paz e confortável? (Ir a uma reunião de Doze Passos, tomar um banho quente, assistir a um bom filme e sair para dançar são as minhas favoritas.)

7

LIBERTE-SE

"Solte-se e entregue-se a Deus."

— Lema do programa de Doze Passos

Dizem que codependentes são controladores.

Nós enchemos o saco, passamos sermões, gritamos, berramos, choramos, imploramos, subornamos, coagimos, ficamos em cima, protegemos, acusamos, perseguimos, fugimos, tentamos convencer, tentamos fazer mudar de ideia, tentamos induzir culpa, seduzimos, encurralamos, bisbilhotamos, verificamos, demonstramos o quanto estamos magoados, magoamos as pessoas de volta para que saibam como é a sensação, ameaçamos nos machucar, fazemos jogos de poder, damos ultimatos, fazemos favores, nos recusamos a fazer favores, nos vingamos, reclamamos, descontamos nossa fúria, ficamos desamparados, sofremos em um silêncio estrondoso, tentamos agradar, mentimos, fazemos bobagens na encolha, fazemos coisas graves na surdina, ficamos com o coração apertado e ameaçamos morrer, levamos as mãos à cabeça e ameaçamos ficar ensandecidos, batemos no peito e ameaçamos matar, pedimos ajuda, medimos nossas palavras, vamos para a cama com a pessoa, nos recusamos a ir para a cama com ela, temos filhos, negociamos, arrastamos a pessoa para a terapia, a tiramos da terapia, falamos coisas maldosas sobre a pessoa, somos maldosos com ela, ofendemos, condenamos, rezamos por milagres, pagamos por milagres, vamos

94 | *Codependência nunca mais*

a lugares aonde não queremos ir, ficamos por perto, supervisionamos, ordenamos, mandamos, choramingamos, escrevemos cartas sobre a pessoa, escrevemos cartas para ela, ficamos em casa e esperamos, saímos e procuramos, ligamos para todo mundo enquanto procuramos, dirigimos por ruelas depois do cair da noite enquanto torcemos para encontrar a pessoa, trazemos para casa, mantemos em casa, trancamos fora de casa, nos afastamos, nos aproximamos, damos bronca, insistimos, aconselhamos, damos lições, explicamos, enfatizamos, cedemos, acalmamos, provocamos, tentamos causar ciúmes, tentamos causar medo, lembramos, questionamos, insinuamos, reviramos bolsos, inspecionamos telefones, verificamos carteiras, reviramos gavetas na cômoda, analisamos porta-luvas, checamos caixas de descarga, tentamos pensar no futuro, remoemos o passado, conversamos com parentes, tentamos ser razoáveis, resolvemos questões de uma vez por todas, resolvemos de novo, punimos, recompensamos, quase desistimos, depois tentamos com ainda mais empenho, e mais uma lista de outras manobras úteis que esqueci ou que ainda não tentei.

Nós não somos o tipo de pessoa que "faz acontecer". Codependentes são do tipo que consistentemente, e com muito esforço e muita energia, tenta forçar as coisas a acontecer.

Controlamos em nome do amor.

Fazemos isso porque "só estamos tentando ajudar".

Fazemos isso porque sabemos como as coisas deveriam ser e como as pessoas deveriam se comportar.

Fazemos isso porque estamos certos e elas, erradas. Nós controlamos porque temos medo do que aconteceria se não fizéssemos isso.

Fazemos isso porque não sabemos o que mais fazer. Fazemos isso para acabar com a dor.

Nós controlamos porque acreditamos que temos de fazer isso. Nós controlamos porque não pensamos.

Nós controlamos porque só conseguimos pensar em controlar.

No fim das contas, podemos controlar porque foi assim que sempre nos comportamos.

Tiranos e dominadores, há, entre nós, quem governe com uma espécie de mão de ferro a partir de um trono que atribuíram a si mesmos. Eles são poderosos. São os donos da razão. E as coisas serão feitas do jeito deles, custe o que custar. Eles darão um jeito.

Outros fazem o trabalho sujo na encolha. Eles se escondem por trás de uma fantasia de doçura e gentileza, secretamente resolvendo a própria vida — e a dos outros.

Outros, suspirando e chorando, alegam não conseguir, proclamam a própria dependência, se anunciam vítimas de tudo, e controlam através da fraqueza. Eles são tão indefesos, precisam tanto que você coopere, não conseguem viver sem isso. Às vezes, os fracos são os manipuladores e controladores mais poderosos.[1] Eles aprenderam a usar a culpa e a pena do mundo.

Muitos codependentes misturam táticas, recorrendo a uma série de métodos. Se funcionar, está valendo! (Ou, mais precisamente, se não funcionar, vamos continuar torcendo para que isso mude.)

Independentemente das táticas utilizadas, os objetivos permanecem os mesmos: fazer as outras pessoas agirem de acordo com a sua vontade; fazer com que elas se comportem como você acha que deveriam; não deixar que elas façam coisas que você acha que não deveriam fazer, mas que provavelmente fariam sem a sua "ajuda"; fazer com que as coisas aconteçam do jeito e no momento que você preferir; não permitir que o que está acontecendo, ou o que poderia acontecer, ocorra. Seguramos firme e não soltamos. Nós escrevemos a peça e fazemos questão de que os atores e atrizes se comportem e as cenas se desenrolem exatamente como decidimos. Não importa se continuarmos fugindo da realidade. Se seguirmos em frente com insistência suficiente, podemos (segundo o que acreditamos) interromper o fluxo da vida, transformar pessoas e mudar as coisas segundo nossas preferências.

Estamos nos enganando.

Vou contar a história de Maria. Ela era casada com um homem que acabou se mostrando alcoólico. Ele não bebia todo dia, todo fim de semana nem todo mês, mas, quando isso acontecia… sai de baixo. Ele passava dias, às vezes semanas, bêbado. Começava a beber às oito da manhã e só parava ao desmaiar. Vomitava em tudo que era lugar, acabava com as economias da família, era demitido dos empregos e criava um caos insuportável sempre que bebia.

Nos intervalos entre essas fases, a vida também não era perfeita. Uma sensação de tragédia iminente e sentimentos não resolvidos pairava no ar.

96 | *Codependência nunca mais*

Outros problemas, resquícios do excesso de bebida, entulhavam a vida do casal. Eles não conseguiam superar os desastres, estavam sempre recomeçando por cima dos escombros. Contudo, quando o marido não bebia, as coisas melhoravam para Maria e os três filhos. E também havia a esperança de que daquela vez tudo seria diferente.

Só que nunca era. Por anos, sempre que Maria saía de cena, o marido começava a beber. Toda vez que ela não estava em casa — quando foi para o hospital dar à luz, quando o marido viajou para fora da cidade, ou quando era despistada de alguma forma —, ele bebia.

Sempre que Maria voltava ou o buscava do lugar em que ele estava bebendo, a crise cessava. Maria decidiu que o segredo para a sobriedade do marido era a presença dela. Ela poderia controlar o alcoolismo dele (e todo o sofrimento que isso causava) ficando em casa e vigiando-o. Por ter aprendido esse método de controle, e devido à vergonha, humilhação, ansiedade e ao trauma geral que acompanha a codependência, Maria se isolou do mundo. Ela recusava oportunidades para viajar e não comparecia a conferências que lhe pareciam interessantes. Até sair de casa para ir ao mercado começou a ameaçar o equilíbrio delicado que Maria tinha criado — ou pensava que tinha. Apesar de seus esforços e de seu desespero, o marido ainda encontrava oportunidades para beber. Mesmo em casa, ele dava um jeito de beber sem que ela soubesse, e sempre o fazia quando Maria precisava passar a noite fora.

Após uma fase especialmente complicada, o marido de Maria informou a ela que se viu forçado a beber por causa da situação financeira muito difícil da família. (Só se esqueceu de mencionar que essa situação descrita tinha sido causada pelas bebedeiras dele.) Ele também disse que, se ela arrumasse um emprego e ajudasse com as contas, isso cooperaria para que ele não sentisse mais tanta necessidade de beber, a pressão diminuiria. Maria pensou no assunto e, com relutância, concordou. Ela teve medo de sair de casa e ficou preocupada com a educação das crianças. Não se sentia emocional ou mentalmente capaz de trabalhar fora. E se sentia ainda mais ressentida por precisar arrumar um emprego para ganhar dinheiro extra quando o marido era tão irresponsável. Entretanto, seria bom tentar. Ela faria de tudo para manter aquele homem sóbrio!

Não demorou muito para que Maria conseguisse um trabalho como assistente administrativa. Ela era boa no serviço — melhor do que imaginava. Pessoas codependentes são ótimas funcionárias. Elas não reclamam; fazem mais do que devem; cumprem todas as ordens; agradam a todo mundo; e são perfeccionistas — pelo menos por um tempo, até ficarem irritadas e ressentidas.

Maria começou a se sentir um pouco melhor. Ela gostava de ter contato com outras pessoas, sentia falta disso. Era bom se sentir independente, ganhando o próprio dinheiro. E seus empregadores a valorizavam, lhe davam cada vez mais responsabilidades e estavam prestes a promovê-la. Foi nesse momento, no entanto, que Maria começou a sentir aquela ansiedade familiar — o sinal de que o marido estava prestes a entrar em crise novamente.

Por dias, o sentimento ia e vinha. Então, um dia, ele veio com tudo. Aquela ansiedade agoniante, que embrulha o estômago, chegou com força total. Maria começou a ligar para o marido, mas ele não atendia ao telefone. Não estava no trabalho e os colegas não sabiam do paradeiro dele. Ela fez mais ligações. Ninguém sabia onde encontrá-lo. Maria passou o dia roendo as unhas, telefonando freneticamente, torcendo para que os outros funcionários da empresa não duvidassem da atitude dela de "está tudo bem, não aconteceu nada de errado". A creche ligou para avisar que ele não tinha ido buscar as crianças. Ela se desculpou e saiu mais cedo do trabalho para buscá-las. O marido finalmente apareceu à uma da manhã, bêbado. No dia seguinte, Maria pediu demissão, foi embora sem qualquer tipo de aviso prévio, e voltou a ficar em casa, tomando conta do marido.

Anos depois, ela disse:

— Eu achava que precisava fazer aquilo. Eu tinha de colocar as coisas sob controle. Sob o *meu controle*.

Minha pergunta é a seguinte: Quem estava controlando quem?

Maria entendeu que não estava controlando o marido nem o vício dele. Era ele e o alcoolismo dele que a controlavam.

Essa questão ficou ainda mais evidente para mim certa noite, durante a facilitação de um grupo de familiares pelo qual eu era responsável no centro de tratamento, quando a esposa de um alcoólico foi sincera com o marido — que passara muitos anos, quando já estavam casados, bebendo, desempregado e encarcerado.

98 | *Codependência nunca mais*

— Você me acusa de tentar controlá-lo, e acho que fiz isso mesmo — disse ela. — Fui a bares com você para impedi-lo de beber demais. Deixei que voltasse para casa quando estava agressivo e bêbado, porque aí você não ia mais beber ou se machucar. Medi seus drinques e bebi junto com você, mesmo odiando beber, escondi suas garrafas, levei você a reuniões do A.A.

"Mas a verdade é que você me controla. Todas as cartas da prisão me dizendo as coisas que eu queria ouvir. Todas as promessas, todas as palavras. E sempre que me convenço a abandonar você, a ir embora para sempre, você faz ou diz a coisa certa para me impedir. Você sabe exatamente o que eu quero escutar, e é isso que me fala. Mas você nunca muda. Nunca pretendeu mudar. Você só quer me controlar."

Ele abriu um meio-sorriso e concordou com a cabeça.

— Sim — disse ele —, estou tentando controlar você. E fiz um bom trabalho.

Quando tentamos controlar pessoas e coisas que não deveríamos, acabamos por ser os controlados. Abrimos mão do nosso poder de pensar, sentir e agir a nosso favor. Frequentemente perdemos o controle de nós mesmos. Com frequência, somos controlados não apenas por pessoas, mas por doenças como o alcoolismo e outros transtornos compulsivos. Essas forças são poderosas. Nunca esqueça que viciados são especialistas em controle. Nós encontramos oponentes à altura quando tentamos controlá-los ou então controlar a doença que possuem. Perdemos batalhas e guerras, e a nós mesmos — nossa vida. É como diz uma frase do Al-Anon: se você não causou um problema, não pode controlá-lo nem o curar.

Pare de tentar! Nós ficamos extremamente frustrados quando tentamos fazer o impossível. E geralmente não deixamos o possível acontecer. Acredito que me agarrar com força a uma pessoa ou forçar minha vontade em determinado momento elimina a possibilidade de fazer algo construtivo em relação à situação, à pessoa ou a mim mesma. Meu controle bloqueia o acesso ao meu eu superior e à capacidade das outras pessoas de evoluir. Impede que situações aconteçam naturalmente e que eu mesma aprecie não apenas elas, como também as pessoas.

O controle é uma ilusão, não funciona. Não podemos controlar o alcoolismo e os comportamentos compulsivos dos outros. Não podemos (nem deveríamos tentar) controlar as emoções, os pensamentos e as escolhas dos outros. Não podemos controlar o resultado de acontecimentos. Não podemos controlar a vida. Alguns de nós mal conseguimos controlar a nós mesmos.

No fim das contas, as pessoas fazem o que querem. Elas sentem o que querem (ou como se sentem); pensam o que querem; fazem o que acreditam que precisam fazer; e só mudam quando estão prontas para isso. Não importa se estão erradas e nós, certos. Não importa se poderíamos ajudá-las se elas apenas nos escutassem e cooperassem.

Não importa, não importa, não importa, não importa.

Não podemos mudar as pessoas. Quaisquer tentativas de controlá-las são uma ilusão. As pessoas resistirão contra nossos esforços ou tentarão provar com mais afinco que não podemos controlá-las. Elas podem se adaptar temporariamente às nossas exigências, no entanto, assim que pararmos de prestar atenção, voltarão ao estado natural. Além disso, elas nos punirão por obrigá-las a fazer algo que não querem ou a ser algo que não desejam. Nenhum controle causará uma mudança permanente ou desejável na outra pessoa. Às vezes, podemos fazer coisas que aumentem as chances de ela querer mudar, mas não podemos garantir nem controlar isso.

Essa é a verdade. E é uma pena. Às vezes, ela é difícil de aceitar, especialmente se alguém que você ama está machucando a si mesmo ou a você. Contudo, as coisas são assim. A única pessoa que você pode mudar agora ou em qualquer outro momento, e tem o direito de controlar, é você mesmo.

Desligue-se. Renda se. Às vezes, quando fazemos isso, o resultado pelo qual esperávamos e torcíamos acontece rápido, quase como um milagre. Às vezes, não. Pode ser que ele nunca se concretize. No entanto, você se beneficiará. Não é preciso parar de se importar ou de amar. Não é preciso aceitar abuso. Não é preciso abandonar métodos construtivos de solucionar problemas, como uma intervenção profissional. É preciso apenas colocar suas prioridades emocionais, mentais, espirituais e físicas de volta no lugar e deixar as coisas e as pessoas em paz. Deixe estar. Tome as decisões necessárias para cuidar de si mesmo, mas não para controlar os outros. Comece a se cuidar!

"Mas isso é tão importante para mim", protestam muitas pessoas. "Não consigo me desligar."

Se for importante para você, esse é outro motivo para se desligar.

100 | *Codependência nunca mais*

Aprendi algo muito sábio sobre o desligamento emocional com meus filhos. Às vezes, meu caçula, Shane, se demorava ou me apertava demais ao me abraçar. Ele começava a me inclinar para trás. Eu perdia o equilíbrio e ficava impaciente para que ele me soltasse. Comecei a resistir. Talvez ele fizesse isso só para me manter por perto por mais um tempinho. Talvez fosse uma forma de controle. Não sei. Certa noite, quando ele me abraçou desse jeito novamente, minha filha ficou observando até ficar frustrada e impaciente.

— Shane — disse ela —, chega uma hora que a gente precisa soltar os outros.

Para cada um de nós chega uma hora em que precisamos soltar os outros. Você saberá quando o momento chegar. Depois que se faz tudo o que é possível, chega a hora de se desligar. Lide com seus sentimentos. Encare seus medos sobre perder o controle. Recupere o controle sobre si mesmo e suas responsabilidades. Liberte os outros para ser quem são. Ao fazer isso, você se libertará.

Atividade

1. Existe uma situação ou pessoa na sua vida que você esteja tentando controlar? Explique. Escreva alguns parágrafos para compreender o que está acontecendo.

2. De que forma (mental, física, emocional etc.) você está sendo controlado pelo que tenta controlar?

3. O que aconteceria (com você e com a outra pessoa) se você se desligasse dessa situação ou pessoa? Isso provavelmente acontecerá de um jeito ou de outro, apesar das suas tentativas de manter o controle? Qual é a vantagem de tentar controlar a situação? Como a outra pessoa se beneficia das suas tentativas de manter o controle? Suas tentativas de controle conseguem, de fato, conduzir o resultado dos acontecimentos?

4. Escreva sobre suas tentativas de controle em um diário. Entenda os gatilhos que induzem seu desejo de controlar tudo.

8
LIBERTE A VÍTIMA

"Nós tomamos tanto cuidado para não deixar ninguém se machucar.
Isto é, ninguém além de nós."

— Anônimo

Cerca de um ano após eu iniciar a minha recuperação da codependência, entendi que permanecia repetindo um comportamento que me fazia sofrer. Percebi que esse padrão estava relacionado ao motivo pelo qual muitos dos meus relacionamentos fracassaram. Entretanto, eu não sabia exatamente o que estava fazendo errado, então não conseguia parar.

Em certo dia ensolarado, enquanto caminhava com meu amigo Scott, parei, me virei para ele e perguntei:

— Que comportamento os codependentes repetem o tempo todo? O que faz a gente continuar se sentindo tão mal?

Ele pensou um pouco na pergunta antes de responder.

— Codependentes cuidam dos outros, tentam salvar as pessoas. Eles fazem o resgate, depois a acusação, e então acabam se vitimizando. Estude o triângulo do drama de Karpman — disse ele.

O triângulo do drama de Karpman e os respectivos papéis de salvador, perseguidor e vítima são baseados na obra e nas observações de Stephen B. Karpman.[1] O comentário de Scott não fez sentido naquele momento, mas voltei para casa, tirei da estante alguns livros de psicologia que estavam

102 | *Codependência nunca mais*

juntando poeira e estudei. Depois de um tempo, uma luz se acendeu na minha cabeça. Eu vi. Eu entendi. E me senti como se tivesse descoberto o fogo.

Era isso. Esse era meu padrão de comportamento. Esse é o nosso padrão de comportamento. É assim que lidamos repetidamente com amigos, familiares, conhecidos, clientes, ou qualquer pessoa ao nosso redor. Como codependentes, podemos fazer muitas coisas, mas esse é o padrão que melhor seguimos e a que frequentemente recorremos. Essa é a nossa reação favorita.

Somos os salvadores, os permissivos. Somos os grandes padrinhos do mundo todo, como diz Earnie Larsen. Não apenas cumprimos as expectativas alheias, como também as antecipamos. Nós consertamos, alimentamos e papamos os outros, melhoramos, solucionamos, nos preocupamos. E fazemos isso muito bem. "Seu desejo é uma ordem" é o nosso lema. "Seu problema é meu problema" é a nossa regra. Nós cuidamos das pessoas.

O que é um resgate?

O significado de *resgatar* e *cuidar* é quase literal. Resgatamos pessoas das responsabilidades delas. Cuidamos das responsabilidades dos outros por eles. Depois, ficamos irritados com *eles* por causa daquilo que *nós* fizemos. Então nos sentimos arrependidos e com pena de nós mesmos. Esse é o padrão, o triângulo.

Resgatar e cuidar são sinônimos. A definição de ambos é próxima à de possibilitar. *Possibilitar* é um jargão terapêutico que significa uma forma destrutiva de ajuda. Quaisquer atos que ajudem um dependente químico a alimentar a própria dependência, impeçam um abusador de sofrer consequências ou facilitem de alguma maneira o comportamento compulsivo de alguém são considerados possibilitadores.

Como diz o terapeuta Scott Egleston, nós resgatamos sempre que assumimos a responsabilidade por outro ser humano — pelos pensamentos, sentimentos, comportamentos, problemas, pelas decisões, pelo crescimento, bem-estar ou destino dessa pessoa. A lista a seguir constitui exemplos de resgate ou possibilitação:

Liberte a vítima | 103

- fazer algo que não queremos;
- dizer "sim" quando queríamos dizer "não";
- fazer coisas pelas pessoas que elas podem fazer por conta própria;
- saciar as necessidades alheias sem que alguém nos peça e antes de concordarmos com isso;
- fazer mais do que nossa parte depois que alguém nos pede ajuda;
- consistentemente oferecer mais do que recebemos em uma situação específica;
- consertar os sentimentos das pessoas;
- pensar pelas pessoas;
- falar em nome de outra pessoa;
- sofrer as consequências dos atos de outra pessoa no lugar dela;
- solucionar os problemas dos outros;
- se mostrar mais dedicado e interessado em uma atividade conjunta que a outra pessoa;
- não pedir por aquilo que desejamos, precisamos e queremos.

Nós resgatamos sempre que cuidamos de outras pessoas.

No momento em que resgatamos ou cuidamos, podemos nos deparar com um ou mais dos seguintes sentimentos: desconforto e embaraço quanto ao dilema da outra pessoa, urgência em tomar uma atitude, pena, culpa, santidade, ansiedade, responsabilidade extrema pela pessoa ou pelo problema, medo, impressão de ser forçado ou compelido a fazer algo, leve ou forte relutância em tomar uma atitude, mais competência que a pessoa que estamos "ajudando", ou ressentimento ocasional por ter sido colocado em tal posição. Também é comum pensarmos que a pessoa de quem estamos cuidando é indefesa e incapaz de fazer aquilo que estamos fazendo. Nós nos sentimos temporariamente necessários.

Não estou me referindo a atos de amor, bondade, compaixão e ajuda efetiva — situações em que nossa ajuda é desejada e necessária de verdade, quando queremos colaborar. Esses atos são a parte boa da vida. Resgatar e cuidar, não.

104 | *Codependência nunca mais*

Cuidar parece um comportamento muito mais amigável do que realmente é. Ele exige que a outra pessoa seja aparentemente incapaz de se cuidar. Nós resgatamos "vítimas" — pessoas que, na nossa concepção, não podem assumir responsabilidade por si mesmas. As vítimas são capazes de se cuidar, apesar de nem nós nem elas admitirem isso. No geral, nossas vítimas estão apenas passando um tempo em um dos vértices do triângulo, esperando que apareçamos e façamos nossa parte.

Após o resgate, é inevitável passarmos para o outro vértice: acusação. Nós ficamos ressentidos e com raiva da pessoa que generosamente "ajudamos". Fizemos algo que não queríamos fazer, que não era nossa responsabilidade, ignoramos nossas necessidades e desejos, e isso nos irrita. E, ainda por cima, a vítima não agradece pela ajuda. Não reconhece o sacrifício que fizemos. A vítima não se comporta como deveria. Essa pessoa nem mesmo está seguindo nossos conselhos, os quais oferecemos com boas intenções. Ela não nos deixa consertar esse sentimento. Algo não dá certo ou não passa a sensação esperada, então arrancamos nossa auréola e pegamos nossas armas.

Às vezes, as pessoas não percebem, ou preferem não perceber, nosso mau humor. Em certos momentos, nos esforçamos para esconder esses sentimentos, ao passo que em outros soltamos nossa fúria com toda a força. Fazemos isso especialmente com familiares. A família, por algum motivo, tende a revelar quem somos *de verdade*. Não importa se mostramos, escondemos ou parcialmente ocultamos nosso nervosismo e ressentimento, *nós sabemos* o que está acontecendo.

Na maior parte do tempo, as pessoas que resgatamos imediatamente sentem nossa mudança de humor. Elas sabiam que isso aconteceria e é a desculpa perfeita de que precisavam para se virarem contra nós. É a vez *delas* no vértice do perseguidor. Isso pode acontecer antes de nossa raiva surgir, enquanto isso ocorrer ou até mesmo depois. Às vezes, as vítimas reagem à nossa raiva, muitas vezes por termos tirado a responsabilidade delas, mostrando direta ou indiretamente que acreditamos que são incapazes de cuidar de si mesmas. As pessoas ficam ressentidas ao ouvir ou ter a impressão de que são consideradas inferiores, mesmo se, de fato, não tiverem capacidade de se responsabilizar. Elas ainda ficam magoadas conosco por piorarmos a situação e ficarmos com raiva depois de apontarmos a inaptidão que carregam consigo.

Então chega a hora da nossa cartada final. Vamos direto para o nosso lugar favorito: o vértice da vítima, lá no *fim*. Esse é o resultado previsível e inevitável de um resgate. A sensação de impotência, mágoa, tristeza, vergonha e pena de nós mesmos toma conta de tudo. Tiraram vantagem de nós — de novo. Não fomos valorizados — de novo. Tentamos tanto ajudar os outros, ser prestativos. "Por quê? Por que isso *sempre* acontece comigo?", lamentamos. Mais alguém nos fez de gato e sapato, se aproveitou de nós. Continuamos a nos perguntar se seremos vítimas para sempre. É provável que sim, se não pararmos de resgatar e cuidar.

Muitos de nós, os codependentes, em algum momento da vida, foram *mesmo* vítimas — do abuso, da negligência ou do alcoolismo de alguém, ou de inúmeras situações que podem vitimizar pessoas. Nós fomos, em algum momento, verdadeiramente incapazes de nos proteger ou solucionar nossos problemas. Algo surgiu em nosso caminho, algo pelo qual não pedimos, e nos fez sofrer demais. Isso é triste, muito triste. Entretanto, ainda mais triste é o fato de que muitos de nós passaram a se enxergar como vítimas. Nossa história dolorosa se repete. Ao cuidarmos dos outros, permitimos que as pessoas nos vitimizem, e participamos da nossa vitimização ao continuar fazendo resgates. Resgatar e cuidar não são atos de amor. O triângulo do drama é um triângulo do ódio. Ele estimula e mantém a raiva que sentimos de nós mesmos e prejudica nossa relação com outras pessoas.

O triângulo e os papéis alternados de salvador, perseguidor e vítima formam um processo visível pelo qual passamos. As mudanças de papel e emoção tomam conta de nós de forma tão profunda e intensa que parecemos atores lendo um roteiro. Podemos completar o processo em questão de segundos, sentindo apenas emoções leves conforme trocamos de papel, ou podemos levar anos, alcançando uma explosão intensa. Nós podemos fazer vinte resgates num único dia, e muitos de nós fazemos isso.

Permita-me ilustrar um resgate. Uma amiga minha era casada com um alcoólico. Sempre que o marido bebia, ela dirigia pela cidade toda, recrutava amigos para ajudar, e procurava pelo marido incansavelmente até encontrá-lo. Ela se sentia benevolente e preocupada, além de ter pena dele — um alerta

106 | *Codependência nunca mais*

de que um resgate estava prestes a ocorrer —, então o levava para casa e o colocava na cama, assumindo a responsabilidade por ele e por sua sobriedade. Contudo, quando a cabeça do marido repousava sobre o travesseiro, a situação mudava: ela entrava no papel de perseguidor. Não queria aquele homem na casa dela, sabia que ele passaria dias reclamando por estar indisposto, não conseguiria cumprir as próprias responsabilidades com a família e se comportaria como vítima. Era sempre a mesma coisa! Então ela começava a atacá-lo, começando com comentários irritados até explodir de verdade. O marido tolerava os ataques por um tempo antes de abandonar o papel de vítima indefesa e passar a ser um perseguidor vingativo. Os papéis logo se invertiam e ela se tornava a vítima. A pena de si mesma, a sensação de impotência, vergonha e desespero se instauravam. Nada na vida dessa amiga mudava, era o que a própria costumava reclamar. Depois de tudo que tinha feito para ajudar o marido, como ele podia tratá-la daquela maneira? Por que isso sempre acontecia? Ela se sentia uma vítima das circunstâncias, do comportamento absurdo do marido, da vida. Nunca lhe ocorreu que também era uma vítima de si mesma e do próprio comportamento.

Aqui vai outro exemplo de um resgate. Em certo outono, uma amiga me convidou para colher maçãs. Eu aceitei, então combinamos uma data. Contudo, no dia combinado, eu estava muito ocupada. Liguei para ela e, em vez de dizer que não poderia ir, sugeri remarcarmos o passeio. Fiquei me sentindo culpada e responsável pelos sentimentos dela — outro resgate estava a caminho. Eu não podia decepcioná-la, porque achei que ela não conseguiria lidar com os próprios sentimentos ou ser responsável por eles. Não queria dizer a verdade, porque achei que ela ficaria com raiva de mim (mais responsabilidade emocional) — como se lidar com a raiva de outra pessoa fosse função minha. Quando o fim de semana seguinte chegou, dei um jeito de arrumar espaço para o passeio na minha agenda ainda mais lotada. Eu não precisava de maçãs; havia duas gavetas na minha geladeira completamente cheias de maçãs. Antes de eu chegar à casa dela, já tinha assumido o papel de perseguidora. Dava para sentir o ressentimento fervilhando dentro de mim enquanto seguíamos para o pomar. Ao chegarmos lá, começamos a provar e olhar para as maçãs, mas era nítido que nenhuma das duas estava se divertindo. Após alguns minutos, minha amiga se virou para mim e disse:

— Na verdade, não quero maçãs. Comprei um monte na semana passada. Só vim porque achei que você quisesse vir, e não quis magoá-la.

Esse é apenas um dos milhares de resgates aos quais me dediquei ao longo da vida. Quando comecei a entender esse processo, percebi que eu passava boa parte do tempo alternando entre os vértices do triângulo, assumindo responsabilidades por tudo e todos além de mim. Às vezes, eu executava resgates grandiosos; em outras ocasiões, eles eram menores. Eu fazia amizades, as mantinha por um tempo e, por fim, as abandonava de acordo com o desenvolvimento do resgate. Os resgates se tornaram parte da minha relação com familiares e pacientes. Era algo que me deixava em constante estado de agitação.

O relacionamento entre dois codependentes pode ser muito prejudicial para ambos. Imagine a relação entre duas pessoas que gostam de agradar aos outros. Agora imagine essas duas pessoas querendo se separar. Elas farão coisas terríveis, vão praticamente destruir uma à outra e a si mesmas antes que uma das duas pare com os resgates e diga: "Cansei."

Codependentes dedicam boa parte do tempo a resgates. Geralmente, consigo identificar um codependente nos primeiros cinco minutos de conversa. Eles me oferecem ajuda ainda que eu não lhes tenha pedido, ou continuam conversando comigo mesmo quando estão obviamente desconfortáveis e prefeririam encerrar o papo. Eles começam a relação assumindo uma responsabilidade por mim e não por si mesmos.

Alguns de nós ficamos tão cansados desse fardo enorme — a responsabilidade total por outros seres humanos — que pulamos os sentimentos de pena e preocupação que acompanham o ato do resgate e passamos direto para a raiva. Sentimos raiva o tempo todo; sentimos raiva e ressentimento das potenciais vítimas. Uma pessoa com necessidades ou problemas nos faz acreditar que precisamos tomar uma atitude ou nos sentir culpados. Após um resgate, não hesitamos em expressar como essa situação é desagradável para nós. Já vi isso acontecer com muitas pessoas com profissões de auxílio. Depois de tantos anos de resgate — se doando tanto e recebendo pouquíssimo em troca —, muitos profissionais adotam um comportamento hostil ao lidar com os clientes. Eles podem aguentar firmes e continuar "ajudando", mas geralmente abandonam a profissão se sentindo extremamente vitimizados, de acordo com alguns terapeutas.

108 | *Codependência nunca mais*

Cuidar das pessoas não ajuda, apenas causa problemas. Quando cuidamos de alguém e fazemos coisas que não queremos, ignoramos necessidades, desejos e sentimentos pessoais. Nós *nos* colocamos em segundo plano. Às vezes, ficamos tão distraídos enquanto cuidamos dos outros que deixamos nossa vida inteira de lado. Muitos cuidadores se sentem muito estressados e atribulados; eles não gostam de uma atividade sequer entre as quais desempenham. Nós, cuidadores, parecemos muito responsáveis, mas, na verdade, não somos; não damos conta da nossa maior responsabilidade: nós mesmos.

Constantemente damos mais do que recebemos, para então nos sentirmos maltratados e negligenciados. Nós nos perguntamos por que ninguém percebe as *nossas* necessidades, quando sempre antecipamos as dos outros. Podemos nos tornar seriamente deprimidos por não conseguirmos suprir nossas carências. Entretanto, um bom cuidador se sente mais seguro enquanto se doa; nos sentimos culpados e desconfortáveis quando alguém se doa para nós, ou quando fazemos algo para suprir as nossas necessidades. Às vezes, nós, os codependentes, podemos acabar tão empacados no papel de cuidadores que nos sentimos chocados e rejeitados quando não podemos resgatar ou cuidar de alguém — quando a pessoa se recusa a receber "ajuda".

A pior parte de se responsabilizar por uma pessoa é quando nos tornamos e permanecemos vítimas. Acredito que muitos comportamentos autodestrutivos graves — dependência química, transtornos alimentares e sexuais — são desenvolvidos a partir do papel de vítima. Como vítimas, atraímos perseguidores. Acreditamos que precisamos de alguém que tome conta de nós, porque nos sentimos indefesos. Alguns cuidadores acabam se entregando para alguém ou se internando em alguma instituição por precisar de cuidados mentais, físicos, financeiros ou emocionais. *Ser uma vítima se torna nossa história.*

Talvez você se pergunte por que pessoas aparentemente racionais acabam nessa situação. Por muitos motivos. A maioria de nós nem percebe o que está fazendo e acredita que está verdadeiramente ajudando. Alguns acham que *têm de* resgatar. Confundem o que realmente ajuda as pessoas. Muitos se convencem de que o resgate é um ato de caridade. Chegamos até a pensar que seria crueldade e maldade permitir que alguém lide ou encare um sentimento legítimo, que sofra uma consequência, que se decepcione ao ouvir um não, que reaja aos nossos desejos e às nossas vontades e que seja responsabilizado. Não importa se a pessoa pagará um preço por nossa "ajuda" — um preço que será tão duro ou mais intenso que qualquer sentimento que possam estar enfrentando.

Muitos de nós não entendem pelo que são ou não responsáveis. Certas vezes, acreditamos ser preciso largar tudo quando alguém passa por um problema, porque nossa responsabilidade é essa. Em outras, cansamos de carregar tantas atribuições e rejeitamos todos os nossos deveres, nos tornando completamente irresponsáveis.

No entanto, há algo em comum entre a maioria dos resgates: a baixa autoestima. Resgatamos porque não nos sentimos bem com nós mesmos. Apesar dos sentimentos serem transitórios e artificiais, cuidar dos outros nos oferece uma dose passageira de boas emoções, autoestima elevada e poder. Assim como beber ajuda um alcoólico a se sentir melhor por determinado período de tempo, um resgate nos distrai momentaneamente da dor de ser quem somos. Não nos sentimos dignos de amor, então nos contentamos em ser necessários. Não nos sentimos bem com nós mesmos, então sentimos a necessidade de fazer algo específico para *provar* que somos bons.

Resgatamos porque também não nos sentimos bem em relação às outras pessoas. Com ou sem motivo, decidimos que elas não podem ser responsáveis por si mesmas. Talvez isso pareça verdade, mas não é. A menos que uma pessoa sofra danos cerebrais, tenha alguma deficiência física grave ou seja uma criança, ela é capaz de cuidar de si mesma.

Às vezes, resgatamos porque isso é mais fácil do que lidar com o desconforto e o constrangimento de encarar os problemas não resolvidos de outras pessoas. Não aprendemos a dizer: "Que pena você estar passando por esse problema. Como posso ajudar?" Aprendemos a dizer: "Pronto. Vou fazer isso *por* você."

Alguns de nós aprendemos a ser cuidadores na infância. Talvez a dinâmica familiar do alcoolismo nos obrigue a isso. Alguns de nós podem ter começado a cuidar dos outros mais tarde, por nos envolver em um relacionamento com alguém que se recusava ou parecia incapaz de cuidar de si mesmo. Nossa forma de lidar com isso foi preencher essa lacuna e assumir as responsabilidades do outro.

110 | *Codependência nunca mais*

Muitos codependentes aprendem outras formas de ser cuidadores. Talvez tenhamos acreditado nestas mentiras comumente ditas: não seja egoísta, sempre seja bondoso e ajude as pessoas, nunca as magoe, nunca diga "não" e não mencione desejos e necessidades pessoais, porque isso é falta de educação.

É possível que tenhamos aprendido a nos responsabilizar pelos outros, mas não por nós mesmos. Algumas mulheres receberam o ensinamento de que boas esposas e mães cuidavam dos outros. Cuidar era algo esperado e exigido delas, era um dever. Alguns homens acreditam que bons maridos e pais devem cuidar dos outros, que são super-heróis responsáveis por sanar todas as necessidades de cada membro da família.

Algumas pessoas responsáveis por tomar conta de bebês, crianças pequenas ou pessoas de qualquer idade com deficiência sentem algo similar à codependência. Cuidar de um bebê exige que a pessoa abra mão das próprias necessidades, faça coisas contra a própria vontade, deixe os próprios sentimentos e desejos de lado (amamentar às quatro da manhã costuma ser bom apenas para a pessoa que está sendo alimentada) e tenha responsabilidade total por outro ser humano. Cuidar de crianças não é um resgate, é uma responsabilidade legítima e não envolve o tipo de cuidado sendo debatido aqui. Contudo, se os cuidadores não cuidarem também de si mesmos, podem começar a sentir a tristeza da codependência.

Certas pessoas interpretam crenças religiosas como uma ordem para cuidar dos outros. Cuide com alegria e nos oriente. Faça mais do que lhe pedem. Ame seus vizinhos. E nós tentamos; tentamos muito. E depois nos perguntamos qual é o nosso problema, porque nossas crenças religiosas não estão dando certo. E nossa vida também não.

Crenças religiosas dão certo. E sua vida também pode dar. O que não funciona é resgatar os outros. "É como tentar capturar borboletas com uma vassoura", observou um amigo. Sempre que resgatamos alguém, nos sentimos confusos e desnorteados. Essa é uma reação autodestrutiva, outra forma para nós, os codependentes, nos apegarmos a pessoas e nos desligarmos de nós mesmos. É outra forma de tentarmos controlar os outros, só que nós acabamos sendo controlados. Cuidar de alguém é como um relacionamento nocivo entre pais, mães e filhos — que pode ocorrer entre dois adultos em consenso, ou entre um adulto e uma criança.

Cuidar causa raiva. Cuidadores se tornam figuras parentais irritadas, filhos irritados, amigos irritados, parceiros amorosos irritados. Podemos nos sentir insatisfeitos, frustrados e confusos. Os cuidadores e as pessoas que ajudamos são ou se tornam vítimas irritadas e impotentes.

A maioria de nós já leu a parábola bíblica sobre Maria e Marta contada no Capítulo 10 do Evangelho de Lucas. Enquanto Maria conversava com Jesus e seus amigos, Marta limpava e cozinhava. Segundo a história, Marta logo começou a bater panelas, acusando Maria de ser preguiçosa. Ela reclamou que precisava fazer tudo, enquanto a outra relaxava e se divertia. Parece familiar? Jesus interferiu. Ele pediu a Marta que se calasse. E disse que Maria sabia o que era importante. Maria tinha tomado a decisão certa.

A mensagem nesse caso pode ser a de que Maria tomou a decisão certa porque é mais importante aproveitar a companhia de pessoas que cozinhar e limpar. Também acredito, porém, que exista aí uma mensagem sobre nos responsabilizar pelas próprias escolhas, fazendo o que *queremos* fazer, e percebendo que ficamos com raiva quando isso não acontece. Talvez a escolha de Maria fosse certa porque ela fez o que queria. Jesus ajudou muitas pessoas, mas fazia isso de forma sincera e direta. Ele não atacava as pessoas depois de ajudá-las. E *perguntava* o que poderia fazer por elas. Às vezes, também questionava por quê. Ele ajudava as pessoas a se responsabilizar pelo próprio comportamento.

A meu ver, cuidadores deturpam mensagens religiosas sobre doar, amar e ajudar. Não há passagem alguma na Bíblia que nos oriente a fazer um favor para uma pessoa e depois brigar com ela. Nada que nos diga para caminhar ao lado de alguém e depois pegar a bengala da pessoa e lhe dar uma surra. Cuidar dos outros e se doar são qualidades boas, desejáveis — algo que precisamos fazer —, porém muitos de nós, os codependentes, interpretam erroneamente a frase "amar é doar-se até doer". Continuamos doando muito depois de começar a doer, geralmente até estarmos curvados de tanta dor. É bom doar, mas não precisamos doar tudo. Não tem problema guardar um pouco para si mesmo.

Acredito que ajudar pessoas e compartilhar nosso tempo, talentos e dinheiro são ações significativas. Contudo, também acredito que nossas doações devam ser feitas com consciência. Acredito que atos de bondade são bons de verdade apenas quando estamos nos sentindo bem com nós mesmos, com o que estamos fazendo e com a pessoa a quem ajudamos. Um Poder Superior existe para guiar todos nós — se o escutarmos. Se estamos fazendo algo com o qual definitivamente não estamos nos sentindo bem, então não devemos fazê-lo, por mais caridoso que o ato nos pareça. Também não devemos fazer pelos outros o que eles deveriam e são capazes de fazer por conta própria. Eles não são indefesos e nós também não.

Doar-se e fazer coisas pelos outros, assim como passar tempo com as pessoas, são partes essenciais de uma vida feliz e de relações saudáveis. No entanto, aprender quando não ceder e tentar não fazer coisas por e com os outros também são. Não é bom se responsabilizar por pessoas que se aproveitam de nós. Isso as machuca e a nós também. Há uma linha tênue entre ajudar e magoar pessoas, entre dar benefícios e se doar demais. Podemos aprender a fazer essa distinção.

Cuidar é um comportamento e um estado de espírito. Para alguns de nós, o ato se torna um papel a ser representado, uma ótica pela qual encaramos a vida e todas as pessoas ao redor. Cuidar é muitas vezes associado ao martírio (um estado que nós, os codependentes, costumamos ser acusados de ocupar) e à vontade de agradar a todos (outra acusação que sofremos). Os mártires, de acordo com Earnie Larsen, "estragam tudo". Precisamos sacrificar nossa felicidade e a dos outros pelo bem de uma causa desconhecida que não exige sacrifícios. Segundo Larsen, a pessoa que deseja agradar a todos não é confiável. Nós mentimos. Somos cuidadores, mas não cuidamos de nós mesmos.

O aspecto mais interessante sobre cuidar dos outros é aprender como e quando estamos fazendo isso, para conseguirmos nos controlar.

Nós podemos aprender a reconhecer um resgate. Podemos nos recusar a resgatar. Podemos nos recusar a deixar que outras pessoas nos resgatem. Podemos assumir a responsabilidade por nós mesmos e permitir que os outros também o façam. Não importa se mudarmos de comportamento, circunstâncias, mentalidade ou opinião, a atitude mais generosa que podemos ter é libertar a vítima — nós mesmos.

ATIVIDADE

1. Esta tarefa pode demorar um pouco, mas, se cuidar/resgatar/possibilitar forem comportamentos que dificultam sua vida, ela pode ser reveladora. Estude o triângulo do drama de Karpman e como você segue esse processo na sua vida. Escreva sobre o assunto em um diário. Concentre-se nos relacionamentos que lhe causam problemas. Registre suas interações com as pessoas que geram estresse, ansiedade ou preocupação em você. Observe os momentos em que sente raiva. Observe os momentos em que se sente vitimizado. Observe os momentos em que se sente confuso. O objetivo é se conscientizar sobre si mesmo e sua participação em resgatar/cuidar dos outros, e como isso leva à sensação de ser uma vítima. Observe as mudanças de papel e humor. Quando você perceber que está se sentindo magoado ou usado, escreva sobre o resgate que executou.

2. Pratique comportamentos contrários ao resgate: estabeleça limites; diga "não" quando quiser dizer; faça as coisas que deseja fazer; não tente adivinhar as vontades e necessidades das outras pessoas — em vez disso, insista para que peçam diretamente o que desejam e precisam; não assuma as responsabilidades dos outros. Assim que você parar de cuidar das pessoas que se acostumaram com os seus cuidados, elas talvez sintam raiva ou frustração. Você mudou o sistema, abalou as estruturas. Isso significa que elas terão mais trabalho e que não podem mais usá-lo. Explique o que você está fazendo e permita que elas sejam responsáveis pelos próprios sentimentos. Talvez agradeçam no futuro. Elas podem até lhe surpreender — às vezes, as pessoas que acreditávamos ser incapazes de cuidar de si mesmas podem ser ótimas nisso quando paramos de ajudá-las.

9
SUBDEPENDÊNCIA

"'Qual é o meu problema?', perguntou ela.
'Será que eu preciso de um cadáver deitado na minha cama
para conseguir me sentir bem comigo mesma?'"

— Alice B., uma codependente que foi casada com dois alcoólicos

"Sou muito independente, contanto que esteja em um relacionamento", anunciou uma policial que tinha um histórico de se envolver com vários homens emocionalmente complicados.

"Meu marido vive deitado no sofá, bêbado, e não trabalha há dez anos", disse outra mulher, diretora de uma grande empresa de recursos humanos. "Quem precisa disso? Eu devo precisar", continuou ela, respondendo à própria pergunta. "Mas por quê? E para quê?"

Uma mulher que havia entrado no Al-Anon recentemente me ligou certa tarde. Ela era casada e trabalhava em regime de meio período como enfermeira, mas tinha assumido a responsabilidade integral de criar os dois filhos, e cuidava de tudo relacionado à casa, incluindo consertos e finanças.

"Quero me divorciar do meu marido", disse ela. "Não aguento mais conviver com ele e sofrer abusos. Mas, por favor, seja sincera... você acha que consigo cuidar de mim mesma sozinha?"

As palavras variam, porém, o pensamento é o mesmo: *estou infeliz com essa pessoa, mas acho que não consigo viver sem ela. Não consigo, por algum motivo, encontrar coragem de encarar a dura realidade que todo ser humano precisa aceitar ou que prefere ignorar — que sou o único responsável por cuidar de mim mesmo. Não acredito que eu seja capaz disso. Não sei se quero ficar tão sozinho assim. Preciso de uma pessoa, de qualquer pessoa, para amenizar o choque da minha solidão. Não importa quanto isso custe.*

Colette Dowling escreveu sobre esse raciocínio em *Complexo de Cinderela*. Penelope Russianoff o debateu em *Why Do I Think I Am Nothing Without a Man?* [Por que acho que não sou nada sem um homem?]. Eu já repeti isso muitas vezes.

Não importa se nós, os codependentes, parecemos frágeis e indefesos, ou resistentes e poderosos, a maioria de nós age como uma criança assustada, carente e vulnerável que anseia e deseja desesperadamente ser amada e receber carinho.

Essa criança em nosso interior acredita que não merece amor e nunca receberá os cuidados de que necessita; às vezes, essa criança vulnerável se desespera demais. As pessoas nos abandonaram, emocional e fisicamente, nos rejeitaram, abusaram de nós, nos decepcionaram. As pessoas nunca estiveram ao nosso lado; nunca viram, ouviram ou reagiram às nossas necessidades. Às vezes começamos a acreditar que elas nunca nos oferecerão apoio. Para muitos de nós, até nossa fé é desafiada.

Nós ajudamos muitas pessoas. A maioria de nós quer apenas que alguém — finalmente — nos ajude. Precisamos que uma pessoa, qualquer pessoa, nos salve da solidão extrema e do isolamento. Queremos vivenciar parte das coisas boas da vida. Contudo, ao nosso redor — e dentro de nós —, só encontramos sofrimento. Nós nos sentimos tão indefesos e inseguros. Os outros parecem tão poderosos e confiantes. Nós nos convencemos de que há mágica neles.

Então nos tornamos dependentes dessas pessoas. Podemos nos tornar dependentes de parceiros românticos, cônjuges, amigos, figuras parentais ou nossos filhos. Nós nos tornamos dependentes deles: da aprovação; da presença; da necessidade de fazer algo por eles; do amor — apesar de acreditarmos que nunca vamos recebê-lo, porque acreditamos que não o merecemos. Ninguém nunca nos amou o suficiente.

Não estou dizendo que codependentes são diferentes porque querem e têm necessidade de amor e aprovação. A maioria das pessoas deseja ter relacionamentos amorosos, pretende compartilhar a vida com alguém especial, precisa de amigos e anseia receber o amor e a aprovação dos entes queridos. Essas vontades são naturais, saudáveis até. Certa quantidade de dependência emocional está presente na maioria das relações, incluídas as mais saudáveis.[1] Contudo, muitos de nós não apenas querem pessoas — nós precisamos de pessoas. Podemos passar a ser guiados, controlados por essa necessidade.

Precisar demais de outras pessoas pode ser problemático. Elas se tornam a chave para nossa felicidade. Acredito que isso acontece por causa da codependência, e é causado por nossa insegurança emocional. Creio que essa busca incessante por aprovação também seja fruto da insegurança. Acreditamos que a mágica está nos outros, não dentro de nós, assim como os sentimentos bons. Quanto menos coisas boas encontramos em nós mesmos, mais as procuramos em terceiros. *Eles* têm tudo; nós não temos nada. A *nossa* existência não é importante. Fomos abandonados e negligenciados com tanta frequência que também nos abandonamos.

Precisar tanto das pessoas e ao mesmo tempo acreditar que não merecemos ser amados nem receber o apoio delas pode se tornar uma crença profundamente enraizada e uma fonte de conflitos internos. Às vezes, acreditamos que os outros não estão ao nosso lado, quando, na verdade, estão. Essa crença pode bloquear nossa visão e nos impedir de enxergar o amor que recebemos.

Há certos momentos em que nenhum ser humano pode nos dar o apoio que desejamos — absorver o sofrimento e cuidar de nós, nos transmitir a sensação de que estamos bem, completos e seguros.

Muitos de nós esperamos e precisamos tanto dos outros que nos contentamos com pouco. Podemos nos tornar dependentes de pessoas com transtornos, de pessoas de quem não gostamos nem amamos tanto assim. Às vezes, precisamos tanto de alguém que nos contentamos com praticamente qualquer um. Podemos precisar de pessoas que não se adaptam às nossas necessidades. De novo, podemos acabar em situações em que precisamos de apoio, porém a pessoa que escolhemos não pode ou não está disposta a nos oferecer isso.

Podemos até nos convencer de que não conseguimos viver sem alguém e que morreremos se essa pessoa não estiver em nossa vida. Se ela tiver transtornos, podemos tolerar abusos e comportamentos inadequados para mantê-la em nossa vida e proteger nossa fonte de segurança emocional. A necessidade se torna tão grande que nos contentamos com pouco. Nossas expectativas ficam abaixo da média, abaixo do que deveríamos esperar de qualquer relação. Então ficamos presos, empacados. E o objeto da nossa obsessão pode sentir isso e começar a se sentir sufocado.

Como Janet Geringer Woititz escreve em *The Complete ACOA Sourcebook* [A coletânea completa de textos para filhos adultos de alcoólicos]:

> Camelot desapareceu. A interação entre pessoas desapareceu. A distorção é bizarra. Vou continuar onde estou porque "Ele não me bate", "Ela não me trai", "Ele não perdeu o emprego". Imagine levar o crédito por comportamentos que nós, meros mortais, adotamos normalmente. Mesmo que o pior seja verdade — que ele bata em você, que ela o traia, que ele esteja desempregado —, mesmo com tudo isso, então você dirá: "Mas eu o/a amo!" Quando eu rebater com "Então me diga, o que você ama?", não haverá resposta. A resposta não vem, mas o poder de estar emocionalmente aprisionado é bem maior do que o poder da razão.[2]

Não estou sugerindo que todas as nossas relações íntimas sejam baseadas em inseguranças e dependências. O poder do amor com certeza passa por cima do bom senso, e deve ser assim mesmo em certos casos. Se amamos um alcoólico e queremos continuar ao lado dele, devemos continuar a amá-lo. No entanto, a força motriz da insegurança emocional também pode se tornar bem maior que o poder da razão ou do amor. Quando não cuidamos de nós mesmos e nos sentimos emocionalmente inseguros, há grandes riscos de cairmos em uma armadilha.[3] Podemos passar a ter medo de pôr fim a relações que em essência já acabaram e são destrutivas e permitir que as pessoas nos magoem e abusem de nós, e isso *nunca* é bom para nós.

Pessoas que se sentem presas buscam rotas de fuga. Codependentes que se sentem presos em uma relação às vezes planejam a própria escapatória. Às vezes, o plano é positivo e saudável; começamos a tomar atitudes para nos tornar subdependentes no sentido financeiro e emocional. *Subdependência* é um termo que Penelope Russianoff usa para descrever o equilíbrio desejado entre a necessidade natural e saudável por pessoas

118 | *Codependência nunca mais*

e amor e a noção de que não precisamos ser dependentes deles de forma excessiva e nociva.[4]

Podemos voltar a estudar, conseguir um emprego ou elaborar outros objetivos que contribuam para nossa liberdade. E geralmente começamos a fazer isso quando estamos fartos de nos sentir presos. Alguns de nós, codependentes, no entanto, planejam fugas destrutivas. Podemos tentar escapar da nossa prisão por meio do álcool ou de outras drogas. Podemos nos tornar adictos ao trabalho, o famoso *workaholic*. Podemos nos tornar emocionalmente dependentes de outra pessoa parecida com aquela de quem tentamos fugir — outro alcoólico, por exemplo. Muitos de nós começam a ter ideações suicidas. Para alguns, pôr fim à própria vida parece a única forma de escapar dessa situação extremamente dolorosa.

A dependência emocional e a sensação de estar preso também causam problemas em relações possíveis de ser recuperadas. Se nosso relacionamento continua bom, podemos nos sentir inseguros demais para nos afastar e começar a nos cuidar. Nós nos limitamos, nos sufocamos ou nos distanciamos da outra pessoa. Esse excesso de carência se torna óbvio para o outro. Ele pode ser sentido, detectado.

Por fim, depender demais de alguém pode acabar com o amor. Relacionamentos baseados em insegurança emocional e carência, e não no amor, podem se tornar autodestrutivos. Esse tipo de relação não dá certo. Carência demais sufoca, afasta os outros e atrai o tipo errado de pessoa. E nossas necessidades reais não são saciadas, elas aumentam, assim como o desespero. Colocamos a outra pessoa no centro da nossa existência, tentando proteger nossa fonte de segurança e felicidade. Abrimos mão da nossa vida para isso e ficamos com raiva da pessoa. Somos controlados pelo outro e nos tornamos dependentes dele. Ficamos irritados e ressentidos com essa dependência e controle, porque cedemos nosso poder e direitos pessoais — nosso livre-arbítrio.[5]

O desespero e a dependência também podem nos expor a outros riscos. Quando permitimos que nosso lado desesperado tome decisões, ficamos expostos a infecções sexualmente transmissíveis (ISTs), abuso e coisas piores. Não é seguro ser tão carente em relacionamentos íntimos.

Às vezes, podemos nos iludir para disfarçar nossa carência. Algumas dessas ilusões, segundo Colette Dowling, são: exaltar o outro ("Ele é um gênio; é por isso que continuo com ele"), diminuir o outro ("Homens são tão bobos; não conseguem se cuidar sozinhos") e — a ilusão favorita dos codependentes — cuidar do outro. Dowling demonstra essas características em *Complexo de Cinderela*, ao citar o caso de Madeleine, uma mulher que tentava romper uma relação destrutiva com Manny, seu marido alcoólico.

> Esta é a última ilusão da personalidade dependente — acreditar que você é responsável por "cuidar" do outro. Madeleine sempre se sentiu mais responsável pela vida de Manny do que pela própria. Desde que estivesse focada em Manny — na passividade *dele*, na indecisão *dele*, nas questões *dele* com o álcool —, suas energias eram voltadas a encontrar soluções para ele, ou para "eles", e nunca para analisar a si mesma. Foi por isso que Madeleine levou 22 anos para entender que, se as coisas continuassem como estavam, ela sairia no prejuízo. Ela *não viveria de verdade*.
>
> [...] Dos 18 aos 40 anos — a época em que as pessoas deveriam focar as próprias conquistas, crescer e vivenciar o mundo —, Madeleine Boroff aguentou firme, fingiu para si mesma que a vida não era daquele jeito, que o marido mudaria em pouco tempo, que ela um dia estaria livre para viver como queria — em paz, de forma autêntica.
>
> Por 42 anos, ela não tinha conseguido encarar a mentira, e, assustada demais para ter uma vida autêntica, acabou dando as costas para a verdade, mesmo não querendo.
>
> A princípio, isso pode soar dramático, mas a história de Madeleine não é tão rara quanto parece. A característica de seguir com a maré, a aparente incapacidade de se distanciar ou até de *pensar* em se distanciar de uma relação profundamente cansativa são sinais de desamparo característicos de mulheres psicologicamente dependentes.[6]

Por que fazemos isso com nós mesmos? Por que nos sentimos tão inseguros a ponto de não conseguirmos simplesmente viver nossa vida? Por que, mesmo quando provamos que somos fortes e capazes, que sobrevivemos e aguentamos tudo pelo que passamos, não conseguimos acreditar em nós mesmos? Qual é o nosso problema?

Muitos de nós aprendemos essas coisas porque, quando éramos crianças, alguém muito importante em nossa vida era incapaz de nos oferecer amor, aprovação ou a segurança emocional de que precisávamos. Então seguimos com a vida da melhor forma possível, ainda buscando de forma vaga ou desesperada por algo que nunca tivemos. Continuamos nos martirizando, tentando encontrar esse amor em pessoas que, assim como nossa mãe ou nosso pai, não podem nos dar aquilo de que precisamos. O ciclo segue se repetindo até ser interrompido e rompido. É uma questão pendente.

Talvez tenhamos aprendido a não confiar em nós mesmos. Isso acontece quando sentimos algo que os outros consideram errado ou inapropriado, ou quando confrontamos uma mentira ou uma inconsistência e ouvimos que estamos agindo com insanidade. Perdemos a fé nessa parte profunda e importante de nosso interior, que tem sentimentos apropriados, sente a verdade e é confiante na própria capacidade de lidar com as situações da vida. Não demora muito para começarmos a acreditar no que é dito sobre nós — que somos estranhos, um pouco insanos, que não merecemos confiança. Olhamos para as pessoas ao nosso redor — às vezes para pessoas doentes, com transtornos, descontroladas — e pensamos: "Elas estão bem. Só podem estar bem. Foi isso que me disseram. Então o problema sou eu. Deve haver algo errado comigo."

Às vezes, entramos em um relacionamento com a segurança emocional intacta, apenas para descobrir que nos envolvemos com alguém com transtornos. Nada destrói a segurança emocional mais rápido que amar alguém que é dependente químico ou que luta contra outra compulsão. Essas doenças exigem que nossa vida gire em torno das pessoas que as estão enfrentando. A confusão, o caos e o desespero imperam. Até a pessoa mais saudável pode começar a duvidar de si mesma depois de se relacionar com um adicto. Necessidades não são supridas. O amor desaparece. As carências aumentam, assim como a insegurança. A dependência química cria pessoas emocionalmente inseguras. A dependência química nos torna vítimas — sejamos nós adictos ou não —, e passamos a duvidar da nossa capacidade de nos cuidar.

Se você decidiu, por algum motivo, que não consegue cuidar de si mesmo, tenho uma boa notícia: nós não somos indefesos. Ser autêntico e responsável por si mesmo não precisa ser doloroso e assustador. Nós somos capazes de lidar com tudo o que a vida colocar em nosso caminho e de viver sem uma pessoa específica. Como uma mulher me disse: "Passei anos dizendo a

Subdependência | 121

mim mesma que eu não conseguiria viver sem um homem. Eu estava errada. Já tive quatro maridos. Todos já morreram e eu continuo viva." Saber que
somos capazes de viver sem alguém não significa que precisamos fazer isso,
mas pode nos libertar para amar e viver de formas mais funcionais.

E aqui vai o restante da boa notícia: não existe mágica ou atalho para
se tornar instantaneamente subdependente. É um processo, mas podemos
trabalhar para nos tornar *menos* dependentes.

Aqui vão algumas ideias que podem ajudar:

1. *Encerre as questões emocionais da sua infância da melhor maneira possível.* Passe pelo luto. Obtenha alguma perspectiva. Entenda como os
   acontecimentos da sua infância afetam — ou até motivam — seu comportamento atual.

Meu pai foi embora quando eu tinha 2 anos. Ele era um bêbado, ou pelo
menos era o que minha mãe dizia. Depois que ele foi embora, raramente me
encontrava. Nós nos vimos algumas vezes após o divórcio entre ele e minha
mãe, mas não éramos próximos. Conforme fui crescendo, eu ligava para o
meu pai de vez em quando. Ele tinha uma nova família e parecia estável. Eu
lhe contava sobre os acontecimentos importantes na minha vida: a forma-
tura na escola, meu casamento, o nascimento de Nichole e Shane. Conversávamos sempre por cinco minutos, e então ele falava que deveríamos nos
encontrar e desligava. Eu não me sentia magoada ou com raiva; isso era o
que eu esperava da nossa relação. Ele nunca tinha me ajudado cm nada e não
interagia comigo. Eu nada recebia dele, e isso incluía amor. Achei que tivesse
aceitado o alcoolismo e o abandono do meu pai. Nossa relação foi assim por
anos, da mesma forma que minhas relações com alcoólicos.

Durante meu período de divórcio, meu pai me ligou. Foi a primeira vez
ele entrou em contato comigo. Meu coração quase saiu pela boca. Meu pai
quis saber como estávamos — uma pergunta que costumava evitar. Quando comecei a me questionar se deveria contar sobre o divórcio (sempre de-
sejei ser reconfortada pelo meu pai), ele começou a reclamar sobre estar
trancafiado em uma ala psiquiátrica, sem direitos, que não era justo, e perguntou se eu não podia ajudá-lo. Encerrei rapidamente a conversa, desliguei o telefone, sentei no chão e desabei de tanto chorar.

122 | Codependência nunca mais

Eu me lembro de ficar sentada no chão, gritando:

— VOCÊ NUNCA ESTEVE AO MEU LADO. NUNCA! E AGORA EU PRECISO DE VOCÊ. EU ME PERMITI PRECISAR DE VOCÊ APENAS UMA VEZ, E VOCÊ NÃO ME AJUDOU. EM VEZ DISSO, QUERIA QUE EU CUIDASSE DE VOCÊ.

Quando parei de chorar, me senti estranhamente calma. Acho que foi a primeira vez que me permiti lamentar ou ficar com raiva do meu pai. Ao longo das semanas seguintes, comecei a entender — a entender de verdade. É óbvio que ele nunca tinha feito coisa alguma por mim. Ele era um alcoólico. Ele nunca tinha feito coisa alguma por ninguém, nem por ele mesmo. Também me dei conta de que, apesar de parecer que tinha tudo sob controle, eu sentia que era impossível que alguém me amasse. De alguma forma, eu alimentava a fantasia de que tinha um pai amoroso que não se aproximava de mim — que me rejeitava — porque eu não era boa o suficiente. Agora, eu sabia a verdade. Não era porque eu não merecia amor ou porque eu era complicada, apesar de saber que tinha meus problemas. Era *ele*.

A verdade me libertou.

Nem todos os meus problemas do passado foram solucionados por um momento de elucidação. Precisei digerir meu luto; eu ainda tinha de lidar com minhas características codependentes. Aquilo, no entanto, me ajudou a seguir em frente e enxergar as coisas com mais nitidez.

2. *Estimule e aprecie sua criança interior assustada.* A criança pode nunca desaparecer completamente, por mais autossuficiente que você venha a se tornar. O estresse pode fazê-la chorar. Do nada, ela pode dar as caras e exigir atenção.

Tive um sonho que é um bom exemplo disso. Nele, uma menina de 9 anos estava sozinha, abandonada pela mãe havia muitos dias e noites. Sozinha, ela corria pela vizinhança no meio da madrugada. A menina não causava problemas, parecia estar procurando por algo, tentando preencher o tempo livre. Ela não queria ficar sozinha em casa depois que escurecia. A solidão era assustadora demais. Quando a mãe finalmente voltou, os vizinhos foram reclamar que a criança ficava correndo de um lado para o outro. A mãe ficou irritada e começou a gritar com a menina por ter sido desobediente.

— EU FALEI PARA VOCÊ FICAR EM CASA ENQUANTO EU ESTAVA FORA. FALEI PARA VOCÊ NÃO CAUSAR PROBLEMAS, NÃO FOI? — berrou a mãe.

A criança não respondeu nem chorou. Ela apenas ficou parada ali, olhando para o chão, e falou baixinho:

— Acho que estou com dor de barriga.

Não ataque a criança vulnerável quando ela estiver assustada e não quiser ficar sozinha no escuro. Não precisamos deixar que ela tome decisões por nós, mas também não devemos ignorá-la. Escute-a. Permita que ela chore, caso necessário. Console-a. Entenda do que ela precisa.

3. *Pare de procurar pela felicidade nos outros.* Nossa fonte de felicidade e bem-estar não está dentro de alguém; está dentro de nós. Aprenda a ser o seu centro.

Pare de se concentrar nos outros. Aceite a si mesmo. Pare de buscar tanta aprovação e validação em terceiros. Não precisamos da aprovação de tudo e de todos, precisamos apenas da nossa. Nós temos as mesmas fontes de felicidade ao nosso dispor e podemos tomar as mesmas decisões que as outras pessoas. Crie um lar para si mesmo no seu interior. Encontre e desenvolva sua fonte interior de paz, bem-estar e autoestima. Relacionamentos ajudam, mas não podem ser sua única fonte. Cuidar de si mesmo é um trabalho importante. Pare de querer terceirizá-lo.

4. *Aprenda a contar consigo mesmo.* Talvez outras pessoas não lhe tenham oferecido apoio, mas você pode começar a ser o seu próprio apoio.

Pare de se abandonar e deixar de lado seus desejos, sentimentos, suas vontades, sua vida e tudo o que o envolve. Comprometa-se a permanecer sempre apoiando você mesmo. Confie em você. Você pode lidar com os acontecimentos, problemas e sentimentos que a vida jogar em seu caminho. Confie nos próprios sentimentos e julgamentos. Todos nós podemos solucionar nossos problemas e aprender a viver com os que não tiveram resolução. Devemos confiar nas pessoas com quem estamos aprendendo a contar — nós mesmos.

5. *Busque a subdependência.* Comece a avaliar como você depende das pessoas ao redor. Comece a se cuidar, independentemente de estar em

124 | Codependência nunca mais

um relacionamento ao qual pretende dar continuidade ou em um no qual deseja pôr um fim. Em *Complexo de Cinderela*, Colette Dowling sugere fazer isso com uma postura de "vulnerabilidade corajosa".[7] Isso significa sentir medo, mas seguir em frente mesmo assim.

Nós podemos sentir nossos sentimentos, falar sobre nossos temores, aceitar a nós mesmos e nossas condições atuais, e então começar a jornada rumo à subdependência. Nós somos *capazes* disso. Para sermos subdependentes, não precisamos nos sentir fortes o tempo todo. Podemos sentir, e provavelmente vamos sentir medo, fraqueza e até impotência. Isso é normal e saudável. O poder verdadeiro vem de sentir nossas emoções, não de ignorá-las. A força verdadeira vem de reconhecer nossas fraquezas, não de fingir que somos fortes o tempo todo.

Muitos de nós temos noites difíceis. Às vezes, o caminho é nebuloso e escorregadio, e perdemos a esperança. Somente conseguimos sentir medo e enxergar a escuridão. Já dirigi me sentindo assim certa noite. Não gosto de dirigir, ainda mais quando o tempo não está bom. Fiquei enrijecida e assustada ao volante. Eu mal conseguia enxergar o lado de fora; os faróis só iluminavam poucos metros à frente na estrada. Comecei a entrar em pânico. Qualquer coisa poderia acontecer! Então um pensamento tranquilizador surgiu em minha mente. Só havia alguns metros de estrada iluminados, porém, sempre que eu percorria essa distância, um novo trecho se tornava visível. Não importava que eu não estivesse conseguindo ver muitos metros à frente. Se eu relaxasse, conseguiria ver tudo o que era necessário naquele momento. Não era a situação ideal, mas eu conseguiria passar por ela se permanecesse calma e usasse o que estava à minha disposição.

Você também é capaz de passar por situações sombrias. Você é capaz de se cuidar e de confiar em si mesmo. Siga em frente até onde for possível enxergar, e, ao chegar lá, encontrará um novo trecho do caminho.

Isso se chama dar um passo de cada vez.

ATIVIDADE

1. Analise as características listadas a seguir sobre relacionamentos dependentes (adictos) ou saudáveis (amorosos).[8] Use a informação para se tornar mais consciente.

CARACTERÍSTICAS GERAIS

AMOR (SISTEMA ABERTO)	VÍCIO (SISTEMA FECHADO)
Oferece espaço para crescer, expandir — desejar que o outro cresça.	É dependente, baseado em segurança e conforto — intensidade de desejo e paixão é usada como prova de amor (pode ser, na verdade, medo, insegurança, solidão).
Tem interesses distintos — outros amigos — e mantém outras relações significativas.	Tem envolvimento total; vida social limitada; negligencia velhos amigos e interesses.
Os dois se incentivam a evoluir, ambos sentem segurança no próprio valor.	Preocupação com o comportamento do outro; dependência da aprovação do outro para identidade pessoal e autoestima.
Transmite confiança, abertura.	Transmite ciúme e possessividade, teme competição, "protege o que é seu".
Preserva a integridade mútua.	Diminui a necessidade de um parceiro em prol da do outro — autoprivação.
Disposição a correr riscos e ser verdadeiro.	Busca pela invulnerabilidade perfeita; elimina possíveis riscos.
Abre espaço para que sentimentos sejam explorados dentro e fora do relacionamento.	Busca garantia por meio de atividades repetidas e tradicionalizadas.
Consegue apreciar a própria companhia.	Não aguenta separações (mesmo durante conflitos) e se torna ainda mais apegado; enfrenta crises de abstinência — perda de apetite, inquietação, letargia, agonia desorientada.

CARACTERÍSTICAS DE TÉRMINO

AMOR (SISTEMA ABERTO)	VÍCIO (SISTEMA FECHADO)
Aceita términos sem que a autoaceitação e a autoestima sejam abaladas.	Sente-se inadequado e imprestável após um término — que costuma ser uma decisão unilateral.
Deseja o melhor para o parceiro, mesmo que estejam separados — podem se tornar amigos.	Tem términos violentos — costuma sentir ódio — e tenta causar sofrimento e manipular a fim de ter o parceiro de volta.

CARACTERÍSTICAS DO VÍCIO UNILATERAL

AMOR (SISTEMA ABERTO)	VÍCIO (SISTEMA FECHADO)
	Nega, fantasia — superestima o comprometimento do outro.
	Busca soluções fora de si mesmo — drogas, álcool, novo parceiro amoroso, mudança de situação.

10

VIVA A PRÓPRIA VIDA

"Viva e deixe viver."

— Lema do programa de Doze Passos

Se eu pudesse transmitir uma única mensagem com este livro, seria a seguinte: a forma mais fácil de se sentir transtornado é se envolvendo na vida dos outros, e a forma mais rápida de recuperar a sanidade e a felicidade é cuidando da própria vida.

Falei sobre ideias relacionadas a esse conceito. Já analisamos reações típicas da codependência e debatemos formas de aprender a reagir de forma diferente por meio do desligamento emocional. Contudo, após nos desligarmos e aliviarmos a atenção dedicada às pessoas ao redor, cada um de nós precisa conviver consigo mesmo.

Eu me lembro do dia em que encarei essa verdade. Por muito tempo, culpei outras pessoas por me sentir infeliz. "Eu sou assim por sua causa!", berrava. "Veja o que você me obrigou a fazer — com meus minutos, minhas horas, minha vida." Depois que me desliguei emocionalmente e assumi a responsabilidade por mim mesma, fiquei me perguntando se as outras pessoas eram mesmo o motivo para eu não viver a minha vida; talvez fossem apenas uma desculpa conveniente. Meu destino — o presente e o futuro — parecia desanimador.

128 | *Codependência nunca mais*

Viver a própria vida talvez não pareça uma ideia empolgante para alguns de vocês também. Dedicamos tanto tempo aos outros que nos esquecemos de como viver e aproveitar a nossa vida.

Ficamos tão emocionalmente abalados que acreditamos não haver mais vida; apenas sofrimento. Isso não é verdade. Somos mais do que nossos problemas. Podemos ser mais que nossos problemas. Nós seremos mais do que nossos problemas.[1] Só porque a vida foi sofrida até aqui não significa que ela precisa continuar sendo dolorosa. Ela não deveria doer tanto, e, se começarmos a mudar, não vai mais. Isso não quer dizer que a vida será um mar de rosas de agora em diante, mas também não significa que será só espinhos. Devemos e podemos desenvolver nossa vida.

Algumas pessoas acreditam que não vale a pena viver sem a perspectiva de futuro, sem propósito e sem grandes emoções e oportunidades. Isso também não é verdade. Acredito que existam coisas empolgantes e interessantes reservadas para cada um de nós, que existe um propósito divertido, digno — além de cuidar dos outros e de ser um apêndice de alguém. Nós podemos entrar nesse estado de espírito se começarmos a cuidar de nós mesmos. Se começarmos a cooperar. Quando buscamos nosso bem-estar, nos abrimos para as coisas boas que existem dentro de nós e que surgem no nosso caminho.[2]

Ao longo deste livro, usei a expressão "nos cuidar". As pessoas usam e abusam dela. Já a escutei como forma de controle, para impor ou forçar a vontade de alguém sobre os outros. ("Apareci sem avisar com meus cinco filhos e o gato. Vamos passar a semana aqui. Só estou me cuidando!") Também como forma de manipulação, para justificar a perseguição e punição de pessoas em vez de a pessoa lidar corretamente com os próprios sentimentos de raiva. ("Vou gritar e espernear o dia todo porque você não fez o que eu queria. Não fique bravo, só estou cuidando de mim mesmo!") E ainda para fugir da responsabilidade. ("Sei que meu filho está no quarto injetando heroína, mas isso é problema dele. Não vou me preocupar. Vou fazer compras — minha terapia — e também não vou me preocupar com a fatura. Só estou me cuidando!")

Não me refiro a esses comportamentos quando abordo o autocuidado. O que quero dizer é que ele é uma forma de encarar a nós mesmos e nossa vida e dizer: "Sou responsável por mim."

Sou responsável por guiar minha vida.

Sou responsável por cuidar do meu bem-estar espiritual, emocional, físico e financeiro.

Sou responsável por identificar e suprir minhas necessidades.

Sou responsável por solucionar meus problemas ou aprender a viver com os que não consegui resolver.

Sou responsável pelas minhas decisões.

Sou responsável por tudo o que ofereço e recebo.

Sou responsável por definir e alcançar meus objetivos.

Sou responsável por quanto aproveito a vida, por quanto prazer sinto em atividades diárias.

Sou responsável por quem amo e pela forma como escolho expressar esse amor.

Sou responsável pelo que faço com os outros e pelo que permito que os outros façam comigo.

Sou responsável pelos meus desejos e pelas minhas vontades.

Sou importante por inteiro, em todos os meus aspectos. Eu conto para alguma coisa.

Eu tenho importância.

Posso confiar nos meus sentimentos.

Meus pensamentos são apropriados.

Valorizo meus desejos e minhas vontades.

Não mereço e não tolerarei abuso ou maus-tratos constantes.

Tenho direitos e sou responsável por impô-los.

As decisões que tomo e a forma pela qual me comporto se refletem em uma autoestima elevada.

Minhas decisões levam em consideração as responsabilidades que tenho comigo mesmo.

Minhas decisões também levam em consideração as responsabilidades que tenho com outras pessoas — meu parceiro, meus filhos, meus parentes, meus amigos.

Analisarei e decidirei exatamente quais são essas responsabilidades quando tomar decisões.

Também vou refletir sobre os direitos das pessoas ao meu redor — o direito de viver as próprias vidas como desejarem.

130 | *Codependência nunca mais*

Não posso ferir o direito alheio de cuidar de si mesmo, e ninguém pode ferir o meu.

Autocuidado é uma atitude de respeito mútuo. Significa aprender a viver de forma responsável e permitir que os outros vivam como quiserem, contanto que não interfiram na nossa decisão de viver como preferimos. Cuidar de si mesmo não é egoísmo, ao contrário do que muita gente acredita, mas também não é tão altruísta quanto outras pessoas pensam ser.

Nos capítulos a seguir, falarei sobre algumas formas específicas de nos cuidar: definir objetivos, lidar com sentimentos, seguir um programa de Doze Passos, e mais. Acredito que cuidar de si mesmo é uma arte, e essa arte se baseia em uma ideia básica que muitos não conhecem: *dar a nós mesmos aquilo de que precisamos.*

Isso pode ser um choque para nós mesmos e nossa estrutura familiar. A maioria de nós, os codependentes, não pede o que precisa. A maioria de nós não sabe nem pensa muito no que deseja e precisa.

Talvez tenhamos uma falsa crença de que nossas necessidades não são importantes e que não deveríamos mencioná-las. Podemos até pensar que elas são ruins, erradas ou questionáveis, então aprendemos a reprimi-las e esquecê-las. Nunca aprendemos a escutar e identificar o que precisamos, porque isso não fazia diferença — nossas necessidades não seriam supridas. Muitos de nós, codependentes, não sabemos como fazer isso.

Dar a nós mesmos aquilo de que precisamos não é difícil. Podemos aprender rapidamente. A fórmula é simples: em qualquer situação, desligue-se emocionalmente e pergunte: *O que eu preciso fazer para cuidar de mim mesmo?* Então escute seu coração e respeite o que ouvir.

Essa loucura de punir a nós mesmos pelo que pensamos, sentimos e queremos — essa bobagem de não escutar quem somos e o que nosso eu interior tenta nos dizer — precisa acabar. Essa é uma forma de autoabandono. Devemos nos tratar com carinho, nos aceitar e ter compaixão por nós mesmos. Só assim, talvez, possamos desenvolver uma compaixão verdadeira pelos outros.[3] Escute aquilo que seu precioso eu interior diz sobre suas necessidades.

Talvez seja preciso marcar logo uma consulta médica; diminuir o ritmo e tirar um dia de folga do trabalho; fazer exercícios ou tirar uma soneca;

ficar sozinho; procurar a companhia de outras pessoas; arrumar um emprego; trabalhar menos; ou talvez receber um abraço, um beijo, um afago.

Algumas vezes, dar a nós mesmos aquilo de que precisamos significa nos presentear com algo divertido: comer uma guloseima, fazer as unhas, comprar um par de sapatos novos, ir ao teatro ou viajar para as Bahamas. Em outras, dar a nós mesmos aquilo de que precisamos é trabalhoso. É necessário eliminar ou desenvolver certa característica, nos dedicar a um relacionamento ou cuidar das nossas responsabilidades com nós mesmos ou outras pessoas. Dar-nos aquilo de que precisamos não significa apenas nos presentear; significa fazer o que for necessário para viver de forma responsável — e não se encarregar de tudo o tempo todo e ter atitudes irresponsáveis.

Nossas necessidades são diferentes e variam de acordo com o momento, com o dia. Você está sentindo a ansiedade intensa que acompanha a codependência? Talvez seja bom ir a uma reunião do Al-Anon. Seus pensamentos são negativos e desesperadores? Talvez você precise de um tratamento medicamentoso. Você está preocupado com um problema físico? Vá ao médico. Seus filhos estão descontrolados? Estabeleça regras quanto ao comportamento deles. As pessoas estão passando por cima dos seus direitos? Estabeleça limites. Seu estômago está se revirando de emoção? Desligue-se emocionalmente, diminua o ritmo, se redima, organize uma intervenção, inicie um relacionamento, peça o divórcio ou espere até o caminho se tornar evidente. Somos nós que decidimos. O que achamos que precisamos fazer?

Além de dar a nós mesmos aquilo de que precisamos, também começamos a pedir por isso para as pessoas, porque isso também significa cuidar de si mesmo e ser responsável.

Dar a nós mesmos aquilo de que precisamos significa nos tornar nossos terapeutas, confidentes, conselheiros espirituais, parceiros, melhores amigos e cuidadores nessa nova aventura empolgante que iniciamos — viver a própria vida. Baseamos todas as nossas decisões na realidade, e as tomamos da forma que seja mais vantajosa para nós. Refletimos sobre nossas responsabilidades com outras pessoas, porque é isso que pessoas responsáveis fazem, mas também sabemos que somos importantes. Tentamos eliminar o "deveria" das nossas decisões e aprendemos a confiar em nós mesmos. Se

132 | *Codependência nunca mais*

escutarmos sempre o que nossa mente diz, não sairemos do caminho. Dar a nós mesmos aquilo de que precisamos e aprender a viver de forma autodirigida exige fé. Devemos ter fé suficiente para seguir em frente, e precisamos tornar isso um hábito diário para continuarmos caminhando.

Conforme aprendemos a nos cuidar e a suprir nossas necessidades, nos perdoamos quando cometemos erros e nos parabenizamos quando fazemos o certo. Também nos sentimos confortáveis com as coisas que fazemos sem esforço, porque isso também faz parte da vida. Aprendemos a rir de nós mesmos e da nossa humanidade, mas não rimos quando precisamos chorar. Nós nos levamos a sério, mas não muito.

Por fim, podemos até descobrir esta verdade surpreendente: poucas situações na vida melhoram quando nos privamos daquilo de que precisamos. Na verdade, podemos aprender que as coisas sempre melhoram quando cuidamos de nós mesmos e suprimos nossas necessidades.

Estou aprendendo a me cuidar e sei também que muitas pessoas já aprenderam — ou estão aprendendo — a fazer o mesmo. Todos somos capazes.

ATIVIDADE

1. Nos próximos dias, pare e pergunte a si mesmo o que você precisa fazer para se cuidar. Faça isso, no mínimo, uma vez por dia. Se estiver passando por uma crise, talvez seja melhor fazer isso a cada hora. Então dê a si mesmo aquilo de que precisa.

2. O que você precisa das pessoas ao redor? Em um momento adequado, sente-se com elas e converse sobre suas necessidades.

11

AME-SE

*"Sobretudo sê a ti próprio fiel,
E segue-se disso, como o dia à noite,
Que a homem algum jamais serás falso."*

— William Shakespeare, *Hamlet*

"Ame o seu próximo como a si mesmo." Para muitos de nós, codependentes, seria impossível cogitar tratar outras pessoas da maneira como tratamos nós mesmos. Nós não ousaríamos, e é provável que ninguém nos deixasse fazer isso.

A maioria de nós sofre de baixa autoestima. Não gostamos nem nos sentimos bem quanto a nós mesmos, nem cogitamos nos amar. Para alguns de nós, baixa autoestima é pouco. Não é que simplesmente desgostamos de nós mesmos, nós nos odiamos.[1]

Não gostamos da nossa aparência. Não suportamos nosso corpo. Nós nos consideramos burros, incompetentes, desprovidos de talento e, em muitos casos, alguém impossível de ser amado.[2] Nós cremos que nossos sentimentos são errados e inapropriados. Acreditamos que não somos importantes, e mesmo que nossos sentimentos não sejam errados, pensamos que não importam. Estamos convencidos de que nossas necessidades não são importantes. Acreditamos que somos inferiores e diferentes do resto do mundo — não de um jeito especial, mas estranho e inapropriado. Nunca

134 | *Codependência nunca mais*

fizemos as pazes com nós mesmos, e não nos vemos com bons olhos, e, sim, de um jeito deturpado.

Podemos ter aprendido a disfarçar o que realmente sentimos a nosso respeito ao criar maneiras de nos apresentar aos outros — nosso cabelo e corpo, nossas roupas, onde moramos, com quem socializamos. O exterior é tudo. Podemos nos vangloriar de nossas conquistas, mas por trás disso sentimos que estamos em uma masmorra onde secreta e incessantemente nos punimos e torturamos. Às vezes, podemos deixar que as pessoas nos machuquem, mas as piores surras acontecem longe dos outros, no interior de nossa mente.

Implicamos com nós mesmos o tempo todo e sentimos culpa por todas as coisas que acreditamos que deveríamos ter feito — um tipo de culpa inútil e desagradável. Não confunda isso com o peso verdadeiro na consciência que motiva mudanças, ensina lições valiosas e nos aproxima do nosso eu superior. Constantemente nos colocamos em situações difíceis, nas quais não temos outra opção além de nos sentir mal. Temos pensamentos negativos, e logo dizemos a nós mesmos que não deveríamos pensar desse jeito. Somos acometidos por sentimentos negativos, e em seguida dizemos a nós mesmos que não deveríamos nos sentir assim. Tomamos decisões, as colocamos em prática e, na sequência, dizemos a nós mesmos que não era o que deveríamos ter feito. Não há uma coisa sequer a ser corrigida nessas situações, não temos necessidade de nos redimir; não fizemos nada de errado. Só estamos nos punindo de um jeito que causa ansiedade, nervosismo, repressão. Estamos nos encurralando.

Uma das minhas formas favoritas de me torturar envolve um dilema a duas coisas que devem ser feitas. Decido começar por uma delas, mas, no instante em que inicio a tarefa escolhida, penso: *Eu deveria estar fazendo a outra coisa*. Então mudo a diretiva e começo a fazer a outra coisa, mas logo penso de novo: *Eu não devia estar fazendo isso. Preciso voltar à tarefa anterior*. Outra das minhas favoritas é a seguinte: penteio o cabelo, me maquio, me olho no espelho e penso: *Nossa, como eu estou esquisita. Não devia sair assim de casa*.

Alguns de nós acreditamos que cometemos erros tão graves que não somos merecedores de perdão. Outros de nós acreditamos que nossa vida é um erro. Muitos de nós acreditamos que tudo o que fazemos é errado. E alguns de nós cremos não sermos capazes de fazer coisa alguma certo; porém, ao mesmo tempo, queremos ser perfeitos. Nós nos colocamos em situações impossíveis, e então nos perguntamos por que não encontramos uma saída.

Então terminamos o trabalho ao nos humilhar. Não gostamos do que fazemos nem de quem somos. Basicamente, não somos bons o suficiente. Por algum motivo, Deus nos criou como pessoas incapazes de lidar com a vida.

A baixa autoestima desencadeia muitos problemas. É comum nos detestarmos tanto que acreditamos ser errado pensar em nós mesmos — ou, em outras palavras, parecer egoístas. Colocar-nos em prioridade está fora de cogitação. Pensamos que só merecemos alguma coisa se ajudarmos ou cuidarmos de alguém, então nunca dizemos "não". Uma pessoa tão insignificante quanto nos consideramos ser precisa se esforçar mais que o normal para receber carinho. Ninguém em sã consciência gostaria de nós ou se divertiria ao nosso lado, estamos sempre achando que precisamos fazer algo pelas pessoas para merecer a amizade delas. Boa parte dos mecanismos de defesa que observei em nós, os codependentes, não é causada porque acreditamos que não merecemos críticas, mas porque temos uma autoestima tão baixa que qualquer ataque aparente ameaça acabar com a gente. Nós ficamos tão mal e sentimos uma necessidade tão grande de ser perfeitos e evitar a vergonha que não permitimos que pessoa alguma nos diga que fizemos algo errado. Um dos motivos para perturbarmos e criticarmos os outros é porque fazemos isso com nós mesmos.

A baixa autoestima e o ódio que sentimos por nós mesmos estão atrelados a todos os aspectos da codependência: o martírio (recusar-se a aproveitar a vida), o vício em trabalho (permanecer ocupado para não poder aproveitar a vida), o perfeccionismo (não se permitir aproveitar ou se sentir bem quanto às coisas que faz e à vida como ela é) e a procrastinação. Isso tudo nos leva a evitar intimidade, permanecer em relacionamentos destrutivos, iniciar relacionamentos com pessoas que não nos fazem bem e ficar longe das que nos ajudam.

Podemos encontrar inúmeras maneiras de nos torturar: comendo demais, comendo de menos, negligenciando nossas necessidades, nos comparando com os outros, competindo com pessoas, ficando obcecados, remoendo memórias dolorosas ou imaginando um futuro infeliz. Nós pensamos: *E se ele voltar a beber? E se ele tiver um caso? E se um tornado atingir nossa casa?* Essa atitude catastrófica de pensar nos "E se...?" sempre traz uma baita dose de medo. Nós nos assustamos e depois nos perguntamos por que somos tão medrosos.

Nós não gostamos de nós mesmos e não aproveitamos a vida porque acreditamos que não merecemos fazer isso.

Como codependentes, costumamos estabelecer uma relação tóxica com nós mesmos.[3] Alguns de nós aprendemos a nos odiar porque absorvemos comportamentos presentes em nossa família, como um pai com transtornos (ou codependente). Alguns de nós reforçamos o desdém que sentimos por nós mesmos ao deixar para trás o pai com transtornos e casar com uma pessoa em condição semelhante. Já na fase adulta, nos envolvemos em relacionamentos com um valor próprio muito frágil, para então descobrirmos que o restante de nossa autoestima se desintegrou. Alguns de nós talvez tivéssemos a autoestima intacta até conhecermos *aquela pessoa*, ou até depararmos com *aquele problema*; então, de repente ou gradualmente, começamos a nos odiar. Transtornos compulsivos destroem a autoestima da pessoa afligida — e do codependente. Às vezes, nem percebemos quanto nossa autoestima é baixa e quanto nos odiamos, porque estivemos nos comparando com as pessoas ensandecidas presentes em nossa vida; em comparação, parecemos melhores. A baixa autoestima pode nos pegar de surpresa.

Não importa quando começamos a nos torturar, precisamos parar agora. Nós estamos bem, e é maravilhoso sermos quem somos. Nossos pensamentos são bons. Nossos sentimentos são apropriados. Estamos exatamente onde deveríamos estar hoje, neste momento. Não há nada de errado com a gente. Se cometemos erros, tudo bem; estamos fazendo o melhor que podemos.

Mesmo com toda nossa codependência, nossa vontade de controlar e resgatar e nossos defeitos de caráter, nós somos bons. Nós somos exatamente como deveríamos ser. Falei bastante sobre problemas, questões e coisas que devemos mudar — objetivos para melhorar nossa vida no futuro —, mas a pessoa que somos agora é boa. De fato, nós, codependentes, somos os seres humanos mais amorosos, generosos, bondosos e cuidadosos que conheço. Nós apenas nos permitimos ser convencidos a fazer coisas que nos magoam, mas podemos aprender a parar com isso. Essas coisas não são uma extensão de nós. Nosso defeito é a maneira como nos odiamos e implicamos com nós mesmos. Isso simplesmente não é mais tolerável ou aceitável. E nós somos capazes de parar de implicar com nós mesmos por implicarmos com nós mesmos. Esse hábito também não é culpa nossa, mas somos responsáveis por abandoná-lo.

Podemos dar valor a nós mesmos e à nossa vida, nos incentivar, amar e aceitar a pessoa maravilhosa que somos, com todos os nossos defeitos, sentimentos, pensamentos, nossas fraquezas, forças e tudo o mais. *Nós somos as melhores coisas que temos*. Somos quem somos e quem deveríamos ser. E não somos erros. Nós somos as melhores coisas que acontecerão na nossa vida. Pode acreditar nisso. Tudo ficará mais fácil.

A única diferença entre nós, os codependentes, e o restante das pessoas no mundo é que a maioria delas não implica consigo mesma por ser quem é. A maioria delas pensa de forma parecida e tem a mesma variedade de pensamentos. Todo mundo erra e acerta de vez em quando. Nós podemos nos deixar em paz.

Não somos inferiores. Não merecemos viver na sombra dos outros nem merecemos relacionamentos ruins! Nós merecemos amor, e também reconhecimento. As pessoas que nos amam e gostam de nós não são burras nem menos importantes por fazerem isso. Temos o direito de ser felizes. Nós merecemos coisas boas.

As pessoas que parecem mais bonitas são iguais a nós. A única diferença é que elas dizem a si mesmas que têm uma boa aparência e se permitem brilhar. O mesmo é o caso das que falam coisas profundas, inteligentes ou sábias, elas estão livres sendo quem são. As pessoas que parecem mais confiantes e relaxadas também não são diferentes de nós, apenas se forçaram a encarar situações assustadoras e acreditaram que conseguiriam vencê-las. Da mesma forma, as bem-sucedidas são iguais a nós, somente desenvolveram seus dons e talentos e determinaram objetivos para si mesmas. Nós somos iguais até mesmo aos nossos heróis, aos nossos ídolos. Todos trabalhamos mais ou menos com o mesmo material — a humanidade. É a ótica pela qual nos vemos que faz a diferença. É o que dizemos a nós mesmos que importa.

138 | *Codependência nunca mais*

Nós somos bons, bons o suficiente, somos apropriados. Boa parte da nossa ansiedade e do nosso medo vem de pensarmos o tempo todo que não somos capazes de encarar o mundo e todas as suas situações. Nathaniel Branden chama isso de "uma sensação indefinida de ser inadequado para a realidade".[4] Estou aqui para dizer que somos adequados para a realidade. Relaxe. Não importa aonde precisemos ir ou o que precisemos fazer, somos apropriados para essa situação. Ficaremos bem. Não tem problema sermos quem somos. Quem ou o que mais nós poderíamos ser? Só precisamos nos esforçar para cumprir aquilo que somos chamados a fazer. O que mais está ao nosso alcance? Às vezes, nosso esforço não rende muito; isso também não tem problema. Podemos ter sentimentos, pensamentos, medos e vulnerabilidades, mas isso acontece com todas as pessoas. Precisamos parar de falar para nós mesmos que somos diferentes por fazer e sentir coisas idênticas às que todo mundo sente.

Nós precisamos nos tratar bem e demonstrar compaixão e bondade por nós mesmos. Como seremos capazes de nos cuidar se nos odiamos ou nos detestamos?

Não podemos ter uma relação tóxica com nós mesmos. Pare de se culpar. Esqueça a culpa. Vergonha e culpa são inúteis em longo prazo. Elas são úteis apenas momentaneamente, para indicar quando violamos nosso código moral. Vergonha e culpa não são um estilo de vida.

Precisamos parar de pensar nos "Eu deveria..." e "Eu devia...". Preste atenção nos momentos em que você estiver se punindo e se torturando e transmita mensagens positivas para si mesmo. Se deveríamos estar fazendo algo, então vamos fazer. Se estamos nos torturando, então é hora de parar. Isso fica mais fácil com o tempo. Podemos rir de nós mesmos, afirmar que não seremos enganados, nos dar um abraço e seguir a vida da maneira como desejarmos.

Não precisamos nos castigar com a culpa. Se nos sentirmos verdadeiramente culpados, há formas construtivas de lidar com o sentimento. Primeiro de tudo, precisamos reconhecer e aceitar a culpa. Precisamos entender se violamos nosso código moral. Precisamos reconhecer, aceitar e então mudar. Faça os exercícios recomendados pelo Quarto e Quinto Passos (veja o Capítulo 18). Redimir-se pode ajudar a aliviar e solucionar boa parte da culpa.

Pare de se envergonhar. A vergonha, assim como a culpa, não tem serventia alguma. Se alguém disser, direta ou indiretamente, que devemos sentir vergonha, não acredite. Se odiar ou se sentir envergonhado em nada ajuda. Cite como você solucionou um problema ou uma situação que melhorou graças a essa atitude. Como ajudou? Na maior parte do tempo, a culpa e a vergonha nos deixam tão ansiosos que não conseguimos fazer nosso melhor. A culpa torna tudo mais difícil.

Precisamos nos valorizar, tomando decisões e fazendo escolhas que melhorem nossa autoestima. "Sempre que você aprende a agir como se tivesse valor, em vez de como um desesperado, fica mais fácil repetir essa atitude no futuro", aconselha Toby Rice Drews em *Getting Them Sober* [Deixando-os sóbrios].[5]

Nós podemos ser gentis, amorosos, disponíveis, atenciosos e bondosos com nós mesmos. Podemos nos aceitar por inteiro. Comece onde estiver, e você crescerá. Desenvolva seus dons e talentos. Confie em si mesmo. Honre-se. É assim que encontramos e fazemos mágica. Esse é o segredo do mundo.

Segue um trecho de *Honoring the Self* [Honrando o eu], um excelente livro sobre autoestima escrito por Nathaniel Branden. Leia com atenção:

> De todos os julgamentos que fazemos em vida, nenhum é tão importante quanto o que fazemos sobre nós mesmos, pois esse alcança o cerne de nossa existência.
>
> [...] Nenhum aspecto significativo de nosso raciocínio, motivação, sentimentos ou comportamento é afetado por nossa autoavaliação [...]
>
> O primeiro ato de honrar o eu é a asserção da consciência: a decisão de pensar, estar ciente, buscar consciência sobre o mundo e nosso interior. Abrir mão desse esforço é abrir mão do eu em sua concepção mais básica.
>
> Honrar o eu é estar disposto a pensar de forma independente, viver segundo a própria vontade, ter coragem de manter as próprias percepções e os próprios julgamentos.
>
> Honrar o eu é estar disposto a saber não apenas aquilo que pensamos, mas também o que sentimos, desejamos, precisamos, almejamos, que nos faz sofrer, nos assusta ou nos irrita — e aceitar nosso direito de sentir essas coisas. O oposto dessa postura é a negação, a recusa, a repressão — a autorrejeição.

140 | *Codependência nunca mais*

Honrar o eu é viver de forma autêntica, é falar e agir segundo nossas convicções e nossos sentimentos mais profundos.

Honrar o eu é se recusar a aceitar uma culpa indevida e se esforçar para corrigir a merecida.

Honrar o eu é estar comprometido com nosso direito de existir, que vem do conhecimento de que nossa vida não pertence aos outros e que não estamos na Terra para seguir as expectativas alheias. Para muitas pessoas, essa é uma responsabilidade apavorante.

Honrar o eu é estar apaixonado pela própria vida, pelas nossas possibilidades de crescimento e por sentir alegria, pelo processo de descobrir e explorar nossas potencialidades distintamente humanas.

Assim, podemos começar a entender que honrar o eu é praticar o *egoísmo* no sentido mais elevado, nobre e incompreendido da palavra. E isso, argumento, exige enorme independência, coragem e integridade.[6]

Nós podemos aprender a praticar o amor-próprio em sua máxima. Não estou falando sobre um compromisso insípido ou meia-boca com nós mesmos. Também não estou falando que devemos nos tornar egocêntricos ou narcisistas. Seja humilde, seja honesto, mas se ame. O amor que damos a nós mesmos aumentará *todo* o amor que oferecemos e transmitimos.

Atividade

1. Como você se sente sobre si mesmo? Escreva sobre isso. Inclua as coisas que gosta e as que não gosta em você mesmo.

2. Escreva sobre como você vai falar consigo mesmo e sobre si mesmo de agora em diante.

12
APRENDA A ARTE DA ACEITAÇÃO

"Peço que aceitemos a realidade."

— Bob Newhart, *The Bob Newhart Show*

Aceitar a realidade é algo incentivado e elogiado pela maioria das pessoas. É o objetivo de muitas terapias, como deveria ser. Encarar e entender *os fatos* pode ser benéfico. A aceitação traz paz. Frequentemente é o ponto de virada para a mudança. E é algo que é bem mais fácil na teoria que na prática.

As pessoas (não apenas as codependentes) encaram diariamente a possibilidade de aceitar ou rejeitar a realidade de suas circunstâncias atuais. Isso inclui quem somos, onde vivemos, com quem vivemos, onde trabalhamos, como nos deslocamos, quanto dinheiro temos, quais são nossas responsabilidades, o que fazemos por diversão, como lidamos com os problemas que surgem e as decisões que tomamos e que nos trouxeram até aqui. Em alguns dias, aceitar tudo isso é moleza. Acontece naturalmente. Nosso cabelo está bonito, nossos filhos se comportam, o chefe é simpático, o dinheiro é suficiente, a casa está limpa, o carro funciona e gostamos do nosso parceiro. Sabemos o que esperar, e esperamos por coisas aceitáveis. Em outros, pode não ser tão bem assim. O freio do carro falha, surge uma goteira no teto, as crianças dão respostas malcriadas, quebramos um braço, somos demitidos ou nosso parceiro diz que não nos ama mais.

142 | *Codependência nunca mais*

Algo aconteceu. Temos um problema. As coisas estão diferentes. As coisas estão mudando. Estamos *perdendo* algo. A situação atual não é mais tão confortável quanto antes. Temos de aceitar as novas circunstâncias. No começo, nossa reação pode ser entrar em negação. Queremos que as coisas voltem a ser como antes, que uma solução rápida para o problema apareça, que nos sintamos confortáveis de novo. Queremos saber o que esperar. Não estamos em paz com a realidade. Perdemos o equilíbrio temporariamente.

Nós, os codependentes, nunca sabemos o que esperar, especialmente quando somos próximos de uma pessoa que tem questões graves ou transtornos compulsivos. Somos bombardeados por problemas, perdas e mudanças. Suportamos situações ruins, compromissos descumpridos, promessas rompidas e mentiras descaradas. Perdemos a segurança financeira, a emocional, a confiança em nossos entes queridos, a fé na religião, a crença em nós mesmos. Podemos perder nosso bem-estar físico, nossas posses, nossa capacidade de sentir prazer, nossa reputação, nossa vida social, nossa carreira, nosso autocontrole, nossa autoestima — nós mesmos.

Alguns perdem o respeito e a confiança nas pessoas que amam. Isso é comum. É uma consequência natural do vício. O livreto *Um guia para a família do alcoólico* fala sobre isso: "O amor não pode existir sem o dimensionamento de justiça. O amor também deve ter compaixão, que significa ter paciência ou sofrer junto da pessoa. Compaixão não significa sofrer por causa da injustiça do outro. No entanto, injustiças costumam ser sofridas repetidas vezes pelas famílias de alcoólicos."[1]

Apesar de essa injustiça ser comum, ela não é menos dolorosa. A sensação de traição pode ser avassaladora quando alguém que amamos faz coisas que nos magoam profundamente.

Talvez a perda mais dolorosa que muitos de nós, codependentes, sentimos é a perda dos sonhos, das expectativas esperançosas e muitas vezes idealistas pelo futuro que a maioria das pessoas tem. Essa perda pode ser a mais difícil de aceitar. Quando olhávamos para nossos filhos no berçário do hospital, tínhamos certas esperanças em relação a eles. Elas não incluíam que se tornassem dependentes de álcool e outras drogas. Nossos sonhos não incluíam isso. No dia do nosso casamento, tínhamos sonhos. O futuro seria maravilhoso e promissor. Aquilo seria o começo de uma união fantástica, amorosa, uma pela qual ansiávamos. Os sonhos e as promessas poderiam estar implícitos ou explícitos, porém, para a maioria de nós, eles apenas existiam.

Janet Woititz escreve:

> Para cada casal, o começo é diferente. Mesmo assim, o processo que ocorre na relação matrimonial quimicamente dependente... é quase igual. Para começar, vamos dar uma olhada nos votos de casamento. A maioria das cerimônias inclui as seguintes declarações: na alegria e na tristeza, na riqueza e na pobreza, na saúde e na doença, até que a morte nos separe. Talvez seja aí que o problema comece. Você estava falando sério? Se, na época, soubesse que não teria a alegria, mas a tristeza, que não teria a saúde, mas a doença, que não teria a riqueza, mas a pobreza... o amor que sentia faria tudo valer a pena? Você pode dizer que sim, mas tenho minhas dúvidas. Se você fosse mais realista que romântico, pode ter interpretado que os votos falavam de momentos ruins e bons, partindo do princípio de que os ruins seriam passageiros e os bons, permanentes. Entramos nesse contrato em boa-fé, então não faz diferença olharmos para trás.[2]

Os sonhos estavam lá. Muitos de nós permanecemos apegados por muito tempo, nos agarrando a esses sonhos enquanto passávamos por uma decepção atrás da outra. Negamos a realidade, nos recusamos a enxergar verdade, a acreditar ou a aceitar qualquer coisa diferente daquilo que sonhamos. Um dia, porém, a verdade finalmente bateu na porta e se recusou a ser ignorada. Não era isso o que desejávamos, planejávamos, queríamos ou sonhávamos. Nunca seria. O sonho havia morrido e nunca mais respiraria.

As esperanças de alguns de nós podem ter sido destroçadas. Algumas pessoas podem estar encarando o fracasso de algo com o qual elas sempre sonharam, como um casamento ou outra relação séria. Sei que a ideia de perder o amor ou os sonhos é muito dolorosa. Não há coisa alguma que possa ser dito para tornarmos o processo menos sofrido ou amenizar o luto. Ver nossos sonhos sendo destruídos pela dependência química ou por outro comportamento compulsivo, nocivo, é profundamente doloroso.

A doença é fatal. Ela mata tudo ao alcance, inclusive nossos sonhos mais importantes.

144 | *Codependência nunca mais*

"A dependência química destrói devagar, mas de forma minuciosa", conclui Woititz.[3] E nada é mais lento e doloroso do que a morte de um sonho.

Até a recuperação acarreta perdas e mais mudanças que lutamos para aceitar.[4] Quando um cônjuge dependente químico se mantém sóbrio, as coisas mudam. Os comportamentos da relação mudam. Apesar de ser boas mudanças, ainda assim são perdas — perdas de coisas que talvez não fossem desejáveis, mas que tinham se tornado estranhamente confortáveis. Esses padrões se tornam hábitos. Pelo menos nós sabíamos o que esperar, mesmo que isso significasse esperar nada.

As perdas que muitos de nós encaramos e aceitamos são enormes, frequentes e causadas pelas pessoas que amamos. Apesar de os problemas serem um resultado direto de uma doença, condição ou transtorno compulsivo, as consequências podem parecer propositais e maldosas. Nós sofremos nas mãos das pessoas que amamos e confiamos.

Estamos o tempo todo perdendo o equilíbrio, lutando para aceitar mudanças e problemas. Não sabemos o que esperar nem quando esperar, vivemos constantemente em transição. Podemos passar por perdas ou mudanças em muitas áreas da vida. Nós sentimos que estamos perdendo o controle; nossos filhos ficam nervosos; nosso parceiro fica transtornado; as contas se acumulam, ninguém trabalha há semanas; a casa está uma bagunça; e o dinheiro acabou. As perdas podem aparecer todas ao mesmo tempo, ou podem ocorrer aos poucos. Então as coisas começam a se estabilizar um pouco, até perdermos de novo o carro, o emprego, a casa, o dinheiro e os relacionamentos com pessoas queridas. Ousamos ter esperança e acabamos vendo nossos sonhos sendo estraçalhados de novo. Não importa que nossa esperança fosse baseada no desejo de que o problema desaparecesse em um passe de mágica. Esperanças destruídas são esperanças destruídas. Decepções são decepções. Sonhos perdidos são sonhos perdidos, e tudo isso causa sofrimento.

Aceitar a realidade? Em boa parte do tempo nem mesmo sabemos o que ela é. Mentem para nós; mentimos para nós mesmos; e nossa cabeça não para de girar. Encarar a realidade se torna simplesmente insuportável para todos. Por que é tão difícil entender que a negação é parte integral do vício ou de qualquer problema sério que causa perdas contínuas? Temos de aceitar coisas demais; nos vemos em circunstâncias cada vez mais difíceis. Com o tempo, porém, devemos encarar os *fatos* se quisermos mudar alguma coisa. Para a vida ser diferente, precisamos aceitar a realidade. Se quisermos substituir nossos sonhos perdidos por novos sonhos e voltar a ter paz e sanidade, precisamos aceitar a realidade.

Aceitação não significa adaptação, resignação com o estado terrível e triste das coisas, admitir nem tolerar qualquer tipo de abuso. Significa que, no momento presente, reconhecemos e aceitamos nossas circunstâncias, o que inclui nós mesmos e as pessoas em nossa vida, como são. É apenas a partir desse estado que conseguimos encontrar paz e capacidade para avaliar a situação, fazer mudanças apropriadas e solucionar nossos problemas.

Uma pessoa que sofre abusos não tomará as decisões necessárias para sair dessa situação a menos que reconheça o que está acontecendo. Ela deve parar de fingir que o abuso acabará em um passe de mágica e de inventar desculpas para essa situação. Quando estamos em estado de aceitação, somos capazes de reagir de forma responsável sobre nosso ambiente, temos o poder de mudar o que for possível. Os alcoólicos não conseguem parar de beber antes de aceitar que são impotentes diante do álcool e do próprio alcoolismo. Acumuladores compulsivos não conseguem parar de acumular, pessoas com compulsão alimentar não conseguem parar de comer, ninguém com um transtorno compulsivo consegue parar de fazer o que se sente compelido a fazer a menos que aceite a própria impotência. Nós, os codependentes, não conseguimos mudar até que aceitemos nossas características codependentes — nossa impotência quanto às pessoas e circunstâncias que tentamos desesperadamente controlar. A aceitação é um paradoxo profundo: *não podemos mudar quem somos antes de aceitar quem somos.*

Aqui vai um trecho de *Honoring the Self* sobre autoaceitação:

> Se eu conseguir aceitar quem eu sou de verdade, que sinto o que sinto, fiz o que fiz — se eu conseguir aceitar isso, gostando ou não —, então conseguirei me aceitar. Conseguirei aceitar meus defeitos, minhas dúvidas, minha baixa autoestima. E quando eu conseguir aceitar isso tudo, vou estar do lado da realidade em vez de tentando lutar contra ela. Vou parar de remoer minha consciência para manter ilusões sobre minha

146 | *Codependência nunca mais*

condição atual. Assim, abrirei caminho e conseguirei dar os primeiros passos para fortalecer minha autoestima...

Se não conseguirmos aceitar quem realmente somos em determinado momento da nossa existência, se não conseguirmos aceitar completamente a natureza das nossas escolhas e ações, se não aceitarmos a verdade em nossa consciência, não conseguiremos mudar.[5]

A aceitação não é eterna. Ela existe no presente. Contudo, precisa ser sincera e profunda.

Como podemos alcançar essa paz? Como podemos encarar a realidade sem piscar ou cobrir nossos olhos? Como podemos aceitar todas as perdas, mudanças e problemas que a vida e as pessoas jogam em nosso caminho?

É preciso se debater um pouco. A aceitação segue um processo de cinco passos. Elisabeth Kübler-Ross identificou os estágios e o processo pelo qual pessoas com doenças fatais passam para aceitar o inevitável término da própria vida.[6] Ela o denominou de processo do luto. Desde então, profissionais da saúde mental observam pessoas passando por esses estágios sempre que encaram qualquer perda. Pode ser algo pequeno — uma nota de cinco dólares, não receber uma carta esperada — ou algo importante — como a perda de um ente querido ou de um emprego. Até mudanças positivas acarretam luto (por exemplo, quando compramos uma casa nova e deixamos a antiga) e exigem uma progressão pelos cinco estágios do luto a seguir.[7]

1. Negação

O primeiro estágio é um estado de choque, entorpecimento, pânico e recusa geral de aceitar ou reconhecer a realidade. Fazemos tudo e qualquer coisa para colocar as coisas de volta no lugar ou fingir que a situação não aconteceu. Há muita ansiedade e medo nesse estágio. Reações típicas da negação incluem: se recusar a acreditar na realidade ("Não, não pode ser!"); negar ou minimizar a importância da perda ("Não foi nada de mais."); negar sentimentos no tocante à perda ("Não me importo."); ou fuga mental (dormir, ficar obcecado com alguma coisa, ter comportamentos compulsivos e se manter ocupado).[8] Podemos nos sentir um pouco distantes de nós mesmos, e nossas reações emocionais podem ser frias, inexistentes ou inapropriadas (rir quando deveríamos chorar; chorar quando deveríamos estar felizes).

Tenho certeza de que a maioria dos nossos comportamentos compulsivos é construída nesse estágio de negação — obsessão, controle, repressão de sentimentos. Boa parte da nossa sensação de "perder o controle" está conectada a esse estado. Nós nos sentimos ensandecidos porque estamos mentindo para nós mesmos, porque acreditamos nas mentiras dos outros. Nada faz alguém se sentir fora de si tão rápido quanto ouvir mentiras. Acreditar nelas nos abala profundamente. Contudo, por instinto, nós sabemos a verdade, só a deixamos de lado e dizemos "Você está errado. Cale a boca". De acordo com o terapeuta Scott Egleston, nós decidimos que há algo errado com a gente pelo fato de sermos muito desconfiados, e classificamos a nós mesmos e nossa intuição mais profunda como duvidosos.

Não negamos as coisas que negamos porque somos burros, teimosos ou insuficientes, nem estamos mentindo para nós mesmos de forma consciente. "Negar não é mentir", explica Noel Larsen, psicólogo licenciado, "É não se permitir encarar a realidade."

A negação é o bicho-papão da vida. Nós não percebemos que estamos em negação até deixar de estar. É como dormir; somente temos noção de que estávamos dormindo quando acordamos. Em certo sentido, realmente acreditamos na mentira que contamos a nós mesmos. E existe um motivo para isso.

"A negação é a primeira defesa psicológica a se desenvolver", explica Claudia Jewett Jarratt em *Helping Children Cope with Separation and Loss* [Ajudando crianças a lidar com separações e perdas]. "Consciente ou não, esse é um mecanismo que nos ajuda a prevenir, evitar e reduzir a ansiedade quando nos sentimos ameaçados. Assim como sentimos pouquíssima dor após um ferimento grave em momentos de grande estresse, esse mecanismo nos permite desligar nossa consciência emocional e filtrar informações potencialmente avassaladoras ou assoladoras."[9]

A negação é o amortecedor da alma. É uma reação instintiva e natural ao sofrimento, à perda e às mudanças. Ela nos protege e afasta os golpes da vida até conseguirmos reunir outros recursos para lidar com a situação.

2. Raiva

Quando paramos de negar nossas perdas, passamos para a segunda fase: raiva. Nossa raiva pode ser justificada ou não. Podemos estar certos em expressar nossa fúria ou podemos ser irracionais ao descontá-la em tudo e todos. Podemos colocar a culpa em nós mesmos, no Universo e em todo mundo ao nosso redor. Dependendo da natureza da perda, podemos ficar um pouco incomodados, meio irritados, extremamente furiosos ou tomados por uma raiva avassaladora.

É por isso que tirar as coisas a limpo, mostrar o caminho para alguém ou confrontar um problema sério nem sempre funciona do jeito que esperamos. Se uma pessoa estiver em negação, ela não vai passar direto para a aceitação da realidade — é bem provável que ela sinta raiva de início. É por isso que precisamos tomar cuidado com grandes confrontos.

"A tendência a tirar as coisas a limpo, arrancar a máscara das pessoas, forçá-las a encarar a verdade reprimida é extremamente perigosa e destrutiva", escreve John Powell em *Por que tenho medo de lhe dizer quem sou?*.[10] "Ele não consegue viver com determinada percepção. De um jeito ou de outro, mantém suas peças psicológicas unidas com algum tipo de autoilusão... Se as pessoas se soltarem, quem as recolherá e colará os cacos desse pobre coitado?"[11]

Já testemunhei atos assustadores e violentos em momentos nos quais as pessoas finalmente encararam uma verdade que esconderam de si mesmas por muito tempo. Se pretendemos fazer uma intervenção, o ideal é procurar ajuda profissional.

3. Barganha

Após nos acalmar, tentamos barganhar com a vida, com nós mesmos, com outras pessoas ou com o Universo. Se fizermos determinadas coisas, ou se alguém fizer isso ou aquilo, então não teremos de sofrer a perda. Não queremos adiar o inevitável; queremos preveni-lo. Às vezes, tentamos fazer negociações razoáveis e produtivas: "Se eu e meu parceiro começarmos a fazer terapia, não precisaremos terminar." Às vezes, nossas barganhas são absurdas: "Eu achava que, se trabalhasse mais, se fizesse tudo de um jeito melhor, meu marido pararia de beber", contou a esposa de um alcoólico.

4. Depressão

Quando vemos que barganhar não funcionou, quando finalmente ficamos exaustos da luta de afastar a realidade, e quando decidimos reconhecer aquilo que a vida jogou em nosso caminho, ficamos tristes, às vezes profundamente deprimidos. Essa é a essência do luto — o sofrimento no auge. É isso que tentávamos evitar a todo custo. Este é o momento em que choramos, e dói.

5. Aceitação

Pronto. Após fecharmos os olhos, gritarmos, espernearmos, negociarmos e finalmente sentirmos a dor, chegamos ao estado de aceitação.

Elisabeth Kübler-Ross escreve:

> Não é uma "desistência" resignada e desesperançada, uma sensação de "que diferença faz" ou "não aguento mais lutar", apesar de também escutarmos esse tipo de declaração. (Elas também indicam o começo do fim da batalha, mas não são sinais de aceitação.)
> A aceitação não deve ser confundida com um estágio feliz. Ela é quase vazia de sentimentos. É como se a dor tivesse ido embora e a luta tivesse acabado.[12]

Ficamos em paz com a realidade. Podemos ficar onde estamos, ir embora, tomar quaisquer decisões que quisermos. Finalmente, estamos livres! Nós aceitamos a perda, por menor ou mais importante que tenha sido. Ela se tornou uma parte aceitável da nossa condição atual. Nós nos sentimos confortáveis com ela e com nossa vida. Nós nos ajustamos e nos reorganizamos. Mais uma vez, nos sentimos confortáveis com a vida e com nós mesmos.

150 | *Codependência nunca mais*

Mais que isso, não apenas estamos confortáveis com a vida e com as mudanças que enfrentamos, como também acreditamos que nos beneficiamos de alguma forma com a perda ou mudança, mesmo se não conseguirmos entender muito bem como nem por quê. Nós confiamos que tudo está bem e que evoluímos com a experiência. Acreditamos de verdade que nossa vida — cada detalhe dela — é exatamente como deveria ser. Apesar de nossos medos, sentimentos, nossas dificuldades e nossa confusão, compreendemos que tudo está bem, ainda que nos falte essa percepção. Aceitamos os fatos, ficamos mais calmos, paramos de correr, fugir, controlar e nos esconder. E entendemos que conseguiremos seguir em frente de agora em diante.

É assim que as pessoas aceitam as coisas. A terapeuta Esther Olson também chama o processo do luto de processo do perdão e processo de cura. Ele não é muito confortável. Na verdade, é incômodo e geralmente doloroso. Talvez pareça que estamos desmoronando. Quando o processo começa, costumamos sentir choque e pânico. Conforme passamos pelas etapas, sentimos confusão, vulnerabilidade, solidão e isolamento.

É provável que esse processo ocorra em relação a tudo que não aceitamos em nossa vida. Uma pessoa codependente — ou que sofra de dependência química — pode se encontrar em estágios diferentes do luto com relação a várias perdas, tudo ao mesmo tempo. Negação, depressão, barganha e raiva podem se misturar. Nós nem sempre sabemos o que estamos tentando aceitar, que temos dificuldade para aceitar uma situação. Podemos apenas achar que estamos fora de controle, mas não é o caso.

O luto não é um processo organizado. Os cinco estágios são fluidos e não acontecem exatamente na ordem descrita. Eles podem ocorrer em trinta segundos quando se trata de uma perda pequena; o processo pode levar anos ou uma vida inteira se perdemos algo importante. Podemos alternar entre uma fase e outra: indo da raiva para a negação, da negação para a barganha, da barganha de volta para a negação. Independentemente da velocidade que adotamos e do trajeto que seguimos durante esses estágios, precisamos passar por eles. Não apenas esse é um processo normal, como também é necessário, e cada etapa é da mesma forma necessária: nós afastamos os golpes da vida com a negação até nos sentirmos mais preparados para lidar com eles. Sentimos raiva e culpa até expurgar esses sentimentos. Tentamos negociar; choramos. Cada um de nós passa o tempo necessário em cada estágio. Parafraseando um famoso verso do poema "A Servant to Servants" [Um servo para servos], de Robert Frost, a única forma de prosseguir é seguindo em frente.

Nós somos seres resistentes, porém, de muitas formas, somos frágeis. Conseguimos aceitar mudanças e perdas, mas isso acontece em um ritmo próprio, do nosso jeito. E apenas nós e nossa alma podemos determinar esse ritmo.

"Saudáveis são aqueles que sofrem", explica Donald L. Anderson, pastor e psicólogo, em *Better than Blessed* [Mais que abençoado]. Ele escreve:

> Recentemente, começamos a perceber que negar o luto é negar uma função humana natural, e que essa negação pode causar graves consequências. O luto, como qualquer emoção genuína, é acompanhado por certas mudanças físicas, e a liberação de uma forma de energia psíquica. Se essa energia não for gasta no processo normal do luto, se torna destrutiva dentro da pessoa... O luto não resolvido pode acarretar até doenças físicas... Qualquer situação, qualquer consciência que capture uma sensação de perda para você pode, e deve, ser lamentada. Isso não significa uma vida de tristeza infinita. Significa estar disposto a admitir um sentimento sincero em vez de sempre precisar rir da dor. Não apenas é aceitável admitir a tristeza que acompanha qualquer perda, como também é saudável.[13]

O processo pode ser exaustivo, então seja gentil consigo mesmo. Ele pode sugar suas energias e acabar com seu equilíbrio. Observe como você passa pelos estágios e sinta o que for necessário. Converse com pessoas confiáveis e que vão oferecer a você conforto, apoio e compreensão necessários. Desabafe; reflita. Algo que me ajuda é sentir gratidão pela minha vida — independentemente de como me sinto ou do que penso sobre ela. Outro recurso útil para muitas pessoas é a Oração da Serenidade. Compreender a maneira com a qual enfrentamos perdas nos ajuda a oferecer mais apoio para outras pessoas e nos dá o poder de decidir como nos comportaremos e cuidaremos de nós mesmos enquanto passamos por isso.

152 | *Codependência nunca mais*

Faça as pazes com o processo do luto. Dê espaço a si mesmo e aos outros para vivenciar os sentimentos complicados que acompanham todas as perdas, sejam elas grandes, sejam pequenas. Aprenda a arte da aceitação.

Atividade

1. Você — ou alguém na sua vida — está passando por uma grande perda? Em que estágio você — ou essa pessoa — parece estar?

2. Analise a sua vida e reflita sobre as grandes perdas e mudanças pelas quais você passou. Lembre-se de experiências com o processo do luto. Escreva sobre seus sentimentos de acordo com sua memória.

3. Observe a si mesmo e os outros nos momentos de pequenas perdas. Veja como você, seus entes queridos, amigos e até colegas de trabalho aceitam perdas e mudanças repentinas na vida.

13

SINTA SEUS SENTIMENTOS

"Então eu guardo tudo dentro de mim, e toda vez... meu estômago paga o pato."

— John Powell, *Por que tenho medo de lhe dizer quem sou?*

"Eu costumava ajudar grupos de pessoas a lidar com seus sentimentos", disse a esposa de um alcoólico. "Eu costumava expressar abertamente minhas emoções. Agora, após oito anos nesse relacionamento, não consigo entender o que estou sentindo de jeito nenhum."

Nós, os codependentes, frequentemente perdemos o contato com nossas emoções. Às vezes, nos retraímos emocionalmente para não nos machucar. É perigoso demonstrar vulnerabilidade emocional quando as mágoas vão se acumulando e ninguém parece notar ou se importar. Distanciar-se passa a ser a opção mais segura. Nós ficamos sobrecarregados de sofrimento, então nos fechamos para nos proteger.

Nós nos afastamos emocionalmente de certas pessoas — as que podem nos machucar. Não confiamos nelas, então escondemos nossas emoções quando as encontramos.

Às vezes, nos sentimos forçados a isso. Sistemas familiares profundamente disfuncionais rejeitam a honestidade emocional e, em certos momentos, até parecem exigir desonestidade. Pense em nossas tentativas de explicar para um alcoólico como nos *sentimos* sobre ele ter batido com o

154 | *Codependência nunca mais*

carro, estragado a festa de aniversário ou vomitado na cama. Nossos sentimentos podem provocar reações desagradáveis nos outros, como raiva. Expressar sentimentos pode ser até perigoso para nosso bem-estar físico, porque eles abalam as estruturas familiares.

Até famílias sem histórico de dependência química rejeitam sentimentos. "Não se sinta assim, esse sentimento é errado. Na verdade, é melhor não sentir nada", pode ser a mensagem que ouvimos. Nós rapidamente acreditamos na mentira de que nossos sentimentos não importam, que de alguma forma são errados. Nossos sentimentos são ignorados, então passamos a fazer o mesmo.

Pode parecer bem mais fácil, em certos momentos, não sentir coisa alguma. Nós assumimos muita responsabilidade pelas pessoas ao nosso redor. Por que desperdiçar tempo sentindo alguma coisa? O que isso mudaria?

Às vezes, tentamos fazer nossos sentimentos desaparecerem porque os tememos. Reconhecer como nos sentimos de verdade exigiria uma decisão — uma ação ou mudança — da nossa parte.[1] Teríamos de encarar a realidade, prestar atenção no que pensamos, desejamos e precisamos fazer. E ainda não estamos prontos para isso.

Nós, como codependentes, costumamos ser oprimidos, deprimidos e reprimidos. Muitos de nós conseguimos entender rapidamente o que outra pessoa está sentindo, por que ela se sente de tal forma, há quanto tempo se sente assim e o que provavelmente irá fazer por causa desse sentimento. Muitos de nós passamos toda a vida cuidando dos sentimentos alheios. Tentamos consertá-los e controlá-los. Não queremos machucar, magoar ou ofender pessoa alguma. Nós nos sentimos tão responsáveis pelos sentimentos de outras pessoas que não sabemos o que nós mesmos sentimos. E quando sabemos, não temos ideia de como melhorar. Muitos de nós abandonamos ou nunca nos responsabilizamos pelo nosso eu emocional.

Entretanto, sentimentos são mesmo importantes? Antes de eu responder a essa pergunta, vou contar sobre meu tratamento para dependência química no Willmar State Hospital, em Minnesota. O ano era 1973. Eu tinha 23 anos e há dez lidava com o vício em álcool, heroína, hidromorfona, metadona, cocaína, barbitúricos, anfetaminas, maconha e qualquer outra substância que prometesse mudar minimamente a maneira como eu me sentia. Quando perguntei à minha terapeuta, Ruth Anderson, e a outros profissionais como fazer isso, eles responderam: "Lide com seus sentimentos." (Eles também sugeriram que eu frequentasse o Alcoólicos Anônimos. Falarei mais sobre isso daqui a pouco.) Eu comecei a "lidar" com meus sentimentos, apesar de não saber muito bem o que isso significava. Apenas sabia que a sensação era horrível. Minhas crises emocionais pareciam capazes de explodir minha cabeça. Depois que comecei a permitir que minhas emoções viessem à tona, nem sempre era algo educado. A única visita que recebi durante os oito meses que fiquei internada para o tratamento foi a da minha mãe. Apesar de eu estar cumprindo uma ordem judicial de completar o tratamento ou ser presa, ela exigiu que eu voltasse para casa. Ela não parava; continuava insistindo com todas as forças. Sem pensar no que eu estava fazendo, explodi feito um vulcão. Falei para ela ir embora e não voltar mais. Após 23 anos de abuso, sendo impedida de me expressar, a raiva sacudiu as paredes do prédio. Assustei minha mãe, os terapeutas e até o padre Garvey, o capelão em serviço. Eu assustei a mim mesma.

Contudo, deu certo. Passei pelos primeiros dias e meses de sobriedade. "Lidar com os sentimentos" parecia algo forçado, metódico, didático, mas comecei a entender que *aceitar* meus sentimentos era uma abordagem mais harmoniosa e natural para mim. Era como ver as ondas batendo na praia. Elas crescem, quebram, recuam. Aceitar os próprios sentimentos exige prática e atenção.

Então era hora de sair do tratamento. Eu precisava encarar a ideia improvável de tentar me encaixar na sociedade. Eu não tinha um currículo; dependentes químicos podem ter dificuldade para encontrar e manter bons empregos. Precisei cortar relações com todo mundo que usava drogas, o que significava todo mundo que eu conhecia. Minha família não acreditava na minha recuperação e permanecia chateada com algumas das minhas atitudes. No geral, eu tinha deixado um rastro de destruição e caos por onde passara, e não acreditava que conseguiria encontrar um lugar na sociedade. Minha vida se estendia diante de mim e parecia pouco promissora. Ao mesmo tempo, minha terapeuta dizia que eu precisava voltar a viver. Mais uma vez, perguntei como exatamente eu faria isso. Mais uma vez, ela

156 | *Codependência nunca mais*

e os outros responderam: "Continue lidando com seus sentimentos. Frequente o A.A., e tudo ficará bem."

Quase cinquenta anos depois, aceitar meus sentimentos continua sendo uma prática diária. Por enquanto, está dando certo.

CONTUDO, DEPOIS DE passar um tempo no mundo, outro problema surgiu. A codependência não tratada me encontrou. Fiquei chocada. Fui ingênua, tinha acreditado que encarar meu vício seria a única dificuldade dessa magnitude com a qual eu precisaria lidar durante minha vida. Eu tinha desenvolvido bons hábitos durante minha recuperação da dependência química. Frequentava reuniões, tinha meu padrinho e seguia meus Passos. A codependência, no entanto, tomou o controle. Dois anos após terminar meu tratamento, em 1975, me casei com um alcoólico sem ter ciência da condição dele. Novos sentimentos ignorados começaram a se acumular. Passei a ignorar meus sentimentos, porque eles me dominavam e me confundiam. Eu estava prestes a aprender novamente como sentimentos ignorados são importantes. Conforme fui aceitando e fazendo as pazes com minhas emoções, comecei a me recuperar da codependência, a seguir meu caminho para o bem-estar.

Sentimentos não deveriam ditar nem controlar nossos comportamentos, mas também não podemos ignorá-los. Eles não aceitam ser ignorados.

Nossos sentimentos importam. Eles fazem diferença. Nosso emocional é especial. Se deixarmos os sentimentos passarem batido, se os afastarmos, perdemos uma parte importante de nós mesmos e da nossa vida. Sentimentos são nossa fonte de alegria, assim como de tristeza, medo e raiva. Nosso emocional ri tanto quanto chora; ele é o centro que oferece e recebe o brilho quente do amor. A parte de nós que nos permite nos sentir próximos das pessoas e sentir prazer com o toque e outras sensações sensuais. Nem tudo é sofrimento.

Sentimentos também são indicadores. Quando nos sentimos felizes, confortáveis, queridos e contentes, geralmente sabemos que no momento presente tudo está bem no nosso mundo. Quando sentimos o desconforto da raiva, do medo ou da tristeza, nossos sentimentos mostram que existe um problema. Ele pode estar dentro de nós — algo que fazemos ou pensamos — ou pode ser externo. Essas sensações incômodas sinalizam que precisamos prestar atenção em alguma coisa.

Sentimentos também podem ser motivadores positivos. A raiva pode nos motivar a solucionar um problema chato. O medo nos incentiva a fugir do perigo. Mágoas e sofrimento emocional repetidos nos dizem para ficar longe.

Nossos sentimentos também podem nos dar pistas sobre nós mesmos: nossos desejos, nossas vontades e ambições — as coisas que impulsionam nossa vida. Eles nos ajudam a descobrir quem somos, aquilo que *realmente* estamos pensando, que amamos. As emoções também vêm daquela parte profunda de nós que busca e conhece a verdade, que deseja autopreservação, autoaperfeiçoamento, segurança e coisas boas. Elas estão conectadas com nosso processo de pensamento cognitivo consciente e àquele dom misterioso chamado instinto ou intuição.

Há, no entanto, um lado mais sombrio. A dor emocional machuca. Ela pode machucar tanto que chegamos a pensar que nunca seremos coisa alguma além da nossa dor. O medo pode nos paralisar; pode nos impedir de fazer as coisas que queremos ou precisamos para viver da melhor forma possível.

Às vezes, podemos ficar apegados a certas emoções — presos em um poço de sentimentos ruins — e achar que nunca conseguiremos nos livrar delas. A raiva pode inflamar e virar ressentimento e amargor, ameaçando permanecer para sempre. A tristeza pode se transformar em depressão, nos sufocando. Alguns de nós convivemos com o medo por longos períodos de tempo.

Nossos sentimentos também podem nos enganar. Nossas emoções podem nos levar a situações que nossa mente nos diz para evitar. Às vezes, sentimentos são como algodão-doce e parecem ser maior que a realidade.

Apesar do lado mais sombrio das emoções — as dolorosas, as que se prolongam e as complicadas —, a decisão de nos tornar indiferentes seria ainda pior. Não sentir nossos sentimentos, nos retraindo emocionalmente e afastando essa parte de nós, pode ser desagradável, nocivo e autodestrutivo.

Reprimir ou negar sentimentos pode causar dores de cabeça, problemas de estômago, dores nas costas e fraqueza física no geral, o que pode abrir a porta para muitas doenças. Reprimir sentimentos — especialmente se fazemos isso durante o estágio de negação do processo do luto — pode causar problemas como transtornos alimentares, abuso de substâncias, comportamentos sexuais inadequados, gastos financeiros descontrolados, transtornos do sono, obsessão, controle e outros comportamentos compulsivos.

Sentimentos são energia. Reprimi-los significa bloquear a energia. Não ficamos bem quando somos bloqueados.

Outro problema com sentimentos reprimidos é que eles não desaparecem. Eles se prolongam, e às vezes se tornam mais fortes e nos levam a ter atitudes peculiares. Nós precisamos nos adiantar ao sentimento, nos manter ocupados, fazer *alguma coisa*. Não tentamos ficar em silêncio e em paz, porque assim poderemos sentir essas emoções. E os sentimentos podem escapar, nos levando a ter de tomar atitudes que não queremos: gritar com nossos filhos, chutar o gato, fazer bagunça, chorar em público. Ficamos presos a esses sentimentos porque tentamos reprimi-los, e, como um vizinho chato, eles não vão embora até reconhecermos sua presença.

Um motivo interessante para não reprimir sentimentos é que o distanciamento emocional nos faz perder a capacidade de sentir. Às vezes, isso pode ser um alívio quando o sofrimento se torna forte ou constante demais, porém não é um bom plano para a vida. E, em casos extremos, pode levar à dissociação, outra ferramenta de sobrevivência útil. Nós podemos desligar nossas necessidades profundas — nossa necessidade de amar e sermos amados — quando desligamos as emoções. Podemos perder nossa capacidade de gostar do toque humano, de nos sentir íntimos de alguém, de aproveitar as coisas agradáveis da vida.

Ao perdermos o contato com nossos instintos, perdemos o contato com nós mesmos e com nosso ambiente. Nós nos tornamos alheios às informações que nossos sentimentos transmitem e paramos de detectar problemas ao redor. Perdemos o poder motivacional dos sentimentos. Se não sentirmos coisa alguma, provavelmente não examinaremos os pensamentos que acompanhariam esses sentimentos, e não sabemos o que nosso corpo tenta dizer. E se *não aceitarmos* nossos sentimentos, não mudaremos, não cresceremos. Ficaremos empacados.

Sentimentos podem não ser sempre uma fonte de alegria infinita, mas reprimi-los pode nos tornar completamente infelizes. Então qual é a solução? O que fazer com esses sentimentos incômodos que parecem ser um fardo e um prazer ao mesmo tempo?

Nós os sentimos. Nós *podemos* aceitar nossas emoções — todas elas. Sentimentos não são errados nem inapropriados. Não precisamos nos sentir culpados por causa deles. Sentimentos não são atos; sentir uma raiva homicida é completamente diferente de cometer homicídio. Sentimentos não deveriam ser julgados bons ou ruins. Sentimentos são energia emocional, não características pessoais. (No entanto, podem se tornar características se continuarmos a negá-los.)

As pessoas dizem que existem centenas de sentimentos diferentes, variando de aborrecimento a irritação, a exuberância, a prazer, e assim por diante. Alguns terapeutas resumiram a lista em quatro: raiva, tristeza, alegria e medo. Esses são os quatro grupos primários de emoções, e todo o restante são tons e variações deles. Por exemplo, solidão e depressão entrariam na categoria de tristeza; ansiedade e nervosismo seriam variações do medo; amor, proximidade e nervosismo se qualificam como alegria. Você pode chamá-los do que quiser — o importante é senti-los.

Isso não significa que precisamos estar sempre atentos aos sentimentos. Não significa que precisamos dedicar uma quantidade absurda de tempo para nos chafurdar na lama emocional. Na verdade, é lidando com os sentimentos que sairemos dela. Sentir nossos sentimentos simplesmente significa sentir quando uma emoção — energia emocional — surge. Dedicamos alguns instantes para isso, reconhecemos a sensação e seguimos para o próximo passo. Não nos censuramos, não nos bloqueamos nem fugimos. Não dizemos para nós mesmos: *não sinta isso. Deve haver algo errado comigo.* Nós não nos julgamos pelo que sentimos. Nós os vivenciamos com atenção, de forma consciente. Permitimos que a energia passe por nosso corpo e a aceitamos como sendo nossa energia emocional, nossos sentimentos. Nós dizemos: "Tudo bem."

Depois, fazemos aquela coisa mística que muitas pessoas chamam de "lidar com os sentimentos". Reagimos às nossas emoções de forma apropriada. Analisamos os pensamentos que as acompanham e os aceitamos sem repressão ou censura.[2]

Então podemos decidir se haverá um próximo passo. É aqui que fazemos julgamentos e nosso código moral entra em cena. Mesmo assim, ain-

160 | *Codependência nunca mais*

da não nos julgamos por termos sentimentos. Nós decidimos se queremos tomar uma atitude quanto a eles. Avaliamos uma situação, escolhemos um comportamento alinhado com nosso código moral e nosso novo ideal de autocuidado. Há um problema que precisa ser solucionado? Nosso raciocínio está certo? Muitas terapias reconhecem uma correlação direta entre o que pensamos e o que sentimos. Às vezes, padrões de pensamentos incorretos, exagerados ou inapropriados são gatilhos para emoções ou as fazem permanecer por mais tempo que o necessário. O problema é algo que podemos solucionar? Ele envolve outra pessoa? É necessário ou apropriado discuti-lo com essa pessoa? Talvez seja suficiente apenas sentir a emoção e reconhecer o pensamento. Se você não sabe o que fazer, se o sentimento for especialmente forte, ou se a atitude que você escolher tomar for radical, dê um tempo até se sentir tranquilo. Deixe o caminho adiante se tornar nítido. Em outras palavras: desligue-se emocionalmente.

Nossos sentimentos não precisam nos controlar. Apenas porque estamos com raiva, não precisamos gritar e bater. Somente porque estamos tristes ou deprimidos, não precisamos passar o dia todo na cama. Sentir medo não significa deixar de se inscrever para aquela vaga de emprego. Não estou sugerindo que devemos permitir que as emoções mandem em nós. Na verdade, é o oposto: quando não sentimos nossas emoções e lidamos com elas de forma responsável, elas *irão* nos controlar. Se lidarmos com nossas emoções de forma saudável, nós as analisaremos de acordo com nosso intelecto, nossa razão e um código de ética moral e comportamental.[3]

Reagir de forma apropriada aos sentimentos também significa que somos responsáveis por eles. Os sentimentos de cada pessoa pertencem apenas a ela. Ninguém nos faz sentir coisa alguma; ninguém além de nós tem culpa pelos nossos sentimentos, *por mais que acreditemos no contrário*. As pessoas podem nos ajudar a sentir algo — ou ser um gatilho para alguns sentimentos —, mas não nos *fazem* sentir. Elas também não conseguem mudar a maneira como nos sentimos, apenas nós somos capazes disso. Também não somos responsáveis pelos sentimentos de pessoa alguma, apesar de ser importante termos consideração com as emoções dos outros. Pessoas responsáveis escolhem fazer isso. No entanto, muitos de nós exageramos. Precisamos ter consideração com as nossas emoções também.

Em alguns momentos precisaremos discutir sentimentos e pensamentos com outras pessoas. Não é saudável viver isolado. Compartilhar nossa parte emocional com outras pessoas cria proximidade e intimidade verdadeiras (e não a intimidade superficial e o falso senso de amizade que costuma ser exibido em redes sociais). Além disso, quando uma pessoa nos aceita como somos, nós nos sentimos mais confortáveis para nos aceitar. Essa sempre é uma experiência maravilhosa. Às vezes, podemos querer conversar com um amigo que simplesmente nos escutará enquanto tentamos nos entender. As coisas que guardamos em nosso interior podem se tornar grandes e poderosas demais. Libertá-las pode torná-las menores. Nós ganhamos perspectiva. E sempre é divertido compartilhar as sensações positivas: as alegrias, os sucessos, a felicidade. E se quisermos ter uma relação íntima com alguém, precisamos conversar sobre tudo o que sentimos com essa pessoa. Isso se chama honestidade emocional.

Entretanto, cuidado: sentimentos intensos de felicidade podem ser tão confusos e assustadores quanto os de tristeza intensa, especialmente para pessoas que não estão acostumadas a sentir felicidade. Qualquer emoção extrema pode nos desequilibrar, seja ela alegria, seja empolgação, seja uma infelicidade profunda. Permita que a energia emocional passe por você e busque o meio-termo da paz e do equilíbrio.

Há momentos em que precisaremos buscar ajuda profissional para lidar com nossas emoções. Se um sentimento específico persistir, devemos nos dar aquilo de que precisamos. Busque um analista, um terapeuta ou um profissional que lhe ajude e faça você se sentir bem. (Pode ser mais fácil se você receber indicações.)

Às vezes, despertar nosso emocional exige certa prática e percepção. As atividades a seguir me ajudam a entrar em contato com meus sentimentos: exercícios físicos, escrever em um diário, conversar com pessoas que me transmitem segurança e meditação. Precisamos fazer com que o autoconhecimento e o *mindfulness* sejam hábitos. Precisamos prestar atenção nos comportamentos que nos dizem "eu não deveria me sentir assim"; precisamos ouvir o que estamos pensando e dizendo, bem como o tom de voz que usamos; precisamos ficar de olho no que fazemos. Nós vamos encontrar um caminho até nossas emoções, um que nos seja adequado.

162 | *Codependência nunca mais*

Deixe as emoções fazerem parte da sua vida. Então se comprometa a cuidar delas com carinho e amor. Sinta seus sentimentos. Confie neles; confie em si mesmo. Você é mais sábio do que pensa.

ATIVIDADE

1. Leia suas respostas das atividades dos capítulos anteriores. Que emoções surgiram ou escapuliram enquanto você escrevia?

2. Leia algumas das suas postagens em redes sociais. Que emoções impulsionaram essas mensagens? Elas refletiam como você estava se sentindo de verdade — seu eu superior?

3. Vamos brincar de um jogo de possibilidades. E se você pudesse sentir qualquer emoção que quisesse agora: como você quer se sentir? Feliz? Em paz? Confiante no fluxo da vida? Ou ansioso, preocupado e tentando controlar tudo? Conseguir o que queremos não vai mudar nossos sentimentos em um passe de mágica. É nosso dever mudar como nos sentimos. Então vamos imaginar o que poderíamos sentir quando nossa vida estiver de volta aos eixos e tentar incorporar parte desses sentimentos no momento presente. Escreva sobre como você imagina que se sentirá quando conseguir aquilo que deseja. Agora analise esse sentimento.

4. Encontre alguém que lhe transmita segurança, um bom ouvinte, que não julgue nem tente lhe salvar, e comece a discutir seus sentimentos de forma sincera e aberta. Escute os sentimentos dessa pessoa sem julgamento e sem o impulso de ajudar. É bom, não é? Se você não conhecer alguém que lhe passe segurança, busque um grupo de apoio específico para seu desafio atual. Uma reunião do Al-Anon também pode oferecer um espaço seguro para você se expressar. Uma lista de recursos adicionais está disponível no fim do livro.

14

RAIVA

*"— O que é que você odeia tanto em mim?
— perguntou um homem para a esposa após seis meses de sobriedade.
— Tudo — respondeu ela."*

— Anônimo

Por muitos anos, raramente senti raiva. Eu chorava, sentia mágoa. Mas raiva? Não, eu não.

Depois que comecei meu processo de recuperação da codependência, fiquei me perguntando se algum dia eu *não* sentiria raiva.

Janet Woititz descreve o que eu senti neste trecho de *Marriage on the Rocks* [Casamento abalado]: "Você se torna rígida e desconfiada. A raiva lhe consome, sem ter uma válvula de escape adequada. Qualquer um que entre na sua casa consegue sentir o clima ruim. Não há escapatória. Quem imaginaria que você se tornaria uma bruxa hipócrita?"[1]

A raiva faz parte da vida de quase todo mundo. Crianças, adolescentes, adultos, todos sentem raiva. Para alguns, ela tem um papel relativamente pequeno na vida e não é uma questão. Nós a extravasamos e seguimos em frente. Talvez o problema se resolva e a gente siga com vida.

Não é isso o que costuma acontecer com a gente, os codependentes. A raiva pode se tornar uma grande parte da nossa história. Pode se *tornar* nossa história. A pessoa com quem estamos envolvidos está irritada, assim

164 | *Codependência nunca mais*

como nós, as crianças e o cachorro. Todo mundo vive irritado. Ninguém parece conseguir extravasar o suficiente. Mesmo quando não estamos berrando, mesmo quando estamos tentando fingir que não estamos com raiva, na verdade, nós estamos. A hostilidade fica à espreita, esperando por uma oportunidade para se mostrar. Às vezes, a raiva explode como uma bomba, mas não passa. A outra pessoa diz: "Como você ousa ficar com raiva de mim? Eu posso ficar com raiva de você, mas não o contrário." O codependente responde: "Depois de tudo que fiz por você, posso ficar com raiva quando eu quiser." Entretanto, por dentro, nos questionamos: *talvez ela tenha razão. Como eu ouso ficar com raiva? Deve ter algo errado comigo para que eu me sinta assim.* Damos um outro golpe contra nossa autoestima, acrescentando um pouquinho de culpa. Os problemas não são resolvidos, a raiva continua ali, se espalhando e fervilhando.

Mesmo depois da recuperação, a raiva pode se perpetuar — e isso geralmente acontece.[2] Ela pode surgir enquanto a pessoa com transtornos busca ajuda. Ninguém, e isso inclui a pessoa, aguenta mais aquela loucura. Contudo, quando saímos do modo sobrevivência, percebemos quanto nos sentimos irritados. Às vezes sentimos raiva de nós mesmos por termos passado tanto tempo acreditando que aquela bagunça era nossa culpa! Talvez essa seja até a primeira vez que pareça seguro expressar nossa raiva. Isso pode causar mais conflitos. A pessoa que se recupera da dependência pode esperar e desejar recomeçar do zero — sem a pesada bagagem do passado —, agora que iniciou uma nova vida.

Então ela diz: "Como você ousa ficar com raiva agora? Nós estamos recomeçando."

E nós respondemos: "Isso é o que *você* pensa. Eu ainda nem comecei."

Então podemos acrescentar outro pensamento silencioso, torturante, à nossa baixa autoestima e culpa: *ela tem razão. Eu devia estar feliz. Eu devia sentir gratidão.* Só que o ressentimento não desaparece.

Então todo mundo fica se sentindo culpado porque todos sentem raiva. Nós nos sentimos enganados e irritados porque a sobriedade não trouxe a felicidade prometida. Ela não foi o ponto de virada para vivermos felizes para sempre — nada é. Não entenda mal, a sobriedade com certeza é melhor. Quando as pessoas ficam sóbrias, sempre é melhor. Só que ela também não é uma cura mágica para toda a codependência que veio antes dela. A velha raiva queima. A nova raiva dá força ao fogo. O dependente químico não consegue mais medicar os próprios sentimentos. Nós, os codependentes, não conseguimos mais receber a pena e a proteção de que precisamos. Afinal, é maravilhoso que o alcoólico tenha parado de beber e que o problema tenha sido "solucionado". *Mas qual é o nosso problema?*, nos perguntamos. *Não podemos perdoar e esquecer?*

A raiva pode ser uma emoção comum, mas é um sentimento difícil de lidar. A maioria de nós não aprendeu a fazer isso de forma saudável porque as pessoas nos mostram — em vez de nos ensinar — como elas administram a própria raiva. E, muitas vezes, elas nos oferecem soluções erradas, porque também não sabem o que fazer.

As pessoas podem oferecer bons conselhos. "Não durma com raiva."[3] "Não busque vingança." "Não guarde rancor." Muitos de nós não conseguimos seguir esses mandamentos. Podemos achar que eles significam "Não sinta raiva". Geralmente, não sabemos no que acreditar, então acabamos acreditando nas mentiras.

Com frequência, aceitamos os seguintes mitos sobre a raiva:

- sentir raiva não é bom;
- raiva é um desperdício de tempo e energia;
- pessoas boas não sentem raiva;
- se nos permitirmos sentir raiva, perderemos o controle de nós mesmos;
- as pessoas irão embora se sentirmos raiva delas;
- as pessoas irão embora se sentirem raiva de nós;
- se as pessoas ficam com raiva de nós, significa que devemos ter feito algo errado;
- se as pessoas estão com raiva de nós, a culpa é nossa, e por isso somos responsáveis por lidar com os sentimentos delas e resolvê-los;
- se alguém nos deixou com raiva, essa pessoa é responsável por aliviar lidar com nossos sentimentos e resolvê-los;

166 | *Codependência nunca mais*

- se estamos com raiva de alguém, o relacionamento acabou e essa pessoa precisa ir embora;
- se estamos com raiva de alguém, devemos punir essa pessoa por nos fazer sentir assim;
- se estamos com raiva de alguém, essa pessoa precisa mudar de atitude para que não nos sintamos mais desse jeito;
- se estamos com raiva, precisamos bater em alguém ou quebrar alguma coisa;
- se estamos com raiva, precisamos gritar e berrar;
- se estamos com raiva de alguém, isso significa que deixamos de amar essa pessoa;
- se alguém está com raiva de nós, isso significa que essa pessoa deixou de nos amar;
- a raiva é uma emoção pecaminosa;
- podemos sentir raiva (ou qualquer outra emoção) apenas quando conseguimos *justificar* nossos sentimentos.[4]

Muitas pessoas em programas de recuperação como o A.A. acreditam que jamais deveriam sentir raiva durante a recuperação porque um dos objetivos do processo é não guardar ressentimento. A ideia é aprender a lidar com a raiva de forma apropriada e imediata *antes* que ela se torne um ressentimento.

Enquanto codependentes, podemos ficar com medo da nossa raiva e da raiva de outras pessoas. Talvez acreditemos em um ou mais dos mitos listados, ou podemos ter medo da raiva por outros motivos. Alguém pode ter abusado de nós ou podemos ter abusado de alguém num momento de raiva. Às vezes, a energia que acompanha a raiva de alguém pode ser assustadora, especialmente se essa pessoa estiver intoxicada ou for maior que nós.

A raiva, tanto nossa quanto a de outras pessoas, nos faz reagir. Ela prolifera nas redes sociais. É uma emoção provocante. Pode ser contagiosa. E nós reagimos demais a ela. Sentimos raiva coletiva quanto a muitas questões. Sentimos a raiva que acompanha o luto; a que acompanha o resgate ou os cuidados com outra pessoa (muitos de nós ficamos presos nessa ponta do triângulo); a que é causada por pensamentos reativos, desastrosos: as possibilidades, as oportunidades perdidas, as coisas que nunca mudam. Nós sentimos uma raiva justificável, coisas que qualquer pessoa sentiria se fizéssemos o mesmo com ela. E boa parte disso é reprimida, apenas esperando para explodir.

Podemos transformar o medo e a mágoa em raiva, para que nos sintamos menos vulneráveis e mais poderosos. Podemos nos estufar com a raiva para que nos sintamos fortes ou blefar para sair de uma situação tensa ou assustadora, mas não podemos fugir da verdade para sempre. Temos de estabelecer limites bem determinados, mas não podemos fingir; ameaças e coerções não são limites.

A culpa, merecida ou não, é facilmente convertida em raiva.[5] Nós, os codependentes, sentimos muito os efeitos de ambas as coisas. Assim como os dependentes químicos. Eles simplesmente têm mais facilidade para converter a culpa em raiva.

Nós sentimos raiva reativa. Ficamos com raiva porque a outra pessoa está com raiva. E então ela fica com mais raiva, e nós sentimos mais raiva porque ela sentiu mais raiva. Não demora muito para que todo mundo esteja enfurecido, sem que alguém entenda por quê. (Essa é uma característica comum das redes sociais e de famílias extremamente disfuncionais.)

Às vezes, preferimos sentir raiva, ela ajuda que nos sintamos menos vulneráveis e mais poderosos. É um escudo. Se estamos com raiva, não vamos ficar magoados nem com medo, pelo menos não de um jeito perceptível.

Muitos de nós vivemos atolados na própria raiva, principalmente se vivemos em um sistema familiar que diz "Não sinta nada, especialmente raiva". A pessoa que abusa de substâncias com certeza não quer saber sobre a raiva que sentimos. Ela provavelmente acha que estamos sendo irracionais e pode ficar incomodada se tocarmos no assunto. Nossa raiva pode fazer o dependente químico se sentir culpado. Ele pode até ficar ainda mais irritado conosco apenas para nos desequilibrar — e então nos sentimos culpados pela reação dele.

Infelizmente, muitos de nós não conseguimos descontar essa raiva toda. Nós a engolimos, ficamos de bico calado, enrijecemos os ombros, deixa-

168 | Codependência nunca mais

mos que ela revire nosso estômago, que fique sendo remoída por nosso cérebro, fugimos dela, tentamos medicá-la ou comemos um biscoito para nos distrair dela. Nós nos tornamos passivo-agressivos. Quando as pessoas nos perguntam qual é o problema, trincamos a mandíbula e respondemos: "Nada. Estou bem, obrigado." Nós nos culpamos, transformamos a raiva em depressão, não conseguimos levantar da cama, desejamos morrer e ficamos doentes por causa disso.

Sentimentos desagradáveis são como ervas daninhas: não vão embora quando são ignorados, ao contrário, continuam crescendo e tomam conta de tudo. A raiva pode estourar um dia. Podemos falar coisas da boca para fora, ou, como costuma acontecer, podemos falar verdades, perder o controle e liberar uma raiva que leva a brigas, cuspes, berros, puxões de cabelo, pratos quebrados; ou a raiva pode se tornar amargura, ódio, desprezo, nojo, ressentimento. Desenvolvemos um repertório de comportamentos autodestrutivos para nos dar a sensação de controle sob nossos sentimentos descontrolados.

É como diz o livro *Of Course You're Angry* [É óbvio que você está com raiva].[6] Estamos com raiva porque qualquer pessoa se sentiria assim.

Segue um trecho excelente de *Marriage on the Rocks*:

> É impossível conviver com o alcoolismo ativo sem ser profundamente afetado. Qualquer ser humano que fosse bombardeado com as coisas que você enfrentou seria elogiado simplesmente por conseguir sobreviver. Você merece uma medalha pelo mero fato de que continua aqui para contar sua história.[7]

A raiva é uma consequência profunda do alcoolismo. Também é um efeito de muitos outros transtornos compulsivos ou problemas com os quais nós, codependentes, acabamos convivendo. Mesmo se não estivermos lidando com uma questão séria ou com uma pessoa muito doente, ainda podemos sentir raiva.

"Não confio em pessoas que nunca se irritam. Se as pessoas não se irritam, elas se vingam", disse minha amiga Sharon George, que trabalha na área da saúde mental.

Nós temos todo o direito do mundo de sentir raiva. E temos todo o direito do mundo de sentirmos quanta raiva for necessária. As outras pessoas também. Contudo, também temos a responsabilidade — principalmente com nós mesmos — de lidar com nossa raiva de forma adequada.

Então voltamos ao conselho original: lide com seus sentimentos, se permita senti-los.

Como aceitamos uma emoção tão potente quanto a raiva? Como paramos de senti-la? Quando isso acontece? Para onde ela vai? Com quem podemos conversar? Quem iria querer ouvir essas coisas? É provável que nem a gente queira ouvir nossa raiva sendo manifestada. Afinal, nos irritamos com uma pessoa que está doente. Não deveríamos sentir compaixão em relação a ela? Sentir tanta raiva de uma pessoa doente é realmente algo aceitável?

Sim, nós temos o direito de sentir raiva de uma pessoa doente. Apesar de compaixão ser o ideal, não chegaremos nesse patamar antes de lidarmos com nossa raiva. Em algum ponto entre a fúria e o silêncio existe uma forma de superar a raiva — métodos antigos e novos. Lidar com emoções reprimidas, porém, não é algo alcançável da noite para o dia. Talvez não seja nem em um mês ou um ano. Quanto tempo levamos para sentir tanta raiva? Lidar com uma quantidade significativa de raiva reprimida pode exigir tempo e esforço. Lidar com uma raiva que surgiu recentemente exige prática.

Aqui vão algumas sugestões para lidar com a raiva:

- *Lide com os mitos que você acredita no que diz respeito à raiva.* Dê a si mesmo permissão para senti-la quando for necessário e deixe que outras pessoas a sintam também.

- *Sinta a emoção.* Apesar de ser raiva, é apenas energia emocional. Não é certo nem errado; não há necessidade de julgamento. A raiva não precisa ser justificada nem racionalizada. Se a energia existir, sinta-a. Sinta qualquer emoção subjacente também, como mágoa ou medo.

- *Reconheça os pensamentos que acompanham a emoção.* De preferência, diga esses pensamentos em voz alta.

170 | Codependência nunca mais

- *Reflita sobre os pensamentos que acompanham o sentimento.* Coloque-os contra a luz. Veja se há falhas neles. Busque padrões e situações repetitivas. Você descobrirá muito sobre si mesmo e seu ambiente.

- *Tome uma decisão responsável sobre quais ações precisam ser tomadas, ou não.* Entenda o que sua raiva diz. Ela indica um problema pessoal ou em seu ambiente que exige atenção? Você precisa mudar? Precisa que outra pessoa lhe ajude? Boa parte da raiva vem de necessidades não atendidas. Uma forma rápida de amenizar a raiva é parar de gritar com a pessoa que despertou sua raiva, entender o que você precisa dela e simplesmente pedir por isso. Se ela não puder ou não quiser lhe dar isso, entenda o que você precisa fazer para cuidar de si mesmo.

- *Não se permita ser controlado pela raiva.* Se você perceber que está sendo controlado por sentimentos raivosos, conseguirá parar. Você não precisa continuar gritando. Veja bem, gritar ajuda em alguns momentos, mas nem sempre. É melhor você tomar as próprias decisões em vez de deixar a raiva fazer isso por você. Não precisamos perder o controle sobre nós mesmos. É apenas uma energia, não uma maldição mágica. Desligue-se. Vá para outro cômodo, para outra casa. Acalme-se. Tente entender o que deve ser feito. Você não precisa deixar que a raiva de outras pessoas controle a sua vida. Codependentes costumam me dizer: "Não consigo fazer tal e tal coisa porque a outra pessoa vai ficar com raiva." Não coloque em risco a sua segurança, mas lute para se libertar do controle da raiva — seja ela sua, seja de outra pessoa.

- *Converse sobre sua raiva de forma aberta e sincera quando for o momento adequado.* Entretanto, não converse com a pessoa se ela estiver bêbada ou drogada. Você pode expressar sua raiva abertamente e de forma adequada. Preste atenção, porém, na maneira com que aborda as pessoas. Raiva gera raiva. Em vez de descontar sua fúria em alguém, você pode sentir seus sentimentos, pensar seus pensamentos, entender o que você precisa daquela pessoa e então conversar com ela e expressar sua necessidade.

- *Responsabilize-se pela sua raiva.* Nós podemos dizer "Fico com raiva quando você faz isso porque...", mas não "Você me deixa com raiva".

Também podemos explicar qual comportamento foi um gatilho. Apenas compreenda que somos responsáveis pela raiva que sentimos — até quando ela é direcionada ao comportamento inadequado de alguém.

- *Converse com pessoas em quem você confia.* Conversar sobre a raiva e ser ouvido e acolhido ajuda muito a melhorar o clima. Faz com que seja mais fácil que nos aceitemos. Lembre-se de que não podemos seguir em frente antes de aceitarmos onde estamos. E, sim, as pessoas se importam. Talvez nós tenhamos de procurá-las, mas elas estão por aí. Se a sua raiva se transformou em ressentimento, procure alguém com quem possa conversar — um profissional ou um grupo de apoio. Ressentimentos podem ser mais prejudiciais do que imaginamos.

- *Extravase a energia raivosa.* Caminhe. Corra. Dance. Vá à academia. Faça ioga. Vá à praia. Varra o quintal. Passeie com o cachorro. A raiva é muito estressante, e ter uma válvula de escape física ajuda.

- *Não abuse dos outros nem permita que abusem de você.* Busque ajuda profissional em caso de abuso.

- *Escreva cartas sem a intenção de enviá-las.* Se você estiver se sentindo culpado pela raiva que sente, isso vai ajudar você bastante. Comece a carta com: "Estou sentindo muita raiva por causa de…" Quando a raiva é colocada no papel, conseguimos entender como lidar com ela.

- *Lide com a culpa.* Livre-se da culpa desnecessária. Livre-se dela. Culpa não ajuda. Se você fez algo inadequado, lide com a culpa legítima, entenda o que fez de errado, redima-se como for necessário e siga em frente. Busque o progresso.

Quando você começa a lidar com a raiva, tem a sensação de que a sente em boa parte do tempo. Isso é normal. Tenha paciência. Você não vai lidar com ela perfeitamente. Ninguém faz isso. Você cometerá erros, mas também aprenderá com eles.

Precisamos ser gentis com nós mesmos quando reprimimos muitos sentimentos raivosos. As coisas levam tempo. Talvez precisemos sentir muita raiva agora. Quando essa necessidade passar, o sentimento irá embora. Se você acha que pode estar empacado na raiva, busque ajuda profissional.

172 | *Codependência nunca mais*

Algumas pessoas acreditam que, se controlarmos nossos pensamentos e nos desligarmos emocionalmente, nunca sentiremos nem ficaremos remoendo a raiva. Talvez isso seja verdade — mas prefiro relaxar e ver o que acontece em vez de ficar me policiando tanto. E, assim como minha amiga, desconfio de pessoas que sorriem e dizem que nunca se irritam. Não me leve a mal — não estou aconselhando pessoa alguma a ficar apegada à raiva nem a ressentimentos, ensinar lições aos outros nem se vingar. Não acho que a raiva deva se tornar o foco da nossa vida nem que deveríamos procurar motivos para senti-la como forma de nos testar. "Não faz bem sentir raiva o tempo todo", diz a terapeuta Esther Olson. Não faz bem ser hostil.

Faz bem, no entanto, sentir raiva quando for necessário.

ATIVIDADE

1. O que você acha que aconteceria se começasse a aceitar sua raiva? Imagine as piores possibilidades caso isso acontecesse. Imagine as melhores. Então encontre um meio-termo.

2. Você já viu outras pessoas lidando com a própria raiva ou a descontando em algo ou alguém? Como você lidou com isso? O que isso lhe ensinou sobre a raiva — e o que você precisa desaprender?

3. Como sua família lida com a raiva? Como sua mãe, seu pai e seus irmãos lidam com a raiva? Você está repetindo padrões de família? Escreva as respostas no seu diário.

4. Se você já reprimiu sua raiva, escreva sobre isso no seu diário. Talvez seja bom dedicar um caderno apenas para a raiva.

5. Se a raiva for uma emoção problemática para você, tenha um lápis e uma folha de papel à mão e comece a escrever sobre sua raiva ao longo do dia. Se as redes sociais forem um gatilho de raiva, preste atenção e inclua isso no diário.

15

SIM, VOCÊ CONSEGUE PENSAR

"Pois Deus não nos deu o espírito de temor, mas de poder, de amor e de bom senso."

— 2 Timóteo 1:7, Bíblia

— O que *você* acha que eu deveria fazer — perguntou uma paciente que lutava contra a codependência.

A mulher estava encarando uma decisão importante quanto ao marido e aos filhos.

— O que *você* acha? — perguntei.

— Você quer que *eu* decida? — rebateu ela. — Demoro 15 minutos no mercado para resolver se quero comprar a água sanitária que custa US$ 1,59 ou a de US$ 1,63. Não consigo tomar nem as decisões mais bobas. Como você esperar que eu decida algo tão importante?

Muitos de nós, codependentes, não confiamos em nós mesmos. Compreendemos o horror da indecisão. As escolhas mais bobas, como fazer um pedido em um restaurante ou qual água sanitária comprar, podem nos deixar paralisados. As decisões importantes que precisamos encarar, como uma forma de solucionar nossos problemas, o que fazer com nossa vida e com quem devemos compartilhá-la, podem nos subjugar. Muitos de nós simplesmente desistimos e nos recusamos a pensar sobre essas coisas. Alguns de nós permitimos que outras pessoas ou circunstâncias tomem essas decisões em nosso lugar.

Este é um capítulo curto mas importante. Ao longo do livro, incentivei você a pensar sobre as coisas, entendê-las, decidir a respeito do que precisa, o que quer e como solucionar seus problemas. Algumas pessoas podem estar se perguntando se isso tudo é possível. O objetivo deste capítulo é lhe dizer que você é capaz de pensar, entender as coisas e tomar decisões boas e saudáveis.

Por uma série de motivos, podemos ter perdido a fé em nossa capacidade de pensar e raciocinar. Acreditar em mentiras, mentir para si mesmo (negação), o caos, o estresse, a baixa autoestima e um estômago cheio de emoções reprimidas pode nos deixar confusos. Contudo, isso não quer dizer que *não* conseguimos pensar.

Reagir de forma impulsiva pode prejudicar o funcionamento de nossa mente. A determinação é atrapalhada pela preocupação com a opinião alheia, por acharmos que precisamos ser perfeitos e fazer tudo com pressa. Passamos a acreditar que não podemos tomar a decisão "errada", que nunca teremos outra oportunidade, que o mundo inteiro gira em torno dessa decisão específica. Não precisamos fazer isso com nós mesmos.

O processo de pensamento também não melhora quando nos odiamos, quando dizemos a nós mesmos que não tomaremos boas decisões e depois ficamos remoendo todas as possibilidades quando tentamos fazer uma escolha.

Não escutar as nossas necessidades e vontades nos impede de acessar as informações que nos ajudam a tomar boas decisões. Duvidar de si mesmo e pensar em todas as possibilidades também não ajuda. Estamos aprendendo a amar, confiar e escutar a nós mesmos.

Talvez estejamos focando aquilo que nos faz mal, nos preocupando e ficando obcecados demais. Isso nos deixa cansados, propensos a sofrer abusos e cheios de ansiedade. Também estamos aprendendo a interromper esses padrões.

Muitas vezes achamos que não somos capazes de pensar porque outras pessoas nos disseram que não conseguimos raciocinar e tomar boas decisões. Nossos pais podem ter feito isso direta ou indiretamente quando éramos pequenos. Talvez tenham nos chamado de burros, tomado todas as decisões por nós, criticado nossas escolhas ou se negado a reconhecer nossa capacidade de pensar quando apontávamos problemas na casa.

Podemos ter tido dificuldade na escola quando éramos jovens — em vez de tentarmos solucionar o problema, desistíamos e dizíamos para nós mesmos que não conseguíamos pensar nem resolver as coisas.

Podemos viver com pessoas que nos dizem direta e indiretamente que não conseguimos pensar. E algumas delas podem até nos dizer que somos insanos, mas dependentes químicos fazem isso com pessoas do convívio.

Nós *conseguimos* pensar. Nossa mente funciona. Conseguimos entender as coisas. Podemos tomar decisões e determinar o que queremos e precisamos fazer, e quando é a hora de tomar uma atitude. E podemos tomar decisões que melhorem nossa autoestima.

Temos capacidade de formar opiniões próprias e pensar de maneira apropriada e racional. Temos o poder de avaliar a nós mesmos e nossos pensamentos, para podermos corrigir nosso raciocínio quando ele se tornar desastroso ou irracional.

Somos capazes de avaliar nosso comportamento e tomar decisões quanto às nossas necessidades e aos nossos desejos; a respeito de quando for o momento de mudar de rumo, entender quais são nossos problemas e o que precisamos fazer para solucioná-los; tomar pequenas e grandes decisões. Podemos ficar frustrados quando tentamos fazer escolhas ou resolver problemas, mas isso é normal. Às vezes, precisamos da frustração para termos revelações. Tudo faz parte do processo; confie nele.

Lembre-se de que nem toda decisão precisa ser perfeita. Não precisamos ser perfeitos nem estar perto disso. Podemos ser apenas quem somos. Não somos tão frágeis a ponto de não conseguirmos lidar com os erros que cometemos.

Podemos até mudar de ideia. E depois mudar de novo. E de novo. As pessoas oscilam.[1] Com frequência, estamos no centro de uma situação desagradável. Podemos alternar bastante entre o que desejamos fazer. Podemos expulsar a outra pessoa de casa, depois deixá-la voltar; ir embora, depois voltar, depois ir embora de novo. É assim que chegaremos a algum lugar. Está tudo bem. Vamos dar mais um passo — isso é normal e frequentemente necessário.

"Mas", podem rebater alguns, "você não tem noção de como a minha cabeça funciona. Tenho pensamentos horríveis às vezes. Tenho fantasias inenarráveis". Muitos de nós temos, e isso é normal, principalmente quando vivemos perto da dependência química. Podemos muitas vezes ter imagi-

176 | *Codependência nunca mais*

nado o funeral do dependente. Nossos pensamentos são a chave para nossos sentimentos. Nossos sentimentos são a chave para nossos pensamentos. Não precisamos reprimi-los. Precisamos deixá-los passar por nós, e então entender o que devemos fazer para cuidar de nós mesmos.

As sugestões a seguir podem ajudar você a ganhar confiança no seu poder de pensar e raciocinar:

- *Dê um pouco de paz à sua mente.* Desligue-se. Acalme-se. Se você precisar tomar uma decisão, seja ela grande, seja pequena, fique em paz primeiramente, depois faça a escolha. Se você não conseguir tomar a decisão nesse dia específico de jeito algum, então, obviamente, não é o momento ideal para fazer isso. Quando for, você conseguirá. E fará isso bem.

- *Peça que seu Poder Superior lhe ajude a pensar.* Toda manhã, peço ao meu Poder Superior o pensamento, a palavra ou o comportamento certo; também inspiração e orientação; e auxílio para solucionar problemas. Acredito que meu Poder Superior ajuda, mas também espera que eu faça a minha parte e pense. Alguns dias são melhores que outros.

- *Pare de ser abusivo com sua mente.* Preocupação e obsessão são abusos mentais. Pare de fazer isso.

- *Alimente sua mente.* Obtenha as informações necessárias sobre problemas e decisões. Ofereça à sua mente uma quantidade razoável de dados, e então permita que ela os analise. Você encontrará boas respostas e soluções.

- *Alimente sua mente com pensamentos saudáveis.* Busque atividades que melhorem seus pensamentos e lhe ofereçam uma carga positiva. Escute uma meditação guiada toda manhã, leia um livro inspirador, escolha algo que lhe faça pensar "Eu consigo" ao invés de "Eu não consigo".

- *Amplie sua mente.* Muitos de nós ficamos tão preocupados com os próprios problemas e também com os dos outros que paramos de acompanhar as notícias, assistir a documentários, ler livros e aprender coisas novas. Demonstre interesse pelo mundo ao redor. Alimente sua curiosidade. Faça uma aula virtual sobre um assunto de que goste. Aprenda algo novo.

Sim, você consegue pensar | 177

- *Pare de falar coisas ruins sobre sua mente.* Pare de dizer a si mesmo coisas como "Sou burro", "Não consigo tomar decisões" ou "Nunca consigo entender nada". Falar coisas boas sobre si mesmo é tão fácil quanto falar coisas ruins. Você provavelmente passará a acreditar nas positivas e, com o tempo, verá que elas é que são verdadeiras. Não é empolgante?

- *Use a cabeça.* Tome decisões. Formule opiniões. Expresse-as. Crie! Pense bem nas coisas, mas não se preocupe e não fique obcecado. Não precisamos deixar alguém tomar nossas decisões por nós, a menos que estejamos sob a tutela do governo. E mesmo se estivermos, ainda somos capazes de pensar e tomar algumas decisões. Deixar que outros decidam por nós quer dizer que estamos sendo resgatados, o que significa que nos sentimos vítimas. Nós não somos vítimas. Além disso, não é nossa responsabilidade tomar decisões por outros adultos. Nós podemos dominar nosso poder de pensar. E podemos deixar que os outros sejam responsáveis pelos próprios pensamentos. Ganharemos mais confiança em nós mesmos quando começarmos a nos sentir melhor e passarmos a tomar decisões, sejam elas grandes, sejam pequenas. As pessoas ao redor vão evoluir conforme fazem as próprias escolhas e cometem os próprios erros.

Confie na sua mente e na sua capacidade de pensar. Fique confortável com ela.

ATIVIDADE

1. Alguém toma decisões por você? Como se sente quanto a isso?

2. Alguém importante na sua vida já disse que você não era capaz de pensar e tomar boas decisões? Escreva um pouco sobre o que lhe disseram e como isso afetou sua vida. Você começou a desmerecer sua capacidade de pensar, decidir e escolher?

3. Comece a fazer uma atividade todos os dias para alimentar sua mente: decorar (ou escrever) um poema, jogar algum jogo, ler um capítulo de livro.

16

DETERMINE SUAS INTENÇÕES

"Não tenha medo da vida. Acredite que ela vale a pena ser vivida,
e sua crença ajudará a tornar isso um fato."

— William James, *Vale a pena viver?*

O conceito mais empolgante que descobri durante minha sobriedade e recuperação da codependência foi a mágica de determinar objetivos — ter consciência sobre nossos desejos e nossas intenções. As coisas acontecem. As coisas mudam. *Eu* mudo. Eu consigo terminar projetos importantes; conhecer novas pessoas; ir a lugares interessantes; superar momentos difíceis da forma menos caótica possível. Problemas são resolvidos. Minhas necessidades e vontades são saciadas. Sonhos se realizam. Talvez não todos os dias, mas em muitos deles.

Adoro determinar objetivos, e espero conseguir transmitir meu entusiasmo para você. Nada no mundo se equipara a ir aonde desejamos, conseguir aquilo que queremos, solucionar um problema ou fazer algo com que sempre sonhamos.

Muitos de nós não conhecemos essa alegria. Ela também foi novidade para mim. Passei anos da minha vida sem pensar no que eu queria e precisava, aonde queria ir, o que desejava fazer. A vida precisava ser suportada. Eu acreditava que não merecia coisas boas, que elas estavam fora de meu alcance. Minha vida somente era interessante quando eu era um apêndice de outra pessoa. Eu não pensava em viver; estava concentrada demais nos outros. Estava ocupada demais reagindo, em vez de agindo.

Não estou dizendo que somos capazes de controlar tudo o que acontece em nossa vida. Não somos. Não damos a última palavra na maioria das ocasiões. Acredito, porém, que podemos trabalhar juntos com a bondade, com o nosso maior destino. Acredito que podemos fazer planos e ter desejos, começar um processo.

"O desejo, quando aproveitado, é *poder*", escreve David Schwartz em seu best-seller *A mágica de pensar grande*. Não tentar concretizar um desejo, não fazer aquilo pelo qual você mais anseia pavimenta o caminho para a mediocridade. "Sucesso exige esforço vindo do coração e da alma, e você somente consegue colocar seu coração e sua alma em algo que realmente deseja."[1]

Objetivos também nos fornecem direcionamento e propósito. Não entro no meu carro, ligo o motor, começo a dirigir e torço para chegar a algum lugar. Decido aonde quero ir ou aproximadamente onde quero parar, e direciono o carro até o local. Também é assim que tento viver. Às vezes, coisas acontecem, e, por uma série de motivos, posso acabar em um lugar diferente do qual tinha planejado. Se eu mudar de ideia ou se surgir algum problema fora do meu controle, acabo fazendo algo que não estava nos planos. O tempo e as circunstâncias exatas podem variar. Isso não é um problema. Geralmente acabo em um lugar melhor. É aí que a aceitação, a confiança, a fé e o desapego entram em cena. Entretanto, pelo menos não estou seguindo pela vida sem rumo. Mais coisas que eu desejo podem acontecer. Fico menos preocupada em resolver meus problemas, porque os transformei em objetivos. E estou começando a pensar e refletir sobre o que *eu* quero e preciso.

Objetivos são divertidos, eles geram interesse e entusiasmo pela vida, a tornam interessante e, às vezes, empolgante.

"Renda-se ao desejo e obtenha energia, entusiasmo, rapidez mental e até uma saúde melhor", escreve Schwartz. "A energia aumenta, se multiplica, quando você determina um objetivo e decide conquistá-lo. Muitas pessoas, milhões delas, conseguem recuperar a energia ao escolher um objetivo e se esforçar ao máximo para alcançá-lo. Objetivos curam o tédio. Objetivos curam até mesmo muitos problemas crônicos."[2]

180 | *Codependência nunca mais*

É mágico determinar e escrever nossas intenções. É algo que coloca forças psicológicas, espirituais e emocionais poderosas em movimento. Nós nos tornamos cientes e tomamos as atitudes necessárias para alcançá-las e conquistá-las. As coisas vêm até nós e começam a acontecer! A seguir, outro trecho de *A mágica de pensar grande*:

> Vamos nos aprofundar um pouco mais no poder dos objetivos. Quando você se rende aos seus desejos e se permite ficar obcecado com um objetivo, recebe a força física, a energia e o entusiasmo necessários para cumpri-lo. Mas também recebe outra coisa, algo igualmente valioso. Você recebe a "instrumentação automática" necessária para seguir rumo ao seu objetivo.
>
> O fato mais interessante sobre um objetivo profundamente estabelecido é que ele mantém você no caminho para alcançar seu alvo. Não é baboseira. O que acontece é o seguinte: quando você se rende ao seu objetivo, ele entra na sua mente subconsciente. A mente subconsciente está sempre equilibrada. A consciente, não, a menos que esteja sintonizada com os pensamentos da subconsciente. Sem a cooperação total da mente subconsciente, as pessoas ficam hesitantes, confusas, indecisas. Agora, depois que seu objetivo é absorvido pelo subconsciente, você reage automaticamente do jeito certo. A mente consciente está livre para pensar de forma nítida, direta.[3]

Quais são seus objetivos? O que deseja que aconteça na sua vida — esta semana, este mês, este ano, nos próximos cinco anos? Que problemas quer solucionar? Que coisas materiais gostaria de ter? Que mudanças quer fazer em si mesmo? Com o que adoraria trabalhar? O que deseja conquistar?

E por que quer todas essas coisas? Reflita sobre a motivação subconsciente do objetivo. Certifique-se de que suas intenções estejam alinhadas com seus valores quando você determinar objetivos, porque suas intenções também vão se manifestar como parte da visão. Além disso, tome cuidado: o perfeccionismo, a negatividade ou um desejo por controle podem lhe sabotar. Talvez você não reconheça o "sonho" quando ele chegar porque não se encaixa com a visão que tinha em mente.

Analise as ideias importantes a seguir sobre estabelecer objetivos e encontre um caminho que funcione para você:

Determine suas intenções | 181

- *Transforme tudo em objetivo/intenção.* Se você tem um problema, transforme a solução em seu objetivo. Não é preciso saber qual é. Seu objetivo é resolver o problema — encontrar uma resolução.

- Você quer algo? Um suéter novo, um carro novo, um cabelo mais comprido, ingressos para um show?

- Você quer ir a algum lugar — Europa, América do Sul, Ásia?

- Você quer um relacionamento amoroso saudável?

- Existe algo que você sempre quis fazer — voltar a estudar, começar a correr, trabalhar para uma empresa específica?

- Você quer mudar algo em si mesmo — aprender a dizer "não", tomar uma decisão específica, diminuir sua raiva?

- Você quer melhorar seu relacionamento com seus filhos, certos amigos ou parentes?

- Você quer iniciar novos relacionamentos, fazer uma nova amizade, começar a namorar? Está na hora de se livrar de relações antigas que não lhe fazem mais bem?

- Você quer conseguir aceitar uma pessoa ou um incidente específico, perdoar alguém? Você quer parar de se preocupar, de controlar, curar suas questões de codependência?

- Nós podemos transformar praticamente todos os aspectos da nossa vida em objetivo/intenção. Se algo lhe incomoda, transforme-o em propósito.

- *Tenha mais consciência daquilo que você deseja, precisa e quer.* Se você não se permitir entender seus desejos, talvez não os reconheça quando eles surgirem. Esse é um processo contínuo, que depende da sua curiosidade, da sua personalidade única, das suas emoções, do seu caminho pela vida e do seu autoconhecimento. Aprenda a reconhecer e se tornar confortável com a pessoa que você é e o que lhe motiva.

- *Omita as falsas obrigações.* Já existem falsas obrigações suficientes controlando nossa vida; não precisamos que elas interfiram em nossos objetivos. Determine que se livrar de 75% das falsas obrigações é um objetivo.

182 | *Codependência nunca mais*

- *Não se limite.* Corra atrás de tudo o que você quiser e de que precisar, todos os problemas que desejar resolver, todas as suas vontades, e talvez até alguns dos seus caprichos.

- *Escreva seus objetivos.* Há um poder extraordinário em colocar seus objetivos no papel em vez de armazená-los casualmente na sua cabeça. Isso oferece foco e organização aos seus objetivos. Faz com que eles se tornem concretos, tangíveis.

- *Entregue seus objetivos para um Poder Superior.* Tenha em mente seus objetivos, mas não fique obcecado sobre como, quando, ou "e se". Quando seus objetivos estiverem no papel, tente não os controlar ou forçá-los. Desapegue-se.

- *Faça o que conseguir, um dia de cada vez.* Faça o que pareça adequado e apropriado a cada dia. Faça o que tenha inspiração para fazer. O que sua intuição sugere. Faça o que surgir no seu caminho e que precise ser feito. E faça em paz; confie no processo. Se for a hora de fazer algo, você saberá. Se for a hora de algo acontecer, acontecerá.

- *Determine objetivos/intenções regularmente e conforme o necessário.* Gosto de determinar intenções para cada ano logo no início de cada um deles. Também escrevo objetivos conforme penso neles no período dos 12 meses. Eu os utilizo para me ajudar a atravessar momentos de crise, quando me sinto abalada. Então, escrevo tudo o que quero e preciso fazer diária, semanal ou mensalmente.

- *Risque os objetivos que você cumprir.* Sim, você começará a alcançar seus objetivos. Você vai alcançar certas coisas importantes para sua vida. Quando isso acontecer, pode riscar esse objetivo, se parabenizar e agradecer ao seu Poder Superior. Você ganhará confiança em si mesmo, no estabelecimento de objetivos e no ritmo da vida. Você vai ver com os próprios olhos que coisas boas acontecem e sentir que é capaz de confiar no processo da sua vida.

- *Busque o equilíbrio entre alcançar objetivos e identificar novos.* Talvez nossa lista de problemas que devem ser transformados em objetivos seja interminável. Provavelmente, sempre teremos desejos e necessidades. Contudo, esse processo de estabelecer objetivos precisa incluir períodos de descanso, para que não nos tornemos *workaholics* guiados por metas, escravizados pelas conquistas. Tenha fé no fluxo e na bondade geral da vida. Problemas surgem. Problemas são resolvidos. Desejos e necessidades se tornam aparentes. Desejos e necessidades são alcançados. Sonhos nascem. Sonhos são realizados. Coisas acontecem. Coisas boas acontecem. Então, mais problemas surgem. No entanto, está tudo bem.

- *Seja paciente.* Confie no tempo do Universo. Não tire um item da lista se ele continua sendo importante para você apenas porque, na sua opinião, ele já deveria ter sido conquistado ou recebido. Às vezes, meus objetivos demoram anos para se realizar, quando faço meu planejamento anual de intenções, olho para a lista e penso: *Ah, esse problema é impossível de resolver. Ele está na lista há anos*; ou *Esse sonho nunca vai se realizar. Já é o quarto ano seguido que o escrevo*; ou *Nunca vou conseguir mudar esse meu defeito.* Não é verdade. Apenas não aconteceu ainda. Aqui vai um dos melhores pensamentos que encontrei sobre a paciência. É um trecho do livro que Dennis Wholey escreveu sobre alcoolismo, *The Courage to Change* [A coragem para mudar]: "Comecei a perceber que esperar é uma arte, que a espera alcança as coisas. Esperar pode ser muito, muito poderoso. O tempo é valioso. Se você conseguir esperar dois anos, talvez consiga alcançar algo que não alcançaria hoje, por mais que se esforçasse, que investisse grande quantidade de dinheiro, que batesse com a cabeça contra a parede."[4]

As coisas acontecem no tempo certo — quando estamos prontos, quando o Universo está pronto. Desista. Desapegue-se.

Determine um objetivo agora, hoje — na sessão de atividades a seguir. Se você já não tiver algum, determine que o primeiro seja "encontrar alguns objetivos".

ATIVIDADE

1. Escreva suas intenções/seus objetivos em um papel. Tente pensar em pelo menos dez itens como desejos, problemas a serem resolvidos e mudanças em si mesmo. Escreva todos que surgirem na sua mente.

184 | *Codependência nunca mais*

2. Releia a lista de "características codependentes" do Capítulo 4. Transforme em objetivo mudar qualquer uma dessas características que se mostrem problemáticas para você (especialmente aquelas que você marcou com o número dois).

3. Lembre-se de que você é responsável por determinar objetivos apenas para si mesmo. Revise sua lista e certifique-se de que não tenha acrescentado nela objetivos que deveriam ser de outras pessoas.

17

COMUNICAÇÃO

*"Quando você estiver fazendo aquilo que é melhor para sua vida,
não tem problema dizer isso uma vez, de forma simples,
e então se recusar a entrar em detalhes sobre o assunto."*

— Toby Rice Drews, *Getting Them Sober*

Leia as conversas a seguir. Talvez você se identifique com o diálogo, que aparece em negrito, e com as interpretações em itálico, que explicam as intenções e os padrões de pensamento dos codependentes.

Danielle está prestes a telefonar para Stacy. Ela quer que Stacy cuide dos três filhos dela durante o fim de semana, mas não quer fazer um pedido direto; ela pretende manipulá-la a fazer isso. Preste atenção nas técnicas que ela utiliza.

Stacy: **Alô.**

Danielle (*murmurando*): **Oi.** (*Suspira.*) *O suspiro significa: "Coitada de mim. Sou tão indefesa. Pergunte qual é o problema. Me salve."*

Stacy (*fazendo uma pausa*): **Ah, oi, Danielle. Que bom que você ligou. Como estão as coisas?** *Durante a pausa, Stacy pensou: "Ah, não. Ela, não. Meu Deus, o que será que ela quer desta vez?"*

Danielle (*suspirando de novo*): **Estou do mesmo jeito de sempre. Cheia de problemas, sabe como é.** *O que Danielle realmente está dizendo é: "Anda. Pergunta qual é o problema."*

STACY *(fazendo outra pausa)*: **O que houve? Você parece mal.** *Durante essa pausa, Stacy pensou: "Não vou perguntar qual é o problema. Não vou me envolver. Eu me recuso a perguntar o que aconteceu." Esse pensamento gerou raiva e depois culpa (os sentimentos de resgate) em Stacy, e então ela foi ao resgate de Danielle, perguntando qual era o problema.*

DANIELLE: **Bem, meu marido acabou de saber que vai precisar viajar a trabalho no fim de semana, e me convidou para ir junto. Eu queria muito ir. Você sabe que nunca vou a lugar nenhum. Mas não sei com quem deixar as crianças. Não queria ter dito não, mas não tive opção. Ele está tão chateado. Espero que não tenha ficado muito triste comigo.** *(Suspira.)* **Ah, é a vida, fazer o quê?** *(Suspira de novo.) Danielle está pegando pesado. Ela quer que Stacy tenha pena dela e do marido, e se sinta culpada. Suas palavras foram escolhidas com cuidado. Danielle, é óbvio, disse ao marido que iria. Ela disse ao marido que pediria a Stacy que tomasse conta das crianças.*

STACY *(fazendo outra pausa)*: **Bem, acho que posso ver se consigo ajudar você.** *Durante essa pausa, Stacy pensou: "Ah, não. Não, não, não. Odeio cuidar dos filhos dela. Ela nunca cuida dos meus. Não quero. Não vou. Que sacanagem a dela ficar me colocando nessas situações o tempo todo. Mas como posso dizer não? Eu devia ajudar as pessoas. Ser prestativa. E ela precisa tanto de mim. Nossa, não quero que ela fique brava comigo. Além do mais, se eu não ajudar, quem ajudaria? Ela tem uma vida tão patética. Mas esta é a última vez. A última vez, mesmo." Ela sentiu raiva, pena, culpa, superioridade, e então voltou para a raiva. Note como Stacy inferioriza Danielle, classificando-a como impotente; observe seus sentimentos grandiosos de responsabilidade (isto é, "Sou a única pessoa no mundo capaz de ajudá-la"). E observe como ela respondeu. Ela queria que Danielle notasse sua falta de entusiasmo e a resgatasse, dizendo que deixasse para lá.*

DANIELLE: **Você pode mesmo cuidar deles? Muito obrigada. Você é maravilhosa. Eu nem tinha cogitado pedir uma coisa dessas para você.** *Danielle está pensando: "Arrá! Consegui o que eu queria."*

STACY: **Sem problemas. Quero ajudar.** *Stacy está pensando: "Não quero fazer isso. Por que isso sempre acontece comigo?"*

* * *

Na conversa abaixo, Robert quer que a esposa, Sally, mande uma mensagem para o chefe dele dizendo que ele está doente demais para ir trabalhar, que está tão mal que nem sequer consegue mandar uma mensagem. (Robert ficou bebendo até as três da manhã.) Seu alcoolismo mais uma vez está causando problemas em casa e no trabalho. Durante a conversa, ele se sente mal, com raiva, culpado e desesperado. Sally se sente do mesmo jeito.

ROBERT: **Bom dia, querida. Tudo bem com você, meu docinho?** *Robert está pensando: "Nossa, me sinto péssimo. Não posso ir trabalhar. Não posso encarar meu chefe. Ela está irritada. É melhor enchê-la de atenção, convencê-la a mandar uma mensagem por mim, e então posso voltar para a cama. Melhor ainda, preciso beber mais. Logo."*

SALLY *(respondendo com um tom de voz ríspido e martirizado após um longo silêncio):* **Estou bem.** *(Encara-o com frieza.) O que Sally quer dizer é: "Estou magoada. Estou com raiva. Como você teve coragem de fazer isso comigo? Você saiu para beber de novo ontem à noite. Depois de prometer que não faria mais isso. A nossa vida está desmoronando e você não se importa. Olha só seu estado. Não aguento mais isso!"*

ROBERT: **Querida, estou me sentindo tão mal hoje. Acho que estou ficando gripado. Não aguento nem tomar café. Manda uma mensagem para o meu chefe? Diz que estou de cama e não consigo nem levantar a cabeça do travesseiro para mexer no celular. Vou amanhã, se me sentir melhor. Você pode fazer isso por mim? Por favor? Seja boazinha. Estou me sentindo tão mal.** *O que Robert realmente quer dizer é: "Não sei mais o que fazer e preciso de você. Cuide de mim, agora. Sei que você está com raiva, então vou tentar despertar sua pena."*

SALLY: **Acho que eu não devia fazer isso. E se ele perguntar alguma coisa que eu não souber responder? É melhor você falar. Você sabe o que quer dizer.** *Sally está pensando: "Odeio mentir por ele. Mas, se eu recusar, ele vai ficar com raiva. Vou tentar fingir que estou mais desamparada que ele."*

ROBERT: **Qual é a sua? Você não pode fazer só um favorzinho para mim? Que egoísmo é esse? Sei que você está irritada comigo. Você está sempre irritada comigo. Tudo bem. Não me ajuda.**

SALLY: **Tudo bem. Vou falar com ele. Mas que isso não se repita.** *(Sentindo-se encurralada, Sally manda uma mensagem para o chefe do marido.)*

188 | *Codependência nunca mais*

Robert argumentou bem. Ele foi direto nos pontos fracos de Sally. Ela tem medo de ser chamada de egoísta porque acha que ser egoísta é algo terrível; ela se sente culpada porque ele tem razão — ela realmente está irritada o tempo todo; ela se sente responsável pelo fato de Robert beber; e tem medo de ele perder o emprego, porque isso já aconteceu antes. E da próxima vez que Robert pedir, ela com certeza mandará uma mensagem para o chefe dele de novo.

Após mandar a mensagem, Sally desconta sua raiva em Robert, perseguindo-o. Então ela acaba sentindo pena de si mesma, como uma vítima. Além disso, continua se sentindo extremamente culpada, pensando que há algo de errado com os sentimentos e as reações dela própria, porque Robert parece muito poderoso, enquanto ela se sente muito fraca e insegura.

* * *

No diálogo a seguir, um terapeuta conversa com um marido alcoólico e a esposa durante uma sessão de um grupo de terapia familiar. Eles parecem o casal perfeito. Essa não é a primeira vez que participam do grupo, mas é a primeira vez que o terapeuta se concentra neles.

TERAPEUTA: **Steven e Joanne, que bom que ambos vieram hoje. Tudo bem com vocês?**

STEVEN: **Estamos bem. Estamos ótimos. Não é, querida?**

JOANNE *(sorrindo)*: **Sim. Está tudo bem.** *(Solta uma risadinha nervosa.)*

TERAPEUTA: **Joanne, você está rindo, mas sinto que aconteceu alguma coisa. Você pode desabafar aqui. Você pode desabafar sobre seus sentimentos e pode desabafar sobre seus problemas. É para isso que o grupo serve. O que está acontecendo por trás desse sorriso?**

JOANNE *(começando a chorar)*: **Estou tão cansada disso tudo. Estou cansada das mentiras. Estou cansada de promessas que nunca são cumpridas. Estou tão cansada de ter medo dele. Estou cansada de tudo.**

* * *

Agora que "escutamos" alguns codependentes, vamos refletir sobre o diálogo que usamos. Muitos de nós não sabemos nos comunicar. Escolhemos nossas palavras com cuidado para manipular, agradar aos outros, controlar, esconder e aliviar culpa. Nossa comunicação exala sentimentos e pensamentos reprimidos, dissimulação, baixa autoestima e vergonha. Nós rimos quando queremos chorar, dizemos que estamos bem quando não estamos. Nós nos permitimos ser provocados e soterrados. Às vezes, agimos de forma inapropriada. Justificamos, racionalizamos, compensamos e enrolamos. Somos inseguros. Nós atazanamos e ameaçamos, depois voltamos atrás. Às vezes, mentimos. Com frequência, hostilizamos. Pedimos desculpas o tempo todo e insinuamos o que queremos e do que precisamos.

Codependentes são indiretos. Não dizemos o que queremos dizer, e não queremos dizer o que dizemos.[1]

Não fazemos isso de propósito, fazemos porque foi assim que aprendemos a nos comunicar para sobreviver. Em algum momento, na infância ou na vida adulta, aprendemos a não falar sobre problemas nem expressar sentimentos e opiniões. Aprendemos a não dizer o que desejamos e queremos. A nunca dizer "não" nem nos defender. Um responsável ou cônjuge alcoólico ensinará de bom grado essas regras que continuam dominando nossa vida.

Por que temos medo de mostrar às pessoas quem somos? Cada um de nós deve responder a essa pergunta. John Powell diz que é porque a única coisa que temos é quem nós somos, e ficamos com medo de ser rejeitados.[2] Às vezes, temos medo por não sabermos ao certo quem somos e o que queremos dizer. Muitos de nós fomos inibidos ou controlados por regras de família que nos postulavam a não pensar, sentir ou causar problemas. Já outros de nós tivemos de seguir essas regras para nos proteger, para sobreviver à fúria emocional, às vezes física, da família. No entanto, acredito que muitos de nós não demonstramos quem somos de verdade por medo, porque acreditamos que é errado ser quem somos.

Muitos de nós não gostamos nem confiamos em nós mesmos. Não confiamos no nosso raciocínio, nos nossos sentimentos. Podemos pensar que nossas opiniões não importam. Acreditamos que não temos o direito de dizer "não". Não sabemos o que desejamos e do que precisamos; quando sabemos, nos sentimos culpados por ter desejos e necessidades, e com certeza não falaremos diretamente sobre eles. Podemos sentir vergonha de ter problemas, e muitas vezes nem confiamos na nossa habilidade de identificá-los corretamente, e estamos mais que dispostos a recuar se outra pessoa insistir que o problema não existe.

Comunicação não é algo místico. As palavras que proferimos refletem quem somos: o que pensamos, julgamos, sentimos, valorizamos, honramos, amamos, odiamos, tememos, desejamos, esperamos, acreditamos e nos comprometemos.[3] Se acharmos que não somos capazes de ter uma vida independente, nossa comunicação refletirá isso. Acreditaremos que os outros têm todas as respostas; sentiremos raiva, mágoa, medo, culpa, carência e seremos controlados por outras pessoas. Desejaremos controlar os outros, tentaremos agradar às pessoas a qualquer custo e tememos críticas e abandono. Teremos esperança em tudo, mas acreditaremos que não merecemos — nem conseguiremos — coisa alguma a menos que forcemos as coisas a acontecer, nos responsabilizando pelos sentimentos e comportamentos da outra pessoa. Ficamos entalados de pensamentos e sentimentos negativos.

Não é de admirar que não conseguimos nos comunicar com transparência.

Falar objetiva e abertamente não é difícil. Na verdade, é fácil. E divertido. Comece sabendo que não há problema algum em ser você mesmo. Não há problema algum com seus sentimentos e pensamentos, em falar sobre os seus problemas. E não há problema algum em dizer "não".

Nós *podemos* dizer "não" — sempre que quisermos. É fácil. Diga agora. Dez vezes. Viu como é fácil? Inclusive, os outros também podem dizer "não". Saber que temos direitos iguais torna tudo mais fácil. Não estamos em desvantagem em relação às outras pessoas. Sempre que nossa resposta for "não", devemos começá-la com a palavra *não*, em vez de dizer "Acho que não", "Talvez", ou alguma outra expressão evasiva.

Diga com vontade o que você quiser dizer (mas não seja maldoso). Caso não saiba o que quer dizer, fique em silêncio e pense no assunto. Se sua resposta for "Não sei", diga "Não sei". Aprenda a ser conciso. Pare de enrolar os outros. Vá direto ao ponto e pare quando chegar lá.

Fale sobre seus problemas. Não estamos sendo desleais a alguém quando revelamos quem somos e as questões que enfrentamos, apenas estamos fingindo ser uma pessoa diferente. Compartilhe segredos com amigos de confiança que não os jogarão na sua cara depois. Você é capaz de tomar decisões certas sobre com quem conversar, quanto contar e quando é a melhor hora de falar.

Expresse seus sentimentos aberta, honesta, apropriada e responsavelmente. Permita que os outros façam o mesmo. Aprenda a dizer: "Eu me sinto." Permita que as outras pessoas digam essas mesmas palavras, e aprenda a escutar — não consertar — quando isso acontecer.

Nós podemos dizer o que pensamos. Aprenda a dizer: "Isso é o que eu acho." Suas opiniões podem ser diferentes das de outras pessoas, e isso não significa que você está errado.

Entretanto, você pode até estar errado.

Nós podemos dizer o que esperamos, sem exigir que outras pessoas se adaptem às nossas necessidades. Elas podem dizer o que esperam, e, se não quisermos, também não precisamos nos adequar às necessidades do outro.

Nós podemos expressar nossos desejos e nossas necessidades. Aprenda as palavras: "Isso é o que eu preciso de você. Isso é o que eu quero de você."

Nós podemos dizer a verdade. Mentir sobre o que pensamos, como nos sentimos e o que queremos não é ser educado — é apenas desonesto.

Não precisamos ser controlados pelo que as outras pessoas falam; não precisamos tentar controlá-las com nossas palavras e ações. Não precisamos ser manipulados, culpados, coagidos ou obrigados a coisa alguma. Podemos abrir a boca e cuidar de nós mesmos. Aprenda a dizer: "Eu te amo, e eu me amo também."

Nós podemos nos recusar a falar com a doença de outra pessoa, ou com o desequilíbrio delas. Se algo não faz sentido, não faz sentido. Não precisamos perder tempo tentando convencer o outro de que ele está falando bobagens. Aprenda a dizer: "Não quero falar sobre isso."

Nós podemos estabelecer e manter limites durante conversas e nos impor sem ser ríspidos ou agressivos. Aprenda a dizer: "Já chega. Este é meu limite. Não vou tolerar isso." E fale sério.

Nós podemos demonstrar compaixão e preocupação sem resgatar alguém. Aprenda a dizer: "Parece que você está com um problema. Como posso ajudar?"; "Sinto muito pelo seu problema." Então se desapegue. *Você não precisa consertar coisa alguma.*

Nós também podemos falar sobre nossos sentimentos e problemas sem esperar que as outras pessoas nos resgatem. Podemos nos contentar em ser ouvidos. No fim das contas, talvez apenas quiséssemos isso mesmo.

Uma reclamação que costumo escutar é: "Ninguém me leva a sério!" Leve a si mesmo a sério. Equilibre isso com um senso de humor adequado, e você não vai precisar se preocupar com o comportamento de quem quer que seja.

Aprenda a escutar o que as pessoas dizem e o que não dizem.

Aprenda a escutar a si mesmo, ao tom de voz que você adota quando fala com os outros, as palavras que escolhe, a maneira como se expressa, *o que* você diz e como isso é recebido.

Aprenda a se alinhar e a se sintonizar com você mesmo. Não podemos ter intimidade e sermos sinceros com os outros se não tivermos intimidade nem formos sinceros com nós mesmos. Suas palavras são condizentes com quem você realmente é — com seu eu superior?

Nós falamos para nos expressar, para ser ouvidos, para compreender a nós mesmos e os outros. Falar nos ajuda a transmitir mensagens para as pessoas ao nosso redor. Às vezes, falamos para alcançar proximidade e intimidade. Talvez nem sempre tenhamos algo muito importante para dizer, mas queremos contato humano. Queremos diminuir o espaço entre nós e os outros, compartilhar e nos aproximar. Às vezes, falamos para nos divertir — para brincar, nos alegrar, provocar e entreter. Há momentos em que falamos para nos defender, para ter certeza de que não seremos atormentados nem toleraremos abusos, que nos amamos e que tomamos as melhores decisões para nós. E, às vezes, simplesmente falamos.

Precisamos nos responsabilizar pela maneira como nos comunicamos e também por impor limites a nós mesmos. Deixemos que nossas palavras reflitam uma boa autoestima e respeito pelos outros. Sejamos honestos, diretos, abertos. Sejamos generosos e amorosos quando for adequado. Sejamos firmes quando a situação exigir firmeza. E, acima de tudo, sejamos quem somos e digamos o que precisamos dizer.

Com amor e dignidade, falemos a verdade — do jeito que a enxergamos, sentimos e conhecemos —, e ela nos libertará.

ATIVIDADE

1. Aos poucos, preste atenção na maneira como você fala e na forma como os outros falam com você. Talvez seja bom usar um cadreninho ou um aplicativo de anotações no celular para registrar essas trocas conforme elas forem acontecendo. Fazer isso vai lhe ajudar a ter noção de como você se comunica. Fique atento a:

   - seu tom de voz (Você está sendo ríspido de volta ou rebatendo com raiva tudo o que alguém diz porque tem emoções não resolvidas com essa pessoa?);

   - o tom de voz da outra pessoa;

   - suas palavras (Você está dizendo o que quer dizer?);

   - seus sentimentos (Quando uma conversa termina, você sente medo? Raiva? Você sente que foi manipulado? Sente ansiedade?).

2. Depois de ter conversas complicadas (inclusive por mensagem), pense sobre a interação. Por que você acha que a conversa seguiu por um caminho tão errado?

3. Treine fazer uma pausa antes de falar, mandar mensagens, e-mails ou postar algo na internet. Você está reagindo? É necessário dizer o que você está prestes a dizer? É necessário dizer isso agora? Existe uma forma mais gentil ou carinhosa de se expressar?

4. Nós não podemos obrigar as pessoas a se redimir, mas podemos controlar quando nos redimimos. Um "desculpe" pode mudar muita coisa. Pratique dizer isso nos momentos adequados.

18

SIGA UM PROGRAMA DE DOZE PASSOS

"— Como são os Doze Passos da reabilitação?
— São ótimos, obrigado."

— Anônimo

Detesto o alcoolismo. O abuso de substâncias e outros transtornos compulsivos destroem as pessoas — pessoas lindas, inteligentes, sensíveis, criativas, amorosas e carinhosas que não merecem ser destruídas. Essa doença mata o amor e os sonhos, machuca crianças e destrói famílias. O abuso de substâncias deixa um rastro de vítimas arrasadas, fragmentadas, atordoadas. Às vezes, a morte precoce de um dependente químico causa menos sofrimento se comparada à enfermidade tenebrosa se prolongando por uma vida inteira. É uma doença horrível, traiçoeira, chocante, poderosa e mortal.

Sou descaradamente apaixonada pelos Doze Passos. Respeito todos os programas de reabilitação: Alcoólicos Anônimos, para pessoas que desejam parar de beber; Al-Anon, para os afetados pelo alcoolismo de outra pessoa; Alateen, de mesmo foco do Al-Anon, mas voltado para adolescentes; Al-Atots, de mesma natureza, mas voltado para crianças; e Narcóticos Anônimos, para pessoas dependentes de drogas. (Alguns desses programas são abertos para pessoas com questões de abuso de substâncias no geral, não apenas alcoolismo.)

Outros programas de Doze Passos que respeito muito incluem o Nar--Anon, para pessoas afetadas pela dependência química de outra pessoa; o Comedores Compulsivos Anônimos, para pessoas com transtornos alimentares; o O-Anon, para pessoas afetadas pelos transtornos alimentares dos outros; Families Anonymous [Famílias Anônimas], para pessoas preocupadas com o uso de substâncias químicas e/ou problemas de comportamento de parentes ou amigos; o Adult Children of Alcoholics [Filhos Adultos de Alcoólicos]; e o Emocionais Anônimos, para pessoas que desejam melhorar emocionalmente.

Existem vários outros programas de Doze Passos bons, incluindo o Dependentes de Amor e Sexo Anônimos, para pessoas com comportamentos sexuais compulsivos; o C.O.S.A., para pessoas afetadas pela dependência de sexo de outra pessoa; o Jogadores Anônimos, para pessoas que desejam parar com o vício em jogos; o JOGANON, para pessoas afetadas pelo vício em jogo de outra pessoa; o Parents Anonymous [Pais Anônimos], para pais abusivos, negligentes e para os que temem se tornar assim, ou para adolescentes que estejam enfrentando problemas devido a abusos passados ou atuais; e o Sexaholics Anonymous [Dependentes de Sexo Anônimos]. Também podem existir outros programas que não mencionei ou que foram criados após a publicação deste livro. Há uma lista de recursos disponível no fim do livro.

Programas de Doze Passos não são apenas grupos de autoajuda que auxiliam pessoas com transtornos compulsivos a parar de fazer algo que lhes cause compulsão (beber, ajudar o alcoólico etc.). Os programas ensinam às pessoas a como viver em paz, sendo felizes e bem-sucedidas. Eles promovem cura e incentivam seus membros a viver uma vida mais saudável e a tratar o problema que desenvolveram, seja ele qual for. Os Doze Passos são um estilo de vida.

Neste capítulo, vou me concentrar nos programas para pessoas que foram afetadas pelo transtorno compulsivo dos outros, porque este é um livro sobre codependência, e é disso que a codependência se trata. Vou me referir especificamente ao programa Al-Anon, porque é nele que "trabalho" — falarei sobre esse outro jargão, "trabalhar em um programa", mais adiante. No entanto, com um pouco de criatividade da nossa parte, as informações que apresento podem ser aplicadas a qualquer um dos programas de Doze Passos.

Os Doze Passos

Os Doze Passos são o centro dos programas de reabilitação. A base dos Passos pertence a vários programas, mas todos são derivados do Alcoólicos Anônimos.

As interpretações após os Passos são minhas opiniões pessoais e não estão relacionadas nem são endossadas por qualquer programa. Os programas também têm as próprias tradições que garantem seu funcionamento de forma eficiente. A 11ª tradição do Al-Anon diz: "Nossa política de relações públicas se baseia em atração, não em promoção."[1] Por favor, entendam que não estou promovendo esse ou qualquer outro programa. Somente estou dando minha opinião, e tenho uma ótima opinião sobre os Doze Passos.

1. **"Admitimos que éramos impotentes perante o álcool — que perdemos o controle sobre nossa vida."** Esse é um passo importante, e, por isso, é o primeiro. Boa parte da nossa dificuldade de aceitar aquilo que precisamos aceitar — o alcoolismo ou o transtorno alimentar de um ente querido, por exemplo — nos leva até essa porta. Minha negação, minhas negociações, meus esforços para controlar, meus resgates, minha raiva, minha mágoa, meu luto me colocaram nessa situação. Não apenas uma, mas duas vezes na minha vida, tentei fazer o impossível: tentei controlar o álcool. Eu tinha lutado contra o álcool na época do meu abuso de bebidas e substâncias; voltei à guerra contra ele quando pessoas que eu amava começaram a beber demais. Em ambas as vezes, perdi. Quando vou aprender a parar de lutar contra leões? Nas duas ocasiões, o álcool passou a me controlar. Não fazia diferença, porém, como isso tinha acontecido, somente o fato de que tinha. Meus pensamentos, emoções, comportamentos — minha vida — eram regulados e direcionados pelo álcool e seus efeitos na vida de outra pessoa. Certas pessoas me controlavam, mas elas eram controladas pelo álcool. Quando as coisas se tornaram nítidas, não foi difícil identificar quem mandava ali: era a garrafa. Quando enxerguei isso, foi fácil entender como perdi o controle da minha vida. No sentido espiritual, emocional, mental e comportamental, eu estava descontrolada. Tinha perdido o controle sobre meus relacionamentos, sobre minha carreira. Não conseguia nem mesmo manter minha casa limpa.

Se este Passo parecer uma desistência, é porque é mesmo. É aqui que nos rendemos para a verdade. Somos impotentes diante do álcool, do alcoolismo, dos hábitos de bebida de outra pessoa e dos efeitos da dependência sobre a vida dela. Somos impotentes diante das pessoas — do que elas fazem, dizem, pensam e sentem, ou deixam de fazer, dizer, pensar e sentir. Estamos tentando fazer o impossível. Nesse ponto, compreendemos isso e tomamos uma decisão racional de parar de tentar fazer o que jamais conseguiríamos, independentemente de quanto tentássemos. Passamos a nos enxergar, a ver as formas como fomos afetados, nossas características, nossa dor. Parece um ato desesperançado e derrotista, mas não é. É a aceitação dos fatos. Não podemos mudar aquilo que está fora do nosso controle, e tentar fazer isso nos enlouquecerá. Este Passo exige uma dose de humildade. Ele também é a ponte para o Segundo Passo. Porque, junto com nossa rendição à impotência, recebemos o poder que, na verdade, já é nosso — o poder que temos de mudar a nós mesmos e nossa vida. Quando paramos de tentar fazer o impossível, temos a possibilidade de fazer o possível.

2. **"Chegamos à conclusão de que um Poder Superior a nós mesmos poderia nos devolver a sanidade."** Se o Primeiro Passo nos deixou desesperados, este vai nos trazer esperança. Não duvidei, nem mesmo por um instante, que eu estivesse fora de mim quando parei de me comparar com as pessoas ao meu redor. A maneira como eu vivia era uma insanidade; a maneira como eu não vivia era uma insanidade. Eu precisava acreditar que poderia me tornar equilibrada. Eu precisava acreditar que a dor que sentia poderia, de algum jeito, diminuir. Escutar, conversar e ver nas reuniões pessoas que tinham ficado tão abaladas quanto eu, e saber que elas haviam encontrado paz em circunstâncias até piores que as minhas, me ajudou a *acreditar*. Nada substitui a visualização. Como dizem por aí, ver é crer.

E, sim, esse é um programa espiritual. Nós somos seres espirituais. O programa supre nossas necessidades espirituais. Não estamos falando sobre religião — o termo que uso é *espiritual*. Nós escolhemos e aceitamos um Poder Superior a nós.

3. **"Decidimos entregar nossa vontade e nossa vida aos cuidados de Deus na forma em que O concebíamos."** Eu tinha entregado minha vontade e

198 | *Codependência nunca mais*

minha vida aos cuidados do álcool e de outras drogas; aos cuidados de outros seres humanos; passei muitos anos tentando impor meu plano sobre a vida. Estava na hora de me retirar do controle de tudo e todos (incluído o meu) e de me colocar nas mãos de um Criador extraordinariamente amoroso. "Tome", falei. "Pegue tudo o que sou, o que aconteceu comigo, para onde irei, como chegarei lá." Falei isso uma vez. Falo isso todos os dias. Às vezes, falo a cada meia hora. Este Passo não significa que nos resignamos a um monte de obrigações e deveres e nos martirizamos. Ele não implica uma continuação do sofrimento. Este Passo é empolgante porque oferece um propósito e um plano — um plano ótimo, perfeitamente maravilhoso, que costuma ser prazeroso e vantajoso, que leva em consideração nossos desejos, necessidades, habilidades, talentos e sentimentos particulares. Para mim, foi uma boa notícia. Eu achava que era um erro. Não acreditava que houvesse alguma coisa que fosse importante planejada para a minha vida. Eu estava simplesmente cambaleando por aí, tentando fazer o meu melhor, quando aprendi o seguinte: *nós estamos aqui para viver o tempo que vivermos, e existe uma vida a ser vivida por cada um.*

4. "Fizemos um minucioso e destemido inventário moral de nós mesmos." Tiramos nossos olhos das outras pessoas e olhamos para nós. Enxergamos apenas aquilo com que estamos lidando, como fomos afetados, o que estamos fazendo e quais são nossas características, e anotamos tudo isso em um papel. Nós olhamos sem medo — não com ódio de nós mesmos ou querendo nos penalizar, mas com um olhar de amor, sinceridade e autocuidado. Podemos até descobrir que odiar a nós mesmos, não nos amar o suficiente, foi um problema moral real. Nós desenterramos quaisquer outros problemas, inclusive a culpa. Olhamos para nossas qualidades, examinamos nossa raiva e nossa mágoa, a nós mesmos e o papel que nossas decisões tiveram em nossa vida. Este Passo também nos oferece uma oportunidade de examinar os padrões pelos quais nos julgamos, que escolhemos acreditar serem adequados, ignorando o restante. Agora estamos no caminho de nos desfazer da nossa culpa merecida (a culpa que surge ao violarmos nosso código moral), da nossa culpa não merecida (a ansiedade e o medo que surgem quando permitimos que o código moral de outras pessoas ordene nosso comportamento e nos faça sentir culpa), de nos aceitar em nossa totalidade e seguir rumo ao crescimento e à mudança.

5. **"Admitimos perante Deus, perante nós mesmos e perante outro ser humano a natureza exata das nossas falhas."** Dizem que a confissão faz bem à alma. Não há qualquer outra coisa igual. Não precisamos mais nos esconder. No Quinto Passo, contamos nossos piores segredos, os mais vergonhosos, para uma pessoa em quem confiamos e que saiba ouvir. Contamos para alguém sobre nossa mágoa e raiva. Essa pessoa escuta. Ela se importa. Somos perdoados. Feridas começam a se curar. Nós perdoamos. Este Passo é libertador.

6. **"Prontificamo-nos inteiramente a deixar que Deus removesse todos esses defeitos de caráter."** Percebemos que algumas das coisas que estávamos fazendo para nos proteger estavam machucando a nós mesmos e, talvez, outras pessoas. Decidimos que estamos prontos para assumir um risco e nos desapegar desses comportamentos e hábitos problemáticos para manter a sobrevivência. Nós nos tornamos dispostos a mudar e cooperar com o processo da mudança. Uso este e os próximos Passos como ferramentas diárias para me livrar de quaisquer defeitos que me incomodem, como minha baixa autoestima, por exemplo.

7. **"Humildemente rogamos a Ele que nos livrasse de nossas imperfeições."** Segundo minha experiência, *humildemente* é a palavra-chave aqui.

8. **"Fizemos uma lista de todas as pessoas a quem prejudicamos e dispusemo-nos a reparar os danos a elas causados."** A disposição é um termo importante aqui, apesar de eu suspeitar que esteja diretamente ligado à humildade. Não se esqueça de acrescentar seu nome à lista. Observe que, como Jael Greenleaf escreve, "O Oitavo Passo não diz 'Fizemos uma lista de todas as pessoas a quem prejudicamos e dispusemo-nos a sentir que somos culpados por isso'.[2] Esta é uma oportunidade de lidar com nossa culpa merecida. É um Passo importante, que nos oferece uma ferramenta que estará disponível para nós durante a vida toda, para conseguirmos aliviar a culpa sempre que ela mostrar sua cara feia.

200 | Codependência nunca mais

9. **"Fizemos reparações diretas dos danos causados a tais pessoas sempre que possível, salvo quando isso significaria prejudicá-las e a terceiros."** Este é um Passo simples em um programa simples. Às vezes, as coisas mais simples são as que nos trazem felicidade.

10. **"Continuamos fazendo o inventário pessoal, e, quando estávamos errados, admitíamos prontamente."** Ficamos de olho em nós mesmos. Avaliamos nosso comportamento de forma contínua e regular. Entendemos as coisas de que gostamos em nós mesmos e nossos acertos. Então nos parabenizamos, nos sentimos bem, nos sentimos gratos, ou as três coisas ao mesmo tempo. Entendemos quais de nossos comportamentos não gostamos e então encontramos uma forma de aceitá-los e solucioná-los sem nos odiar. Aqui vai a parte difícil: se estivermos errados, admitimos isso. Se trabalharmos os Passos Oito e Nove, nos livrando de toda a culpa, saberemos quando dizer "Eu errei" e "Desculpe". Se nos sentirmos culpados, conseguiremos perceber. Se, no entanto, ainda estivermos sentindo culpa o tempo todo, pode ser difícil distinguir quando cometemos um erro, porque o peso na consciência não nos permite sentir uma mudança. É somente mais uma camada de culpa cobrindo uma pilha que já é enorme. A moral da história é: livre-se da culpa. Quando ela voltar de fininho, resolva-a imediatamente.

11. **"Procuramos, por meio da prece e da meditação, melhorar nosso contato consciente com Deus, na forma em que O concebíamos, rogando apenas pelo conhecimento de Sua vontade em relação a nós, e forças para realizar essa vontade."** Este Passo, usado diariamente e conforme necessário, nos ajudará a seguir em frente pelo restante da vida. Ele exige saber a diferença entre ruminação e meditação. Também pede para decidirmos se acreditamos que nosso Poder Superior/Criador é benevolente e "sabe onde vivemos", como diz um amigo. Fique em silêncio. Desligue-se emocionalmente. Reze. Medite. Peça por orientação. Peça ao Poder que faça o que for necessário. Então desapegue-se e veja o que acontece. Às vezes, você se surpreenderá. Aprenda a seguir o fluxo, aprenda a confiar em si mesmo. E, novamente, aprenda a confiar no processo.

Siga um programa de Doze Passos | 201

12. **"Tendo experimentado um despertar espiritual graças a estes Passos, procuramos transmitir esta mensagem aos alcoólicos e praticar estes princípios em todas as nossas atividades."** Vamos despertar espiritualmente e aprender a cuidar de nós mesmos. Esse programa nos ajudará a amar a nós mesmos e as outras pessoas, em vez de resgatar e ser resgatados. Carregar a mensagem não significa se tornar um evangelizador — significa que nossa vida se transforma em luz. Vamos aprender a brilhar. Se aplicarmos esse programa a todas as áreas da nossa vida, ele funcionará em todas elas.

O trabalho no programa

Agora que conhecemos os Passos, vamos falar sobre o que significa "trabalhar no programa" e "trabalhar os Passos". Pelo mundo todo, pessoas "anônimas" se encontram presencialmente em vários locais — igrejas, casas, centros comunitários etc. — ou então em espaços virtuais. Elas podem se reunir uma vez por dia, duas vezes por semana ou até toda noite. Não é preciso se inscrever. Elas apenas descobrem onde um grupo específico se encontra para falar sobre o problema que os aflige. Na reunião, não precisam dizer o sobrenome nem oferecer qualquer informação que os identifique; não precisam dizer coisa alguma se não quiserem. Não precisam pagar, apesar de, se quiserem, poderem fazer uma doação de qualquer valor para ajudar a cobrir os custos do café e da sala em que é feita a reunião. Não precisam se registrar nem preencher um formulário. Não precisam responder à pergunta alguma. Simplesmente entram e se sentam. Isso se chama ir a uma reunião. É uma parte essencial do trabalho no programa.

Uma coisa legal sobre as reuniões é que as pessoas podem ser autênticas. Elas não precisam fingir que não têm um problema específico, porque todo mundo ali se encontra na mesma condição.

A distribuição espacial e a condução das reuniões variam de acordo com o grupo. Alguns se sentam a uma mesa e as pessoas que desejam falar debatem seus sentimentos ou problemas. Outros realizam reuniões as quais contam com palestrantes; eles vão até a frente do salão e falam sobre um Passo ou uma experiência. Em determinados grupos, os Passos são o tema, as pessoas apenas se sentam em círculo e cada uma tem a oportunidade de falar algo so-

202 | *Codependência nunca mais*

bre o Passo debatido naquele dia. Há muitas variações. As pessoas aprendem sobre os Passos nas reuniões, o que eles significam para outros participantes, e escutam slogans. Os slogans do Al-Anon e do A.A. incluem frases fáceis de se lembrar, como "Solte-se e entregue-se a Deus", "Vá com calma" e "Um dia de cada vez". Essas expressões se tornaram slogans porque são verdadeiras. E mesmo que as pessoas se cansem de dizê-las e escutá-las, continuam repetindo-as e escutando-as porque são verdadeiras. E os slogans as ajudam a se sentir melhor. Depois que uma reunião termina, os participantes costumam ficar um pouco mais para bater papo ou sair para tomar um refrigerante ou um café. Aprender sobre os Passos e os slogans, escutar as experiências de outras pessoas, compartilhar as próprias experiências pessoais e o companheirismo fazem parte do trabalho no programa.

Livros, panfletos e materiais de leitura são vendidos nas reuniões a preço de custo. Esses livros contêm informações sobre problemas comuns que afligem os participantes. Alguns grupos vendem livros de meditação, que oferecem sugestões de como lidar com cada dia. Ler o material e os livros de meditação diária também faz parte do trabalho no programa.

Durante a rotina diária, as pessoas que frequentam essas reuniões pensam sobre os Passos e os slogans e tentam entender de que forma se aplicam à vida de cada uma delas, o que estão sentindo, o que estão fazendo e o que está acontecendo naquele momento. Elas fazem isso com regularidade e quando um problema aparece. Às vezes, ligam para um amigo a quem conheceram nas reuniões e conversam sobre a questão. Essa relação pode ser formalmente combinada entre ela e "um padrinho" — alguém cuja recuperação admiram e respeitam. Às vezes, eles seguem as sugestões de um Passo, como escrever um inventário, fazer uma lista das pessoas a quem prejudicaram ou fazer as reparações apropriadas. Se essas pessoas pensarem e trabalharem os Passos o suficiente, os Doze Passos acabam se tornando hábitos — formas habituais de pensar, se comportar e lidar com situações —, quase da mesma forma como características codependentes se tornaram hábitos. A partir disso, o programa se torna um estilo de vida. Isso se chama trabalhar os Passos e trabalhar no programa.

É só isso. As pessoas não se formam e passam a enfrentar coisas mais difíceis — elas permanecem no nível fundamental. Programas de Doze Passos funcionam porque são simples e básicos.

Fico empolgada com coisas simples, como ir a reuniões e trabalhar os Passos. Posso tentar explicar, mas as palavras conseguem transmitir apenas um pouco dessa importância. Algo acontece quando vamos a essas reuniões e trabalhamos no programa. Uma paz e uma cura se instauram, começamos a mudar e a nos sentir melhor. Os Passos são algo em que trabalhamos, mas eles também trabalham em nós. Há mágica nessas reuniões.

Nunca somos obrigados a fazer o que quer que seja que não conseguimos, consideramos ofensivo ou não queremos. Quando chegar a hora de fazer ou mudar algo, saberemos identificar o momento e teremos vontade de fazê-lo. Nossas ações parecerão corretas e apropriadas. Nossa vida também começará a funcionar assim. A cura — o crescimento — se torna um processo natural. Os Doze Passos são uma fórmula para nosso processo de cura natural.[3] Ao lê-los, podemos achar que não parecem grande coisa, mas algo acontece quando os trabalhamos. Seu poder surge. Podemos não entender até que aconteça com a gente.

A melhor descrição dos Doze Passos que já escutei foi a história do "barco invisível", contada por um homem em uma reunião em que eu estava. Ele falava sobre o A.A., mas a história se aplica ao Al-Anon e outros grupos. Mudei algumas de suas palavras para adaptar a ideia ao Al-Anon, mas aqui vai a essência da analogia:

> Imagine que estamos de pé na beira do mar. Do outro lado da água, há uma ilha chamada Serenidade, onde paz, felicidade e liberdade existem, livres do desespero do alcoolismo e de outros problemas. Nós queremos muito chegar à ilha, mas temos de encontrar uma forma de navegar pela água — aquele enorme vazio que se estende entre nós e o lugar onde desejamos estar.
>
> Temos duas opções. No mar, há um transatlântico, um navio de cruzeiro que parece muito chique e confortável. Ele se chama *Tratamento*. Próximo a ele, mas na areia, há um grupo de pessoas sentadas que chama a atenção. Elas se movimentam como se estivessem remando um barco, mas não conseguimos enxergá-lo nem ver os remos. Enxergamos apenas as pessoas felizes sentadas na praia, remando com remos invisíveis um barco também invisível. Esse barco se chama Al-Anon (ou A.A., ou qualquer outro programa de Doze Passos). O transatlântico buzina, nos chamando para bordo do cruzeiro de tratamento e terapia. Nós conseguimos

204 | *Codependência nunca mais*

ver os passageiros: eles estão felizes, acenando para nós. E então observamos as pessoas alegres na areia, nos convidando aos berros a nos juntar ao barco invisível. Devemos escolher o transatlântico ou o navio invisível? É óbvio que vamos entrar no transatlântico, no cruzeiro de luxo. Quando nos damos conta, estamos seguindo para a ilha Serenidade.

O problema é que, no meio do caminho, o transatlântico para, dá meia-volta e retorna ao ponto de partida. Então o capitão ordena que todos desembarquem. Quando perguntamos por quê, ele diz:

— Nosso navio só vai até certo ponto. A única maneira de chegar à ilha Serenidade é entrando no barco invisível (chamado Al-Anon).

Então damos de ombros e nos aproximamos das pessoas no barco.

— Entrem! — gritam elas.

— Não conseguimos enxergar o barco para entrar! — gritamos de volta.

— Entrem mesmo assim — respondem elas. Então entramos, e não demora muito para que elas digam: — Peguem um remo e comecem a remar (trabalhar os Passos).

— Não enxergamos os remos — gritamos de volta.

— Peguem e remem mesmo assim! — dizem elas.

Então pegamos os remos invisíveis e começamos a remar, e logo começamos a enxergar o barco. De repente, o mesmo acontece com os remos. Quando menos esperamos, estamos tão felizes remando juntamente com as pessoas alegres que paramos de nos importar se chegaremos ao outro lado.[4]

Essa é a magia dos programas de Doze Passos — eles funcionam. Não estou dizendo, sugerindo ou dando a entender que tratamento e terapia não ajudam. Porque ajudam. Para muitos de nós, tratamento e um pouco de terapia é exatamente do que precisamos para *começar* nossa jornada. Entretanto, essa jornada termina, e, se temos ou amamos alguém que tenha um transtorno compulsivo, podemos descobrir que precisamos entrar no barco invisível com as pessoas felizes.

No fim deste capítulo, incluí os testes que podemos fazer para determinar se precisamos frequentar o Al-Anon ou o Alateen. Também incluí perguntas adicionais do Filhos Adultos de Alcoólicos. Por favor, entenda que esses grupos não são para pessoas com dependência química — eles são para as pessoas que foram afetadas pelo problema de alguém. É comum

Siga um programa de Doze Passos | 205

não entender isso, e muitos dependentes químicos que frequentam o A.A. acabam descobrindo que também precisam frequentar esses grupos para lidar com as próprias características codependentes. Se você acredita que pode ser um candidato para qualquer programa de Doze Passos — se tiver se identificado com algum problema descrito no começo deste capítulo —, procure por um grupo e comece a frequentar as reuniões. Isso vai ajudar você a se sentir melhor.

Sei que é difícil frequentar reuniões, se apresentar a um grupo de desconhecidos e falar sobre os próprios problemas, que muitos de nós provavelmente não entendemos como frequentar reuniões pode ajudar — especialmente se não formos nós, mas outra pessoa que tem o problema. Contudo, vai ajudar. Eu senti muita raiva quando comecei a frequentar as reuniões do Al-Anon. Já estava trabalhando no programa do meu alcoolismo, não queria — nem precisava — de outro programa nem de outro problema para resolver na minha vida. Além do mais, eu sentia que já tinha feito o suficiente para ajudar os alcoólicos que conhecia. Por que eu tinha de ir a reuniões? Eram os alcoólicos que precisavam de ajuda. Na primeira vez que fui a uma reunião, uma mulher alegre veio a mim, conversou comigo por alguns minutos, sorriu e disse:

— Mas como você é sortuda. Ganhou duas vezes na loteria. Você pode trabalhar em dois programas!

Eu queria esganá-la. Agora, concordo. Sou sortuda, ganhei na loteria duas vezes.

Alguns de nós podemos sentir relutância em frequentar reuniões porque sentimos que já fizemos o suficiente pelas *outras pessoas* em nossa vida. Bem, nós temos razão. Provavelmente fizemos mesmo. É por isso que é importante irmos às nossas reuniões. Nós vamos para nos ajudar.

Outros de nós podemos querer ir apenas para ajudar as *outras pessoas* e talvez se decepcionem ao entender que as reuniões servem para trabalharmos nossas questões. Também não tem problema. Saúde atrai saúde. Se começarmos a trabalhar nossas questões, nossa boa saúde pode influenciar as outras pessoas, da mesma forma que a doença delas nos influenciou.

Alguns de nós podemos ter vergonha de ir. Nas primeiras reuniões a que fui, só consegui ficar sentada lá e chorar, e me senti extremamente descon-

206 | *Codependência nunca mais*

fortável. No entanto, pela primeira vez, era um choro bom: minhas lágrimas eram lágrimas de cura. Eu precisava sentar e chorar. Quando parei e olhei ao redor, vi que outras pessoas também choravam. O Al-Anon é um espaço seguro para sermos autênticos. Lá, as pessoas nos entendem. E você também se entenderá.

Falei sobre as objeções mais comuns que já ouvi sobre frequentar reuniões. Podem existir outras, mas, se você achar que precisa participar de um programa, vá mesmo assim. Os Doze Passos são um presente para pessoas com transtornos compulsivos e para os que as amam. Se você estiver se sentindo fora de si e reagindo a pessoas e coisas, vá. Se você não gostar do primeiro grupo, procure outro e vá. Cada grupo tem a própria personalidade. Continue buscando grupos diferentes até encontrar um onde você se sinta confortável.

Com que frequência devemos ir? Precisamos responder a essa pergunta por conta própria. Geralmente, pessoas com transtornos compulsivos precisam frequentar grupos com um programa de Doze Passos por um bom tempo ou a vida inteira. Para "reuniões de codependência", vá quando sentir necessidade. Nossas tendências codependentes podem nos acompanhar pelo restante da vida. Vá sempre que elas se tornarem um problema. Vá independentemente das outras pessoas na sua vida melhorarem ou não.

Vá até você se sentir grato por poder ir.

Vá até você enxergar o barco e os remos, e se sentir feliz. Vá até a mágica funcionar para você, e não se preocupe — se você for por tempo suficiente, a mágica vai funcionar.

Atividade

1. Faça os testes ou leia a lista de características nas próximas páginas.

2. Se você for candidato a qualquer um dos programas de Doze Passos discutidos neste capítulo, procure reuniões pela internet. Descubra quando e onde elas acontecem, e então vá. Se você se qualificar para mais de um programa, escolha o que lhe parecer mais interessante e vá.

O AL-ANON É PARA VOCÊ?

Milhões de pessoas são afetadas pelo alcoolismo ou abuso de substâncias de alguém próximo. As vinte perguntas a seguir foram projetadas para ajudar você a decidir se o Al-Anon pode lhe beneficiar:

1. Você se preocupa com quanto outra pessoa bebe? (Sim) (Não)
2. Você tem problemas financeiros causados pelo alcoolismo de outra pessoa? (Sim) (Não)
3. Você mente para encobrir o alcoolismo de outra pessoa? (Sim) (Não)
4. Você acha que beber é mais importante para o seu ente querido que você? (Sim) (Não)
5. Você acredita que o comportamento da pessoa alcoólica é influenciado pelas companhias dela? (Sim) (Não)
6. O horário das refeições costuma atrasar por causa da pessoa alcoólica? (Sim) (Não)
7. Você faz ameaças, como "Se você não parar de beber eu vou embora"? (Sim) (Não)
8. Quando você cumprimenta a pessoa alcoólica com um beijo, tenta sentir o cheiro do hálito dela? (Sim) (Não)
9. Você tem medo de chatear alguém por achar que isso pode causar uma bebedeira? (Sim) (Não)
10. Você já se magoou ou teve vergonha por causa do comportamento da pessoa alcoólica? (Sim) (Não)
11. Você acha que a bebida estraga toda data comemorativa? (Sim) (Não)
12. Você já cogitou chamar a polícia devido a comportamentos alcoólicos? (Sim) (Não)

208 | *Codependência nunca mais*

13. Você se pega procurando por bebidas escondidas? (Sim) (Não)

14. Você acredita que, se a pessoa alcoólica lhe amasse, (Sim) (Não)
pararia de beber para lhe agradar?

15. Você já recusou convites sociais por medo ou an- (Sim) (Não)
siedade?

16. Você às vezes se sente culpado quando pensa em (Sim) (Não)
tudo o que já fez para controlar a pessoa alcoólica?

17. Você acha que, se a pessoa alcoólica parasse de be- (Sim) (Não)
ber, todos os outros problemas seriam soluciona-
dos?

18. Você ameaça se machucar para assustar a pessoa (Sim) (Não)
alcoólica a ponto de ela dizer "Desculpe" ou "Eu te
amo"?

19. Você trata pessoas (filhos, funcionários, pais, cole- (Sim) (Não)
gas de trabalho etc.) de forma injusta porque está
com raiva de outra pessoa por beber demais?

20. Você sente que ninguém entende seus problemas? (Sim) (Não)

Se você tiver respondido "sim" a três ou mais perguntas, o Al-Anon ou
o Alateen podem ajudar.[5] Acesse o site do Al-Anon/Alateen em https://al-
-anon.org.br/.

O FILHOS ADULTOS DE ALCOÓLICOS É PARA VOCÊ?
Você é um filho adulto de alcoólico?

1. Você se lembra de alguém bebendo, usando drogas ou tendo algum outro tipo de comportamento que agora enxerga como disfuncional?

2. Você evitava levar amigos para casa por causa do alcoolismo ou de outro comportamento disfuncional no seu lar?

3. Seu pai ou sua mãe inventava desculpas para o alcoolismo ou outros comportamentos do parceiro?

4. Seus pais se concentravam tanto um no outro que pareciam ignorar você?

5. Seus pais ou parentes brigavam o tempo todo?

6. Você era puxado para as brigas ou discussões e intimado a escolher um lado?

7. Você tentava proteger seus irmãos contra o alcoolismo ou outro comportamento na família?

8. Agora um adulto, você se sente imaturo? Você se sente como se por dentro fosse uma criança?

9. Agora um adulto, você acredita que é tratado como uma criança quando interage com seus pais? Você continua exercendo o mesmo papel da infância com eles?

10. Você acredita que é sua responsabilidade cuidar dos sentimentos ou das preocupações dos seus pais? Outros parentes procuram você para solucionar os problemas deles?

11. Você tem medo de figuras de autoridade e pessoas irritadas?

12. Você busca aprovação ou elogios constantes, mas tem dificuldade em aceitá-los quando são oferecidos?

210 | *Codependência nunca mais*

13. Você encara a maior parte das críticas como um ataque pessoal?

14. Você se sobrecarrega demais e então sente raiva quando os outros não apreciam seu comportamento?

15. Você acredita que é responsável pela maneira como outra pessoa se sente ou se comporta?

16. Você tem dificuldade em identificar sentimentos?

17. Você busca por amor ou segurança fora de si mesmo?

18. Você se mete nos problemas dos outros? Você se sente mais vivo em momentos de crise?

19. Você associa sexo com intimidade?

20. Você confunde amor e pena?

21. Você já se envolveu em um relacionamento com uma pessoa compulsiva ou perigosa e ficou se perguntando como isso aconteceu?

22. Você se julga sem qualquer piedade e acha isso normal?

23. Você se comporta de jeitos diferentes em público e em casa?

24. Você acha que seus pais tinham um problema com bebida ou com o uso de drogas?

25. Você acha que foi afetado pelo alcoolismo ou pelo comportamento disfuncional dos seus pais ou parentes?

Se você tiver respondido "sim" a três ou mais perguntas, pode estar sofrendo os efeitos de crescer em uma família afetada pelo alcoolismo ou outro comportamento disfuncional.[6] Procure uma reunião do Filhos Adultos de Alcoólicos na sua região para aprender mais.

OS DOZE PASSOS DO A.A.

1. Admitimos que éramos impotentes perante o álcool — que perdemos o controle sobre nossa vida.

2. Chegamos à conclusão de que um Poder Superior a nós mesmos poderia nos devolver a sanidade.

3. Decidimos entregar nossa vontade e nossa vida aos cuidados de Deus *na forma em que O concebíamos*.

4. Fizemos um minucioso e destemido inventário moral de nós mesmos.

5. Admitimos perante Deus, perante nós mesmos e perante outro ser humano a natureza exata das nossas falhas.

6. Prontificamo-nos inteiramente a deixar que Deus removesse todos esses defeitos de caráter.

7. Humildemente rogamos a Ele que nos livrasse de nossas imperfeições.

8. Fizemos uma lista de todas as pessoas a quem prejudicamos e dispusemo-nos a reparar os danos a elas causados.

9. Fizemos reparações diretas dos danos causados a tais pessoas sempre que possível, salvo quando isso significaria prejudicá-las e a terceiros.

10. Continuamos fazendo o inventário pessoal, e, quando estávamos errados, admitíamos prontamente.

11. Procuramos, por meio da prece e da meditação, melhorar nosso contato consciente com Deus, *na forma em que O concebíamos*, rogando apenas pelo conhecimento de Sua vontade em relação a nós e pedindo forças para realizar essa vontade.

12. Tendo experimentado um despertar espiritual graças a estes Passos, procuramos transmitir esta mensagem aos alcoólicos e praticar estes princípios em todas as nossas atividades.[7]

19

UMA COISA OU OUTRA

"Cuidar de mim mesmo é um trabalho difícil.
Não é de admirar que eu tenha fugido dele por tanto tempo."

— Anônimo

Este capítulo contém pequenas dicas variadas sobre codependência e auto-cuidado.

Adictos de drama

Por mais estranho que pareça, problemas podem se tornar viciantes, e muitos de nós, codependentes, nos tornamos adictos de drama. Se passarmos tempo suficiente convivendo com tristeza, crises e confusões, o medo e o estímulo causados pelos problemas podem se tornar uma experiência emocional confortável. No segundo volume de *Getting Them Sober*, Toby Rice Drews se refere ao sentimento como "tristeza empolgada".[1] Após um tempo, podemos nos acostumar tanto em associar emoções a problemas e crises que buscamos e permanecemos envolvidos em dramas que não nos dizem respeito. Às vezes, podemos até aumentar o tamanho do problema para nos estimular. Isso é especialmente verdadeiro quando negligencia-mos a própria vida e os próprios sentimentos. Quando o problema é solucionado, podemos nos sentir vazios e sem vontade de viver. Estar em crise se torna uma situação confortável e nos salva de uma existência monótona. É como se tornar adicto de novelas, com a diferença de que as crises diárias ocorrem na nossa vida e na de amigos e parentes. "Será que a Ginny vai largar o John?" "Nós podemos salvar o emprego de Michael?" "O que a Jennifer vai fazer?"

Depois que nos desligamos emocionalmente e começamos a cuidar da nossa vida, finalmente encontrando serenidade, podemos sentir falta da velha agitação de vez em quando. Estamos tão acostumados com a bagunça e o burburinho que a paz pode parecer sem graça no começo. No entanto, somos capazes de nos adaptar. Conforme damos andamento à nossa vida, determinando objetivos e encontrando coisas que nos interessem, a paz vai se tornando confortável — mais que o caos. Não vamos mais desejar nem precisar da tristeza empolgada.

Precisamos aprender a reconhecer quando estamos atrás dela. Entenda que você não precisa criar problemas nem se envolver com os problemas alheios. Encontre formas criativas de preencher a necessidade de drama — hobbies, recreação, trabalho. Vá assistir a um filme, ou escreva um roteiro. Comece a praticar um esporte. Quando cheguei à meia-idade, comecei a fazer paraquedismo, alpinismo e aikido, uma forma suave de artes marciais. Divirta-se com o drama, use-o para fazer dinheiro, mas deixe a tristeza empolgada fora da sua vida.

Expectativas

Expectativas podem ser um assunto confuso. A maioria de nós tem expectativas. A certo nível de consciência, imaginamos como as coisas deveriam acontecer ou como desejamos que as pessoas se comportem. Contudo, é melhor não criar expectativas. É melhor evitar forçar os outros a atendê-las ou tentar controlar o resultado de acontecimentos, já que esse tipo de atitude costuma causar problemas, além de ser inútil. Então o que fazer com nossas expectativas?

Algumas pessoas almejam se livrar de todas elas e viver o presente. Isso é admirável, mas acho que a melhor solução é se responsabilizar pelas pró-

214 | *Codependência nunca mais*

prias expectativas. Coloque-as em foco. Analise-as. Fale sobre elas. Converse com as pessoas envolvidas. Descubra se elas possuem expectativas semelhantes e se são realistas. Por exemplo, esperar um comportamento saudável de pessoas doentes é inútil. Então desapegue. Veja no que vai dar. Deixe que as coisas aconteçam — sem forçar a barra. Se somos constantemente decepcionados, talvez haja um problema — seja com nós mesmos, seja com outra pessoa ou uma situação.

Nós podemos ter expectativas. Em certos momentos, elas são dicas reais sobre o que desejamos, precisamos, esperamos e tememos. Nós temos o direito de esperar coisas boas e um comportamento adequado, e provavelmente receberemos mais disso se esperarmos de forma consistente. Se tivermos expectativas, também vamos perceber quando elas não estão sendo atendidas. Precisamos entender, porém, que elas não passam de expectativas; que pertencem a nós, e nem sempre estamos no comando. Como um participante do Al-Anon disse: "Expectativas são ressentimentos esperando para ganhar forma." Certifique-se de que suas expectativas sejam realistas. Não deixe que elas interfiram na realidade nem estraguem as coisas boas que estão acontecendo.

Medo de intimidade

A maioria das pessoas precisa de amor, e deseja estar próxima de alguém. Entretanto, o medo é uma força igualmente forte, que compete com nossa necessidade de amor. Para ser mais específica, essa força é o medo de intimidade.

Para alguns de nós, o medo de intimidade é mais forte que o desejo por ela. Parece mais seguro ficarmos sozinhos ou em relações nas quais temos um "envolvimento não emocional" do que demonstrar vulnerabilidade, proximidade e carinho. Entendo isso. Apesar das necessidades e dos desejos que permanecem insaciados quando não amamos, essa pode parecer a opção mais segura. Não queremos arriscar a incerteza e a vulnerabilidade da proximidade nem o sofrimento de amar — o amor já causou bastante sofrimento para muitos de nós. Não queremos ficar presos em relações que não funcionam nem ser emocionalmente sinceros e lidar com as possíveis rejeições que acompanham esse processo. Não queremos ser abandonados pelas pessoas. Não queremos arriscar, então não nos obrigamos a passar pelo desconforto de começar um relacionamento. Quando não nos aproximamos das pessoas, pelo menos sabemos o que esperar: nada. A negação de sentimentos amorosos nos protege da ansiedade causada por amar. O amor e a proximidade costumam trazer uma sensação de perda de controle, eles desafiam nossos medos mais profundos sobre quem somos e se podemos ser autênticos, e sobre quem os outros são e se eles são bons o suficiente. Amor e proximidade — envolver-se com pessoas — são os maiores riscos que alguém pode correr. Relacionamentos exigem sinceridade, espontaneidade, vulnerabilidade, confiança, responsabilidade e aceitação de nós mesmos e dos outros — muito trabalho. O amor traz alegria e carinho, mas também exige que estejamos dispostos a sentir mágoa e rejeição de vez em quando.

Muitos de nós aprendemos a nos afastar em vez de correr os riscos envolvidos em uma relação. Fugimos do amor ou evitamos a proximidade de muitas maneiras. Afastamos as pessoas ou as magoamos para que elas não queiram estar perto de nós. Pensamos coisas ridículas para nos convencer de que não queremos nos aproximar. Encontramos defeitos em todos que conhecemos; rejeitamos pessoas antes de elas terem a chance de nos rejeitar. Usamos máscaras e fingimos ser algo diferente de quem somos. Depositamos nossa energia e emoções em tantas relações que não nos aproximamos nem demonstramos vulnerabilidade para pessoa alguma, nos contentando com relacionamentos artificiais nos quais os envolvidos não vão esperar nem pedir por proximidade. Interpretamos papéis em vez de sermos reais. Nós nos retraímos emocionalmente de nossas relações existentes. Como diz um amigo sobre esse nosso hábito constante de fugir de relacionamentos: "Todo mundo tem um par de tênis de corrida no armário."

Nós fugimos da intimidade por muitos motivos. Alguns de nós podemos nunca ter aprendido a iniciar relacionamentos e desenvolver intimidade com um parceiro ou parceira. Intimidade não era algo seguro, ensinado ou permitido em nossa família. Para muitas pessoas, cuidar dos outros e abusar de substâncias substituíram a intimidade.

Alguns de nós aprendemos a fugir de relações que não nos faziam bem, mas, para outros, fugir e evitar proximidade e intimidade pode ter se torna-

216 | *Codependência nunca mais*

do um hábito destrutivo, que nos impede de receber o amor que realmente desejamos e de que precisamos.

Não há problema em sentir medo de intimidade, mas também não há problema em se permitir ser amado e se aproximar das pessoas. Nós podemos tomar boas decisões sobre quem amamos e quando fazer isso, e ser autênticos perto dos outros. Arrisque-se. Podemos confiar em nós mesmos, encarar o desconforto e a incerteza de iniciar relacionamentos e encontrar pessoas em quem confiamos. Podemos nos abrir, ser sinceros e autênticos, e até lidar com mágoas e rejeições de vez em quando. Podemos amar sem nos perder nem abrir mão dos nossos limites. Podemos amar e pensar ao mesmo tempo, porque estamos aprendendo a confiar em nós mesmos, e também aprender quando é seguro confiar nos outros. Podemos tirar os tênis de corrida.

Responsabilidade financeira

É comum que nos tornemos financeiramente dependentes dos outros quando estamos vivendo uma relação de codependência. Às vezes, isso é combinado — por exemplo, um parceiro cuida da casa enquanto o outro trabalha e fornece o dinheiro. Em muitas situações, porém, não é feito acordo algum. Certos codependentes ficam tão abalados que não acreditam que são capazes de administrar o próprio dinheiro. Muitos de nós já fomos, no passado, financeiramente responsáveis, mas conforme o alcoolismo ou outros transtornos compulsivos progrediram em um ente querido, desistimos.

Às vezes, nós, codependentes, nos tornamos financeiramente responsáveis por outros adultos. Já vi muitos trabalharem em dois ou até três empregos enquanto o parceiro não contribuía com um centavo que fosse.

Nenhuma das opções é melhor que a outra. Cada pessoa deve ser responsável pelo próprio dinheiro, e também por todo o restante. Quando assumimos a responsabilidade financeira, significa que entendemos quais são nossas obrigações. Também significa permitir — e até insistir — que outras pessoas sejam financeiramente responsáveis por si mesmas. Isso inclui analisar todos os gastos e decidir quais tarefas pertencem a cada pessoa. Que contas precisam ser pagas? Quando? Quando é preciso pagar impostos?

Qual quantia deve durar por quanto tempo? Estamos ganhando mais ou menos do que precisamos? Nós nos sentimos financeiramente responsáveis por nós mesmos? As pessoas ao nosso redor assumiram a responsabilidade pelo próprio dinheiro, ou estamos fazendo isso por elas?

Cuidar de dinheiro faz parte da vida. Ganhar o que será destinado ao próprio sustento, pagar contas e se sentir financeiramente responsável também é uma forma de autocuidado.

Ser financeiramente dependente de alguém pode ser um gatilho para a dependência emocional e financeira.[2] Tornar-se financeiramente responsável por si mesmo — seja lá como isso for conquistado — pode ser um gatilho para a subdependência.

Perdão

Transtornos compulsivos distorcem muitas coisas boas, até mesmo o princípio de perdão. Nós repetidamente perdoamos as mesmas pessoas pelas mesmas coisas. Escutamos promessas, acreditamos em mentiras e tentamos perdoar um pouco mais. Até que chegamos ao ponto em que não conseguimos perdoar. Alguns de nós podemos não querer fazer isso, porque o perdão nos deixa vulneráveis a outras mágoas, e não aguentamos mais sofrer. O perdão se volta contra nós e se torna uma experiência dolorosa.

Podemos nos esforçar ao máximo para perdoar, e alguns de nós podemos até achar que perdoamos, mas a mágoa e a raiva continuam ali.

Às vezes, não conseguimos acompanhar o ritmo das coisas que precisam ser perdoadas — os problemas acontecem tão rapidamente que mal entendemos o que está acontecendo. Antes de conseguirmos compreender a mágoa e dizer "Eu perdoo", surge outra coisa terrível.

Então nos sentimos culpados, porque alguém pergunta "Por que você não pode simplesmente perdoar e esquecer isso?". É comum que pessoas que não entendam nada do mundo dos transtornos compulsivos façam esse tipo de questionamento. Para muitos de nós, o problema não é esquecer. Perdoar e esquecer alimentam nossa negação. Nós precisamos pensar, lembrar, entender e tomar boas decisões acerca daquilo que estamos perdoando — o que pode

218 | *Codependência nunca mais*

ser esquecido — e o que continua sendo um problema. E perdoar alguém não significa que precisamos deixar que a pessoa continue nos magoando. Um alcoólico não precisa de perdão; ele precisa de tratamento. Nós não precisamos perdoar o alcoólico, pelo menos não no começo. O que precisamos é dar um passo atrás, para que ele não continue pisando em nós.

Não estou sugerindo que o certo é ser implacável. Todo mundo precisa de perdão. Rancor e raiva nos machucam e não ajudam o outro. O perdão é maravilhoso. Ele nos permite recomeçar, acaba com a culpa, traz paz e harmonia. Ele reconhece e aceita a humanidade que todos compartilhamos, e diz: "Está tudo bem. Amo você mesmo assim." Precisamos ser gentis, amorosos e complacentes com nós mesmos antes que sejamos capazes de perdoar os outros. Precisamos pensar sobre como, por que e quando devemos oferecer nosso perdão.

O perdão é muito associado à aceitação ou ao processo de luto. Não podemos perdoar alguém por fazer algo se não aceitamos completamente o que essa pessoa fez. Não adianta perdoar um alcoólico que teve uma crise se não aceitamos que ele sofre de alcoolismo. Ironicamente, o tipo de perdão que costumamos oferecer para aliviar o remorso da "manhã seguinte" de um alcoólico pode incentivá-lo a continuar bebendo.

Quando estamos lutando para cuidar de nós mesmos, o perdão vem com o tempo — um tempo próprio. Não deixemos que outras pessoas usem esse princípio contra nós nem que forcem nosso perdão. Nós podemos oferecê-lo com base em boas decisões, autoestima elevada e atenção plena. Se estivermos cuidando de nós mesmos, compreenderemos quem devemos perdoar e o momento certo para isso.

No meio-tempo, não se esqueça de perdoar a si mesmo.

A síndrome do sapo

Existe uma história que circula por grupos de codependentes mais ou menos assim: "Você ficou sabendo da mulher que beijou um sapo? Ela achou que ele se transformaria em um príncipe, mas isso não aconteceu. Ela acabou se transformando em sapo também."

Muitos de nós, codependentes, gostamos de beijar sapos, independentemente de nosso gênero ou orientação sexual. Enxergamos neles o lado positivo e até mesmo nos tornamos cronicamente atraídos depois de beijar tantos deles. Alcoólicos e pessoas com outros transtornos compulsivos são pessoas atraentes. Eles irradiam poder, energia e charme. Prometem todo um mundo. E daí que trazem dor, sofrimento e angústia? Eles falam tudo o que gostaríamos de ouvir.

Se não lidarmos com nossas características codependentes, é provável que continuemos sentindo atração e beijando sapos. Mesmo quando lidamos com nossas características, ainda é possível gostarmos dos sapos, mas podemos aprender a não pular no lago com eles.

Diversão

Diversão e codependência não andam de mãos dadas. É difícil se divertir quando nos odiamos. É difícil aproveitar a vida quando não há dinheiro para comida, porque o alcoólico gastou tudo com bebida. É quase impossível se divertir quando estamos sobrecarregados com emoções reprimidas, morrendo de preocupação com outra pessoa, saturados de culpa e desespero, rigidamente controlando a nós mesmos ou a outra pessoa, ou preocupados com a opinião alheia sobre nós. No entanto, a maioria das pessoas não pensa em nós — elas estão preocupadas com si mesmas e com o que pensamos delas.

Nós, codependentes, precisamos aprender a nos soltar e aproveitar a vida. Fazer planos e se divertir é uma parte importante do autocuidado. É algo que nos ajuda a conservar a saúde, trabalhar melhor e que traz equilíbrio para a vida. Nós merecemos nos divertir. A diversão é uma parte normal de estar vivo. Diversão é reservar um tempo para comemorar a vida.

Reserve um tempo na sua rotina para se divertir. Aprenda a reconhecer quando você precisa se soltar e que tipo de coisas gosta de fazer. Se necessário, transforme "aprender a me divertir" em um objetivo urgente. Comece fazendo coisas apenas para si mesmo, apenas porque você quer. Pode ser desconfortável no começo, mas, depois de um tempo, as coisas vão melhorar. Vão se tornar divertidas.

220 | *Codependência nunca mais*

Solte-se e aproveite a vida. Podemos encontrar coisas das quais gostamos de fazer e nos permitir apreciá-las. Podemos aprender a relaxar e gostar das nossas tarefas diárias, não apenas as atividades recreativas. O martírio pode interferir no nosso bem-estar por muito tempo, mesmo depois de os dependentes químicos saírem da nossa vida. O sofrimento pode se transformar em um hábito, mas aproveitar a vida e cuidar de nós mesmos também pode. Tente.

Limites

Dizem por aí que os codependentes têm dificuldades com limites. Eu concordo. A maioria de nós não tem limites.

Estabelecer limites significa dizer: "Só estou disposto a vir até aqui. É isso o que farei ou não por você. É isso o que tolerarei ou não de você."

A maioria de nós começa um relacionamento com limites estabelecidos. Tínhamos certas expectativas e mantínhamos certas noções sobre o que suportaríamos ou não da outra pessoa. A dependência química e os outros transtornos compulsivos riem na cara dos limites. Eles não apenas forçam nossos limites, como também passam por cima deles na cara de pau. Sempre que um deles força ou atravessa nossos limites, cedemos. Criamos uma exceção, dando mais espaço para que ela cresça. Conforme a questão vai se agravando, cedemos mais, até começarmos a tolerar coisas que antes pareciam intoleráveis e a fazer coisas que antes pareciam absurdas.[3] Depois, esse processo de "aumento da tolerância" de comportamentos inadequados pode se reverter. De repente, podemos renegar até o mais humano dos comportamentos. No começo, inventamos desculpas para o comportamento inadequado do outro — no fim, não há desculpa.

Nós começamos tolerando comportamentos anormais, nocivos e inadequados, até nos convencermos de que esses comportamentos são normais e algo de que precisamos. Podemos ficar tão acostumados com abusos verbais e tratamentos desrespeitosos que nem reconhecemos quando essas coisas acontecem. No fundo, porém, nós sabemos. Nosso inconsciente sabe e deixará isso evidente para nós se pararmos para escutar. Às vezes, conviver com problemas sutis, como um alcoólico que parou de beber e não participa de um programa de recuperação, pode ser mais difícil que os problemas gritantes. Sentimos que algo está errado, começamos a achar que estamos loucos, mas não conseguimos entender por quê, já que não há como identificar o problema.

Precisamos de limites. Precisamos determiná-los para nós mesmos e para as outras pessoas, e definir o que permitiremos que elas façam com e por nós. É necessário que as pessoas com quem nos relacionamos saibam que temos limites, isso vai ajudar todo mundo. Não estou dizendo para nos tornarmos tiranos, também sou contra a inflexibilidade absoluta, mas podemos entender nossos limites. Conforme crescemos e mudamos, podemos querer mudá-los também. Aqui vão alguns exemplos de limites comuns para codependentes em recuperação:

- não permitirei que alguém seja física ou verbalmente abusivo comigo;
- não acreditarei nem apoiarei mentiras conscientemente;
- não permitirei abuso de substâncias dentro da minha casa;
- não permitirei comportamento criminoso dentro da minha casa;
- não resgatarei pessoas das consequências do próprio abuso de substâncias ou outros comportamentos irresponsáveis;
- não financiarei o abuso de substância ou comportamentos irresponsáveis de outras pessoas;
- não mentirei para proteger você ou a mim mesmo do seu vício;
- se você quiser se comportar inadequadamente, isso é problema seu, mas não pode fazer isso na minha frente. Alguém vai ter de ir embora: você ou eu;
- você pode acabar com sua diversão, com seu dia, com sua vida — isso é problema seu —, mas não permitirei que faça o mesmo comigo.

Às vezes, é necessário determinar limites que se aplicam a um relacionamento específico, como "Não vou mais cuidar dos filhos da Alana, porque ela se aproveita de mim".

Imponha limites, mas certifique-se de que sejam os *seus* limites. As coisas de que você está cansado, que não aguenta mais, e sobre as quais faz ameaças podem ser sinais de alguns limites que precisam ser impostos. Elas também podem ser sinais de mudanças que precisam ocorrer no seu interior. Lembre-se: sempre diga o que você quer dizer e queira dizer o que você diz, mas não seja maldoso.

As pessoas podem ficar irritadas com a gente por impormos limites, por não conseguirem mais nos usar. Talvez elas nos incentivem a nos sentir culpados, para removermos o limite e voltarmos à relação de abuso. Não sinta culpa nem volte atrás. Podemos manter nossos limites e aplicá-los. Seja consistente. É provável que sejamos testados mais de uma vez quanto a cada limite imposto. As pessoas fazem isso para ver se estamos falando sério, especialmente quando não falamos no passado. Nós, codependentes, fazemos muitas ameaças vazias. Perdemos a credibilidade e depois nos perguntamos por que as pessoas não acreditam em nós. Seja firme quanto aos seus limites — diga uma vez, com tranquilidade, em paz. Observe seu nível de tolerância, para não se exaltar de forma alguma.

Alguns de nós, codependentes, especialmente os que estamos nos estágios finais de uma relação com um dependente químico, podemos ter dificuldade em estabelecer e impor limites. Estabelecer limites exige tempo e determinação, e a imposição deles exige ainda mais energia e consistência.

Nós não criamos limites para controlar os outros — eles são uma questão de nos responsabilizarmos por nós mesmos. Com frequência, precisamos determinar limites no tocante aos nossos comportamentos, não apenas aos dos outros. O amor-próprio, assim como o amor pelas outras pessoas — e isso inclui nossos filhos —, requer disciplina. Existe algum aspecto da nossa vida, algum comportamento, que precisamos aceitar, enfrentar ou limitar?

Limites dão *muito* trabalho, mas são essenciais e merecem todo o tempo, toda a energia e todos os pensamentos necessários para serem criados e estabelecidos. No fim das contas, acabamos tendo mais tempo e energia por causa deles.

Quais são os nossos limites? Quais precisamos estabelecer?

Cuidados físicos

Às vezes, nos estágios estressantes da codependência, negligenciamos nossa saúde e nossa higiene pessoal. Olhe-se no espelho: se você não gostar do que encontrar, solucione o problema. Se não conseguir solucionar, pare de se odiar e se aceite.

O autocuidado é importante. Exercícios físicos são essenciais para a sensação de bem-estar. Se você estiver doente, vá ao médico. Se precisar perder peso — ou mudar algum outro comportamento —, entenda o que precisa ser feito para conseguir cuidar melhor de si mesmo, com mais amor. Quanto menos cuidamos do nosso corpo, pior nos sentimos sobre nós mesmos.

Cuidar do nosso emocional também ajuda nossa saúde física. Se passarmos tempo demais nos recusando a fazer isso, o corpo se rebela e adoece, nos obrigando a buscar os cuidados necessários, assim como as pessoas ao nosso redor. É mais fácil nos cuidar antes de ficarmos doentes.

Ajuda profissional

Precisamos procurar ajuda profissional se:

- estivermos deprimidos e pensando em suicídio;
- quisermos fazer uma intervenção e confrontar um alcoólico ou outra pessoa com transtornos;
- estivermos sendo vítimas de abuso físico ou sexual;
- estivermos abusando física ou sexualmente de outra pessoa;
- estivermos passando por problemas com álcool ou outras drogas;
- não estivermos conseguindo resolver nossos problemas nem "sair do lugar" por conta própria;
- acreditarmos, por qualquer motivo, que seria vantajoso procurar ajuda profissional.

Ao buscar um profissional, lembre-se de confiar em si mesmo. Se não nos sentirmos confortáveis com o grupo ou a pessoa com quem estamos

224 | *Codependência nunca mais*

trabalhando, se não concordarmos com o rumo que a terapia está tomando ou se não confiarmos na ajuda que estamos recebendo (ou não), é melhor encontrar outro profissional. Podemos estar sentindo uma resistência normal a mudanças, mas pode ser que a pessoa com quem estamos trabalhando não seja a melhor para nós. Nem todos os profissionais são capazes de ajudar todas as pessoas.

Se você procurar por ajuda e algo não parecer correto, procure alguém diferente. Você não precisa ceder seu poder de pensar, sentir e tomar boas decisões para qualquer pessoa que seja — nem mesmo alguém que tenha um doutorado. Uma lista de recursos está disponível no fim do livro.

Podemos encontrar a melhor ajuda para nós.

Confiança

Pessoas que sofrem de dependência frequentemente ficam na dúvida sobre em quem confiar. "A Heather está fazendo o tratamento para o alcoolismo há duas semanas. Ela já mentiu para mim 129 vezes. Agora, ela está irritada porque eu disse que não confio nela. O que devo fazer?"

Já ouvi muitas variações disso. Minha resposta costuma ser igual: existe diferença entre confiança e ingenuidade. É óbvio que você não confia na Heather. Pare de se obrigar a confiar em alguém em quem você não confia.

Mencionei várias vezes esta frase ao longo do livro e irei repeti-la de novo: *nós podemos confiar em nós mesmos*. Podemos confiar em nós mesmos para tomar boas decisões sobre em quem confiar. Muitos de nós tomamos decisões inadequadas sobre confiança. Não é prudente confiar que um alcoólico nunca mais vai beber se esse alcoólico não receber tratamento. Não é prudente confiar que um alcoólico nunca mais vai beber nem se ele *receber* tratamento — não há garantias sobre o comportamento humano. Podemos confiar, no entanto, que as pessoas serão quem elas são e aprender a enxergá-las com mais discernimento.

Veja se o que as pessoas falam condiz com os comportamentos delas. O que dizem é o mesmo que *fazem*? Como disse uma mulher: "Ele parece ótimo, mas não se comporta bem."

Se prestarmos atenção em nós mesmos e nas mensagens que recebemos do mundo, saberemos em quem confiar, quando confiar e por que confiar em uma pessoa específica. Podemos descobrir que sempre soubemos com quem podemos contar — apenas não estávamos escutando a nós mesmos.

Sexo

Uma hora, uma codependente está me contando que o casamento dela está em ruínas. Em outra, ela me pergunta se é normal ter problemas sexuais quando as coisas chegam a esse ponto.

Sim, é normal ter problemas sexuais. Muitas pessoas têm problemas com sexo, e os codependentes fazem parte dessa estatística. A dependência química e toda a extensão de transtornos compulsivos afetam a intimidade.[4] Às vezes, a expressão física do amor é a última perda que sofremos — o golpe que nos diz que o problema não vai desaparecer, independentemente de quanto tempo passarmos de olhos fechados.

Às vezes, é o dependente químico quem tem o problema. Ele se torna impotente ou perde o desejo sexual. Isso pode acontecer tanto antes quanto depois da recuperação. Com frequência, é o codependente quem tem problemas com sexo. Há uma variação de dificuldades que podem ser encontradas entre quatro paredes. Podemos não conseguir chegar ao orgasmo, temer a falta de controle ou não confiar em nossos parceiros, nos afastar emocionalmente, não estar dispostos a ficar vulneráveis ou perder o desejo pelo parceiro, sentir repulsa por ele ou não ter nossas necessidades saciadas porque não pedimos por isso. É provável que o relacionamento não seja melhor na cama que fora dela. Se tomamos conta do outro na cozinha, provavelmente fazemos o mesmo no quarto. Se sentimos raiva e mágoa antes de fazermos amor, provavelmente sentiremos raiva e mágoa após fazermos amor. Se não quisermos estar no relacionamento, não vamos querer fazer sexo com a pessoa. O relacionamento sexual ecoará e refletirá o tom geral da relação.

Problemas sexuais podem aparecer de repente. Por um tempo, o sexo pode ser a salvação de um relacionamento problemático. Pode ser a forma de fazer as pazes após uma briga. Conversar parece acalmar os ânimos, e

226 | *Codependência nunca mais*

a intimidade física melhora tudo. No entanto, após certo ponto, conversar talvez não acalme ninguém. A conversa vai se tornando mais confusa, e o sexo para de melhorar as coisas. Na verdade, o sexo pode seguir a direção contrária e piorar tudo.

Para alguns, sexo pode ser um ato puramente mecânico, que gera quase a mesma satisfação emocional de escovar os dentes. Para outros, pode ser um momento de humilhação e degradação: outra tarefa, outro dever, mais uma coisa que deveríamos querer, mas que não queremos. Ele acaba se tornando mais uma coisa que não está dando certo, que gera culpa e vergonha em nós, a respeito da qual tentamos mentir. É outro aspecto na nossa vida que nos faz perguntar: *Qual é o meu problema?*

Não sou terapeuta sexual. Não ofereço curas nem conselhos técnicos — apenas um pouco de bom senso. Acredito que autocuidado significa aplicar os mesmos princípios no quarto que aplicaríamos em outras situações da vida. Em primeiro lugar, temos de parar de nos culpar e nos odiar. Em segundo, temos de falar a verdade para nós mesmos. Devemos parar de fugir, nos esconder e negar. Com delicadeza, nos questionamos sobre o que estamos sentindo e pensando, e então confiamos nas nossas respostas. Escutamos os outros de forma respeitosa. Não abusamos de nós mesmos nem nos punimos. Entendemos que o problema pelo qual estamos passando é uma reação normal ao sistema em que vivemos. É óbvio que estamos passando por esse problema — é uma parte normal do processo. Seria estranho não sentir repulsa, distanciamento, desconfiança e outros sentimentos negativos. Nada está errado com a gente.

Após entendermos a situação e sermos sinceros com nós mesmos, está na hora de sermos sinceros com nossos parceiros. Precisamos contar a eles o que estamos pensando e sentindo, e o que precisamos deles. Podemos explorar as possibilidades, negociando e cedendo quando for apropriado. Se não conseguirmos resolver nossos problemas por conta própria, podemos buscar ajuda profissional.

Alguns de nós podemos buscar consolo em casos amorosos. Precisamos nos perdoar e entender o que precisamos fazer para nos cuidar. Tome o Quarto e o Quinto Passos; converse com um terapeuta. Temos de tentar entender que nossos atos são reações comuns aos problemas que enfrentamos.

Outros de nós, codependentes, tentamos fugir dos problemas ao ter uma série de relacionamentos sexuais insatisfatórios. Isso costuma acontecer durante a fase da negação, quando comportamentos compulsivos se instauram. Não precisamos continuar fazendo isso. Podemos encarar e solucionar nossos problemas de outra maneira. Podemos nos perdoar e parar de nos machucar.

Alguns de nós podemos estar buscando por amor e encontrando sexo no lugar. Se esse for o seu caso, entenda do que você precisa e como suprir suas necessidades.

Outros de nós podemos precisar começar a pedir aquilo de que precisamos. Alguns outros talvez tenhamos de aprender a dizer "não". Alguns de nós ainda podemos estar tentando forçar o amor a voltar para uma relação fracassada, fingindo prazer sexual. Essa técnica não funciona. Sexo não é amor; sexo é sexo. Não faz o amor existir se não existia antes. Sexo é uma forma de expressar o amor que já existe.

Alguns de nós podemos ter desistido e resolvido que sexo não é tão importante assim. Eu acho que sexo é importante. Não é a coisa mais importante da vida, mas é uma parte importante da minha.

Sexo é uma força poderosa, uma fonte de intimidade e prazer. Somos capazes de nos cuidar se nossa vida sexual não estiver funcionando como gostaríamos. Somos responsáveis pelo nosso comportamento sexual — pelo nosso prazer ou pela ausência dele na cama. Podemos nos perguntar: O que nossa vida sexual diz sobre nossa relação?

20

TRANQUILIZE-SE

"A felicidade não chega pronta. Ela é criada a partir das suas ações."

— Sua Santidade o 14º Dalai Lama

É a semana do Natal de 1990, e o amigo da minha filha, Joey, dá um presente para nossa família.

Enquanto trocávamos presentes, o de Joey — um globo de neve contendo uma figura materna, com um casal de filhos — cai e se espatifa no chão. Foi um acontecimento desagradável, levemente agourento, da forma como acidentes costumam ser.

Nenhum de nós poderia imaginar a tragédia, ocorrida um mês depois, que esse presente metafórico prenunciaria: meu filho Shane faleceu durante seu aniversário de 12 anos, em um acidente nas pistas de esqui em Afton Alps, a dez minutos da nossa casa em Minnesota. A irmã e Joey estavam ao seu lado. Nossa família se espatifou em mil caquinhos, da mesma forma que o globo de neve.

Irreversivelmente.

Muitos de nós já vimos nosso mundo ser espatifado. Talvez a destruição não tenha sido tão perceptível quanto a morte de um ente querido, porém o trauma — as rachaduras e as fraturas psicológicas — continuam lá.

Em *Onde eu moro*, um documentário da Netflix sobre pessoas em situação de rua na Costa Oeste dos Estados Unidos, voluntários reagiram à situação de determinada mãe que morava em uma tenda com os dois filhos pequenos.

— Esta é uma situação extrema — disse um deles. — Precisamos levar vocês para o abrigo.

— Sabe, é engraçado — disse a mãe para as pessoas que desejavam ajudá-la. — Você acaba em uma situação extrema aos poucos, e ela acaba não parecendo tão... *extrema*.[1]

Essa desvalorização pode acontecer quando uma situação nos atordoa e nos arrasta. Por exemplo, descobrimos que a pessoa dos nossos sonhos é alcoólica, ou nascemos em uma família na qual o alcoolismo, a dependência química ou os abusos preexistentes estão presentes. Podemos não registrar de forma consciente que nossa vida é traumática ou psicologicamente instável quando convivemos com os mesmos comportamentos e traumas todos os dias. Para lidar com isso, para manter o equilíbrio, costumamos internalizar, normalizar, negar, ignorar. Seguimos em frente, desenvolvendo as próprias manias, comportamentos autodestrutivos e outros vícios ou padrões autodepreciativos, até mesmo a crença de que não merecemos amor, de que não somos suficientes, e que, por algum motivo, de algum jeito, merecemos essa confusão toda. Enquanto isso, o medo, a ansiedade e o trauma fervilham, abalando nossas bases, talvez nos adoecendo — sentimos dores de cabeça, de barriga ou pior. Mesmo quando a mente consciente esquece (ou nega), "o corpo cobra", como declara o best-seller de Bessel van der Kolk.[2]

Ataques de pânico, crises de ansiedade, traumas, transtorno de estresse pós-traumático (TEPT), transtorno de estresse pós-traumático complexo (TEPT-C), transtorno de ansiedade social, fobias, transtorno obsessivo-compulsivo (TOC), transtorno de ansiedade de separação, transtorno de apego reativo, dissociação — são variações e primos de primeiro grau da ansiedade e dos traumas que foram categorizados, identificados e classificados desde 1621, quando Robert Burton publicou *A anatomia da melancolia*.

De acordo com o Instituto Nacional de Saúde Mental dos Estados Unidos, transtornos de ansiedade são a questão de saúde mental mais proeminente no país atualmente (apesar de reações humanas a ansiedade e traumas serem universais),[3] mas apenas um terço das pessoas com transtornos busca tratamento.[4] Medo, ansiedade, pânico e trauma se infiltraram no co-

230 | *Codependência nunca mais*

ração, na mente, na alma e no corpo das pessoas, na cultura e na consciência, até se tornarem uma parte dominante de muitas das nossas histórias.

Não estou me referindo a eventuais noites insones, preocupações rotineiras ou ocasionalmente ficar remoendo decisões importantes. Este capítulo fala sobre o tipo de ansiedade e trauma que nos incapacita, e como podemos nos libertar.

"Eu não sabia que estava machucado", disse uma pessoa que estava sofrendo. "Simplesmente comecei a mancar sempre que andava."

"Ansiedade? Tenho isso desde que me entendo por gente, antes mesmo de saber o que era", disse Leah, uma garota de 19 anos que está no primeiro ano da faculdade. "É incapacitante. Paralisante."

Nascida em uma família amorosa e incentivadora, essa jovem inteligente e criativa tem tanta ansiedade que seus parentes se tornaram cronicamente ansiosos, apesar de, assim como muitos de nós, ela esconder a condição de todo mundo, com exceção das pessoas em quem mais confia.

"Acho que boa parte vem do medo de estar perdendo as coisas. Sou engatilhada por relacionamentos, interações sociais, amigos. E pelas redes sociais, apesar de não as usar mais com tanta frequência", explicou Leah. "Faço terapia; tentei meditar; e, de vez em quando, tomo medicação. A faculdade que frequento é cercada por natureza. Ir para lá e fazer caminhadas me ajuda. Assim como me exercitar, mesmo que só um pouco."

O maior alívio, segundo Leah, acontece quando ela consegue mergulhar completamente em um projeto de arte e transcender a ansiedade. Leah adora desenhar.

"Fico incomodada quando tenho aulas o dia todo e me sinto ansiosa, deprimida — o que faz eu me sentir desesperançada —, porque acho que não vou conseguir chegar até o fim do dia. Só que, quando não tenho aulas nem planos, não fico tão incomodada, porque uso a arte e os deveres de casa como válvula de escape."

Sem essas válvulas de escape positivas, ela não consegue fazer muita coisa. "Eu e a maioria dos meus colegas de classe não estamos interessados em casar, constituir família", disse ela. "Estamos tentando entender como transformar o mundo em um lugar melhor, mais seguro."

Em alguns dias, assim como outras pessoas em condição igual ou similar, ela mergulha na ansiedade. *Ansiedade total.* Leah fica paralisada, imóvel, enquanto um turbilhão de pensamentos e emoções temerosas tomam conta de seu interior e entorno.

"Se eu pegar o telefone e começar a rolar a tela, procurando algo com que me distrair, piora", disse Leah. "E quando tenho um dia bom, instantaneamente penso: *Ah, isso não vai durar muito.* Então fico mais ansiosa."

"Ansiedade é algo real", disse o cantor/compositor norte-americano Adam Lambert. "É uma fera."[5]

DA MESMA FORMA são o trauma e o TEPT, apesar de suas manifestações muitas vezes serem diferentes das da ansiedade e do pânico.

Geoff, hoje com 40 e poucos anos, descreveu a família e a infância como um sonho.

"Meus pais eram completamente apaixonados um pelo outro e por nós."

Geoff tem dois irmãos, e ele é o caçula. "Eu tinha acabado de chegar à puberdade; tinha quase certeza de que era gay", contou. "Estava começando a tocar no assunto com a minha mãe quando ela ficou doente, recebeu um diagnóstico errado e morreu de repente de câncer de cólon."

O globo de neve de Geoff se espatifou.

"Senti como se tivesse perdido o controle", disse ele. E, aos poucos, perdeu mesmo, assim como acontece com muitos de nós, porque o controle é uma ilusão.

Geoff começou a dedicar toda sua energia para controlar o que fosse possível. Na escola em Nova York, ele se tornou o aluno perfeito, que sempre fazia tudo e mais um pouco. A faculdade foi a fase pré-alcoolismo de Geoff, enquanto ele dividia sua energia entre se matar de estudar durante a semana inteira e cair na gandaia nos fins de semana. "Eu bebia muito de uma vez só, mas, até os 30 anos, a coisa que eu mais gostava de beber enquanto jantava era leite."

No dia 11 de setembro de 2001, Geoff perdeu amigos e, como muitas pessoas, foi tomado pela onda de trauma cultural responsável por gerar rachaduras psicológicas em muitas pessoas. Ele fazia trabalho voluntário nos fins de semana, levando comida para os trabalhadores no Marco Zero e visitan-

232 | *Codependência nunca mais*

do bombeiros e outros feridos no hospital. Sem conseguir dormir, ele foi ao médico e recebeu uma prescrição de alprazolam, uma benzodiazepina usada para tratar pânico e ansiedade, e zolpidem para dormir. Ele só tinha 22 anos. Geoff tomou um alprazolam e, pela primeira vez, se sentiu relaxado. Calmo. "Eu conseguia pensar uma coisa de cada vez", disse Geoff. "Nada me abalava."

Ele tomou um zolpidem e, finalmente, conseguiu dormir.

Nos dez anos seguintes, ele manteve a rotina de beber demais nos fins de semana e se medicar todas as noites com alprazolam e zolpidem. Por dois anos, Geoff estagiou no escritório do prefeito Giuliani ("Tive orgulho disso um dia", disse ele) e então conseguiu um emprego na secretaria de turismo do estado de Nova York, recebendo a missão de ajudar a cidade a se tornar novamente um destino turístico.

Após alguns anos, era hora de se mudar. Geoff resolveu ir para Los Angeles, a fim de seguir carreira no mercado do entretenimento. Na noite da primeira grande estreia de um filme em que tinha trabalhado, porém, ele recebeu um telefonema de emergência. Seu irmão, Frankie, tinha sido encontrado caído no chão de casa, sozinho e sangrando. Ele tinha se cortado cinco vezes, em uma tentativa de automutilação.

"Ele é meu irmão e eu o amo", disse Geoff. "Peguei um voo para a Costa Leste, internei-o em um hospital e me certifiquei de que ele estava bem. Depois da morte da nossa mãe, Frankie passou a comer muito. Quando começou a se cortar, já estava pesando cerca de 180kg, e dizia que só seria feliz quando emagrecesse. Olhando para trás, ele também era alcoólico. E minha irmã também — apesar de nossos pais nunca terem sido. Eles eram bem conservadores quando se tratava de bebida. Às vezes, os dois tomavam um drinque ou uma taça de vinho enquanto assistiam ao noticiário na televisão. Em ocasiões especiais — como o aniversário de casamento —, eles saíam e voltavam meio alegrinhos para casa. Mas só! Contudo, depois da morte da minha mãe, meus dois irmãos mais velhos se tornaram alcoólicos descontrolados."

Frankie voltou a beber assim que teve alta. Geoff também retornou aos próprios hábitos.

Nessa mesma época, o pai de Geoff, preocupado com a saúde mental dos filhos mais velhos, nomeou Geoff responsável médico deles. Conforme os irmãos continuavam bebendo até cair, Geoff voltou para Los Angeles e para a rotina de beber descontroladamente nos fins de semana e tomar doses diárias de alprazolam e zolpidem.

Então, em 2010, o pai de Geoff foi diagnosticado com câncer de pulmão terminal. Ainda no papel de responsável médico, coube a Geoff dar a notícia. Ele parou de beber e foi para a Costa Leste a fim de cuidar do pai. "Fazia um tempo que eu não o visitava", contou. "Ele ficou tão feliz, tão empolgado em me ver. Ele não sabia por que eu estava lá, nem desconfiava... até que expliquei."

O pai não tinha muito tempo de vida, mas queria passar seu último Natal com os filhos. "Era o feriado favorito da nossa família — e dele", disse Geoff. "Seguimos nossa rotina tradicional de Natal. Dois dias depois, fomos todos ao centro da cidade, para assistir a um musical e jantar em um bom restaurante — uma das nossas tradições favoritas. No caminho de volta para casa, vi meu pai tomar a decisão: ele estava pronto para partir."

Três semanas depois, o pai dele faleceu.

Após o funeral, Geoff ficou na cidade para arrumar a casa, sendo soterrado por lembranças. Quando foi embora, levou consigo o restante dos medicamentos dos cuidados paliativos (mas não os adesivos de fentanil). "Ainda bem que nunca usei opioides", disse ele. Na primavera seguinte, em 2011, Geoff passou dois meses seguidos bebendo. Pela primeira vez, ele entendeu a profundidade do que tinha e se internou em um hospital de referência, alegando um colapso nervoso. A equipe do hospital, após se certificar de que não havia perigo de automutilação, o deixou descansar — e prescreveu mais alprazolam e soníferos para tratar sua ansiedade e seu luto.

Após receber alta, ele voltou aos velhos hábitos. Com o tempo, Geoff já estava bebendo quase dois litros de vodca diariamente. Ele usava o álcool para tomar seus medicamentos diários, que passaram a incluir: alprazolam, clonazepam (outra benzodiazepina para ansiedade), lorazepam (uma benzodiazepina para ansiedade), zolpidem (para dormir) e eszopiclona (um sedativo para insônia). No fim de uma crise de oito semanas, enquanto participava de um evento voltado à arte, Geoff finalmente se deu conta: *tomei álcool e ansiolíticos suficientes para matar, ou pelo menos derrubar, um cavalo, e continuo de pé — e ansioso. Seja lá o que eu estou fazendo, não está dando certo.*

234 | *Codependência nunca mais*

Era 2015, quatro anos depois de se internar no hospital com um colapso nervoso e ser mandado de volta para casa com mais ansiolíticos. Sem saber o que fazer, mas entendendo que algo precisava ser feito, Geoff pediu ajuda ao irmão.

Frankie continuava lutando para perder peso. "Ele era, e continua sendo, um completo narcisista", disse Geoff. "Nunca fomos próximos. Ele se ressentia de mim por eu estar em forma e ele, não. E porque eu me *assumi* e ele, não." No entanto, o irmão tinha conseguido algo incrível: havia parado de beber no ano anterior. Geoff explicou sua situação da melhor forma possível e, no aniversário do 11 de Setembro, Frankie pegou um voo para Los Angeles com o propósito de ajudar Geoff.

Às vezes, acontecimentos traumáticos podem ter o efeito reverso e ser o catalisador de uma cura. Dessa vez, foi o que aconteceu.

Frankie levou Geoff de volta para o hospital que falhara com ele em 2011, um dos melhores de Los Angeles devido aos seus muitos recursos. Os irmãos ficaram esperando enquanto os médicos analisavam o caso de Geoff e os medicamentos que tomava. Então sugeriram mais ansiolíticos e soníferos.

— Meu irmão esteve aqui há quatro anos, e os medicamentos que vocês prescreveram não ajudaram — disse Frankie. — Se vocês não tomarem uma atitude agora e fizerem algo que realmente faça bem a ele, *Eu. Vou. Entrar. Com. Um. Processo.*

"Amo meu irmão, mas ele nunca tinha sido um irmão mais velho, um protetor", contou Geoff. "Até aquele momento. Eu nunca tinha visto ele se impor nem por si mesmo."

Os dois saíram do hospital e foram para um centro de tratamento em Pasadena. Após oito dias de desintoxicação e 28 em tratamento ambulatorial, Geoff parou de beber e tomar remédios. Além de passar bom tempo em contato com a natureza, caminhando e malhando, Geoff agora segue os Doze Passos, faz terapia e usa o Calm, um aplicativo de meditação, para aliviar a ansiedade e o trauma. Ele não bebe há sete anos e aproveita a vida, lida com a ansiedade e enfrenta a codependência.

"O que aconteceu com o meu irmão, e depois o tratamento, realmente tocou meu coração", disse Geoff. "Melhorou minha relação com Frankie.

Começamos a conversar sobre as coisas que são importantes de verdade." Os dois construíram tanta confiança que Frankie se assumiu para ele.

Geoff também está lidando com a codependência e tentando estabelecer limites com a irmã, que finalmente começou a se tratar também. "Consigo me desapegar dela agora", disse Geoff. "Não importa o que aconteça, fiz o melhor que pude."

Ele está aprendendo que não pode controlar qualquer coisa que seja além de si mesmo e suas reações. "Se eu berrar com duas pessoas em um dia, o problema não está nelas", disse ele. "Está em mim."

"Esteja aberto para as pessoas. Se você precisar de ajuda, peça. As pessoas vão se abrir para você; elas vão ajudar quanto puderem", disse ele. "Meu coração está aberto, e hoje sinto empatia e compaixão pelos outros e por mim mesmo. E estou aprendendo a impor limites."

A jornada e as experiências dele o ajudaram a alcançar uma vida melhor. Ele entende que precisa cuidar do próprio trauma, da ansiedade, do alcoolismo e da codependência, mas faz disso grande coisa. "Hoje, gosto de quem sou e das pessoas que conheci durante a recuperação e na vida. Elas expandiram e ajudaram a mudar meu mundo."

Geoff também enxerga o passado de forma diferente. "Sei como minha infância foi abençoada e bastante privilegiada por ter tido pais tão amorosos e maravilhosos. Fui muito amado. Conheço várias pessoas que tiveram uma infância horrível e traumática. De certa forma, ter uma infância tão surreal fez com que a perda dos meus pais fosse muito mais difícil", disse Geoff. "Mas a bênção foram todos os presentes que eles me deram: uma crença inabalável em mim mesmo, de que mereço amor, de que é importante ser uma boa pessoa e viver de acordo com meus valores. Agora vejo como isso é raro. Ter meus pais foi um presente incrível, apesar de eu ter ficado de coração partido por perdê-los."

ISABELLA (IZZY) TEM 52 anos e é casada há 22. Ela e o marido têm duas filhas, ambas já na faculdade. A codependência de Izzy gira em torno da filha, Leah, que, como foi descrito na história anterior, sofre de uma ansiedade extrema. Além disso, os traumas de Izzy começaram sete anos atrás, quando os médicos a diagnosticaram com câncer de mama. A doença de

236 | *Codependência nunca mais*

Izzy também pode ter sido o gatilho para a ansiedade de Leah. "Minha filha mais velha é muito dramática, depois finge que nada aconteceu e segue com a vida", disse Izzy. "Leah guarda tudo dentro de si. Você nunca sabe o que está acontecendo com ela."

Quando Izzy recebeu o diagnóstico, ficou morrendo de medo. "Fiquei muito ansiosa. Descobri que teria de passar por uma mastectomia dupla, quimioterapia, radioterapia, depois cirurgia reconstrutiva", disse ela. "Tenho muitas amigas que sobreviveram ao câncer de mama; várias foram diagnosticadas antes de mim. Ver que elas estavam bem e seguindo com a vida me tranquilizou."

Izzy começou a pesquisar o que poderia fazer para amenizar sua situação. "Minha primeira atitude foi adotar uma dieta à base de plantas. Então comecei a meditar todos os dias, a caminhar por três a cinco quilômetros toda manhã, a fazer ioga restaurativa e a passar por sessões semanais de acupuntura. Tudo isso ajudou", disse Izzy. O autoconhecimento e o autocuidado também ajudam a codependência com Leah.

Izzy trabalha como gerente na empresa que divide com o marido. "A pandemia não me causou ansiedade", disse ela. "Mas a reabertura com poucos funcionários e todas as loucuras que tive de enfrentar no trabalho, sim."

Uma Izzy agora saudável, cheia de vida, observou: "Apenas lembro a mim mesma de que tudo vai ficar bem e que só preciso pensar no presente, em vez de no futuro. E meditar continua funcionando!"

Não importa se passamos por situações traumáticas desde cedo ou se elas nos encontram mais tarde na vida (ou as duas coisas), o denominador comum é a perda de controle. Não podemos controlar uma situação que já nos machucou ou ameaça nos machucar. Estamos sobrecarregados, e, com frequência, empacados, nos sentindo controlados por forças desgovernadas, sem saber como nos libertar.

Luto não significa trauma nem codependência. Entretanto, trauma e luto podem se tornar gatilhos para codependência, outros vícios e uma variedade de transtornos. O luto — aliado ao trauma, à ansiedade e ao TEPT — pode criar uma confusão emocional, espiritual e, às vezes, física. Não importa quem ou o que contribuiu ou contribui para isso, é sempre *nosso dever e responsabilidade* resolver a confusão que bloqueia nosso caminho rumo ao bem-estar.

"Descobri que minha vida é uma jornada por acontecimentos cada vez mais desafiadores e que preciso me render a todos eles", disse Joseph Teralis Arison. Nascido em 1952, Teralis tem uma educação única em filosofia ocidental, ioga e metafísica. Licenciado como acupunturista e terapeuta corporal em 1982, enriquecendo sua educação com anos de estudos no exterior, ele hoje combina a arte e a prática da cura com misticismo.

Apesar de nunca terem se conhecido em pessoa, Teralis credita Paramahansa Yogananda como seu primeiro guru e o homem que o apresentou ao caminho espiritual.

"Ele começou a surgir nos meus sonhos", disse Teralis. "Em cada um desses encontros, ele me consolou e disse, apontando para um lugar obscuro, mas receptivo, que eu precisava visitá-lo com frequência para encontrar a direção, a cura e o conforto de que tanto precisava. E de que precisaria ao longo da vida."

Após vários sonhos em que o iogue Paramahansa lhe dizia a mesma coisa, Teralis compreendeu. "Entendi que ele não estava falando sobre visitar um lugar físico", explicou. "Mas sobre fazer visitas regulares àquele lugar sagrado — *o meu interior* — para recomeçar, me curar e encontrar orientação."

O iogue estava lhe dizendo para meditar.

Assim como o alprazolam, a meditação pode nos acalmar, nos tornar mais fortes e nos ajudar a organizar os pensamentos. E, ao contrário do alprazolam, não há efeitos colaterais. Se eu pudesse dar um presente para cada criança, cada adulto encarcerado, cada veterano de guerra, cada ser humano, seria a capacidade de meditar e visitar esse lugar. Imagine viver em um mundo com pessoas calmas, inabaláveis, amantes da paz.

Existem muitas técnicas diferentes de meditação. Não estou falando sobre ler uma meditação diariamente, apesar de isso nos acalmar. Estou sugerindo uma prática de meditação séria, comprometida, que diariamente realinhe mente, corpo, alma e emoções, uma prática que nos estabilize e reinicie nosso relógio interno, especialmente para aqueles que são mantidos reféns pelo pânico, ansiedade, traumas ou TEPT.

238 | Codependência nunca mais

Não conseguimos escapar desses estados apenas com a força do pensamento, com críticas, insistências ou provocações. A meditação, no entanto, desliga o botão. Há muitos tipos de meditação, formas de meditar e aplicativos e livros para nos guiar. Geoff começou meditando um minuto por dia (usando um aplicativo), aumentou para dois, depois três, e assim por diante. Também há muitos vídeos bons sobre meditação no YouTube.

Alguns gurus e mestres ocidentais sugerem olhar para uma flor ou uma cena bonita na natureza até alcançarmos um estado elevado e sentirmos paz. Infelizmente, passei por traumas demais para isso. Apesar de a imersão na natureza me ajudar a permanecer calma, ficar encarando uma rosa e esperar a paz em momentos de muita ansiedade apenas me deixa mais irritada.

Foi somente com um curso de meditação transcendental (MT) que descobri uma técnica certeira que aplaca meus traumas e me leva para esse lugar sagrado. Na MT, recebi um mantra em aramaico que não faz o menor sentido para minha mente consciente. Pensar nele repetidas vezes na postura de meditação me ajuda a relaxar e a me reconfigurar. Comecei a meditar duas vezes por dia, durante vinte minutos, e não demorei muito para entender que, depois que esse tempo passava, eu sentia — eu *sabia* — que tinha sido reconfigurada e realinhada.

Meditar acalmou meu TEPT; é algo que não me irrita e me faz sentir uma calma contínua, me permite ser verdadeiramente inabalável. Se ou quando começo a me abalar, uma sessão de meditação me traz de volta para meu corpo e minha alma.

Aquilo que funciona para mim pode não funcionar para você. A questão é que todos nós podemos encontrar uma técnica de meditação que nos ajude. A ansiedade e os traumas podem nos afastar de nosso corpo, mas a meditação nos traz de volta ao lar — e ao nosso eu superior.

A ANSIEDADE, os traumas e o TEPT são contraintuitivos. Eles podem gritar com a gente (ou fortemente sugerir) para fazermos algo, qualquer coisa — mesmo que seja errado — para aliviar a pressão. Com frequência, a ação é um comportamento impulsivo que serve apenas para nos prejudicar.

A seguir estão listadas algumas ideias e ferramentas que não trarão consequências negativas nocivas (e mais traumas) para nós. Reflita sobre as ideias e investigue e experimente as que parecerem interessantes. Descubra o que lhe traz calma e conforto e ajuda a voltar e permanecer naquele espaço sagrado, independentemente do que estiver acontecendo ao seu redor. Por sorte, a abordagem mais útil para traumas, ansiedade e TEPT é parecida com aquela que trata comportamentos codependentes: doses elevadas de amor-próprio, administradas diariamente e conforme for necessário.

1. **Aprenda a dizer "Não sei".** Conviver com incertezas pode fazer com que nos sintamos pressionados e tensos — se permitirmos. Assim como viver cheios de resistência. Boa parte do poder pessoal advém de quando nos rendemos às incertezas. Nenhum de nós *sabe* de coisa alguma — não de verdade. Podemos ter desconfianças de vez em quando, mas saberemos quando soubermos, não é? Uma vantagem de nos permitirmos viver no desconhecido é que, com frequência, a vida se torna mais mágica e espontânea porque não estamos tentando controlar tudo. Nós nos tornamos mais abertos aos pequenos milagres diários. Estar confortável com o não saber nos ajuda a descobrir, confiar e acreditar na vida.

2. **Vá com calma; não pule etapas.** A ansiedade constante pode nos levar a tomar decisões inoportunas, apressadas ou precipitadas. Quando estamos sobrecarregados, podemos tentar fazer tudo ao mesmo tempo, e então ficarmos paralisados, ou podemos tentar "ignorar" a ansiedade e nos obrigar a alcançar a linha de chegada com aquilo que não nos está fazendo bem, porque nosso comportamento não é gerado por uma mentalidade calma. Atos forçados costumam prejudicar algo — com frequência, nós mesmos. Se estamos pulsando de ansiedade e medo, lidemos com a ansiedade em primeiro lugar. Depois sigamos em frente. Funciona melhor assim.

3. **Aprenda a fazer uma pausa antes de falar ou agir, ou de tomar uma decisão.** Reações e respostas impulsivas não costumam funcionar — elas criam mais tensão e dramas traumáticos. As melhores respostas e reações não são consequências do trauma. Tente falar e agir com uma mentalidade de calma.

240 | *Codependência nunca mais*

4. **Permita que seu "sim" signifique "sim" e que seu "não" signifique "não".** Fazer isso diminui a ansiedade e simplifica a vida. Também nos conecta com o poder e nosso eu superior. Quando Teralis era adolescente, a mãe dele frequentemente lhe dava tapas no rosto. Um dia, no instante em que a mão dela se ergueu para acertá-lo, ele bloqueou o ataque. "Não faça mais isso", disse ele. "Não gosto." Ela nunca mais bateu nele. Não estabelecer limites acarreta mais estresse e ansiedade. Limites bem definidos ajudam. Preste atenção em si mesmo, no que você gosta ou não. É assim que descobrimos o que realmente importa, quem estamos nos tornando e o que desejamos criar em nossa vida.

5. **Tome decisões que possam trazer boas consequências.** Faça escolhas que não criem mais problemas, ansiedade e estresse no futuro. Observe os sinais de alerta. Se estamos fazendo algo que pode ou irá nos machucar, mas não conseguimos parar, devemos pedir ajuda e praticar a redução de danos até conseguirmos evitar o comportamento.

6. **Tente não recorrer à negação mais que o necessário.** Negação gera ansiedade, apesar de poder trazer um alívio temporário. Quando percebo que estou fugindo de algo, tento diminuir o ritmo e conscientemente me abrir para enxergar e encarar a verdade.

7. **Estabilize-se — no seu corpo e na sua vida.** Boa parte dos traumas, pânico e ansiedade está relacionada a essas tentativas frenéticas de lutar ou fugir que nos distanciam de nosso corpo, vida e emoções. Se não conseguirmos escapar, a dissociação é a próxima tática. Viver desconectado com nossas emoções/corpo/alma — nosso mundo interior — cria uma vida desalinhada, comportamentos desalinhados e potenciais dramas no futuro. Podemos ficar um pouco "para baixo". Hábitos fáceis para estabilização incluem técnicas de respiração e a regra de três para ansiedade, recomendada pela Iniciativa de Saúde Mental para Adultos da Zona Leste Central do Minnesota: (1) identifique três coisas que você consegue ver, (2) identifique três coisas que você consegue escutar, (3) mova três partes do corpo até conseguir senti-las (mão, braço, pé, perna — qualquer parte serve). Nós estamos

exatamente onde precisamos estar, a cada momento. Não estamos perdendo nada.

8. **Sinta seus sentimentos.** "Fugi dos meus sentimentos como se eles fossem um grande monstro babão me perseguindo", me disse uma mulher certa vez. Eles não são um monstro. E não podemos fugir deles; eles estão dentro de nós, são parte de nós, até que os sintamos. Depois de passar por perdas intensas ou traumas, podemos acreditar que qualquer sofrimento acabará com a gente, ou podemos achar que somos invencíveis quando se trata de dor emocional, sem precisarmos reconhecer "as coisas pequenas". Nenhuma dessas mentalidades é útil. O meio-termo é reconhecer e aceitar o que sentimos; não é preciso fazer disso grande coisa. Então poderemos nos confrontar caso seja necessário. Quando encontrarmos a paz, saberemos se é necessário tomar uma atitude e o que devemos fazer (mas lembre-se de que nem todas as emoções exigem que façamos algo). Não precisamos temer nossos sentimentos, pois esse reflexo pode ser uma resposta ao método de sobrevivência que aprendemos na infância: *não sinta*. Somente precisamos reconhecer nossos sentimentos e nos permitir senti-los.

9. **Ofereça apoio a si mesmo com um diálogo interior útil e gentil.** Com frequência, a voz em nossa mente que narra nossos dias é a voz da pessoa mais crítica, negativa, julgadora, ríspida e maldosa da nossa juventude. Observe o que você diz para si mesmo, faça com que seu diálogo interior seja amoroso e gentil, sem aliviar suas responsabilidades. De vez em quando, um "coitadinho" dito em tom amoroso para nos consolar não faz mal.

10. **A menos que seja uma emergência de verdade, aprenda a prolongar começos e términos.** A ansiedade quer saber *agora*, quer fazer *agora*, quer *resolver* — seja lá o que decidimos que precisa ser feito. Às vezes, é começar uma relação, às vezes é terminar. Não tente apressar sua vida — ou transformá-la. Términos repentinos — com amigos, parceiros ou empregos — criam traumas. (A exceção: se você estiver sofrendo algum tipo de abuso, precisa agir rapidamente, mas agir com rapidez e *calma* é essencial.)

242 | *Codependência nunca mais*

11. **Pare de interpretar um papel para as câmeras.** Estou falando sobre redes sociais. Quando sabemos que estão nos observando, quando queremos ser observados, tudo muda. Em vez disso, busque a calma e a integridade com você mesmo. Enxergue a si mesmo.

12. **Construa uma vida no mundo real, pois isso pode ser muito mais recompensador do que construí-la virtualmente.** Faça um amigo no "mundo real", não na internet. Saia de casa — faça caminhadas, corra ou apenas se sente e observe a vida. A natureza pode fazer milagres para acalmar e curar um sistema nervoso agitado. Há uma diferença palpável entre assistir a um descanso de tela com uma imagem belíssima da natureza e estar rodeado por ela. Absorva o máximo de luz solar e ar fresco possíveis. Se puder, tenha uma planta e um animal de estimação. Animais de serviço beneficiaram muito pessoas com TEPT. Observe e interaja com seres vivos no mundo real; veja como a vida muda o tempo todo — geralmente devagar, aos poucos. Telefones e computadores são ferramentas, mas não devemos viver imersos neles.

13. **Mova seu corpo o máximo possível.** Exercícios físicos funcionam. Eles ajudam a liberar a energia acumulada e o estresse. Isso é algo que podemos aprender a usar, dependendo da nossa idade, saúde e condição física. Também não precisamos nos torturar com treinos. Escolha algo de que você gosta. Saia para caminhar (ao ar livre é melhor, mas em uma esteira também funciona). Treinos de força, cardio, ioga — existe uma grande variedade de atividades físicas disponíveis. Meu exercício favorito e diário são os cinco ritos tibetanos, cinco poses de ioga executadas em uma ordem específica, começando com uma a três repetições e chegando até 21 — o importante é seguir o seu ritmo. A maioria dos meus amigos gosta de caminhar; alguns preferem andar de bicicleta. Minha vizinha tem 60 e poucos anos (e vive com esclerose múltipla há mais de trinta anos) e administra um AirBnB, faz trilhas, anda de bicicleta, pratica mergulhos, cozinha, constrói coisas e faz muitos consertos por conta própria. Ela me inspira a me mover. Recentemente, ela quebrou o tornozelo e precisou passar por duas cirurgias e ficar um mês de cama. "Preciso agradecer", disse ela. "Pelo menos foi algo que dava para consertar!"

14. **Limpe a casa com frequência.** Nós precisamos limpar o ambiente em que vivemos e também nosso interior emocional. Acúmulos em excesso, sejam de coisas antigas de que não precisamos mais, sejam emoções como ressentimento, raiva ou amargura que estamos guardando, nos deixam bloqueados.

15. **Sinta-se tão seguro quanto possível.** Quando traumas, ansiedade, TEPT e estresse tomam conta do cérebro — com o mecanismo de lutar ou fugir gritando como uma sirene que somente nós conseguimos escutar —, pode ser desafiador entender se a ameaça é real ou apenas uma reação ao passado. É possível que na infância tenhamos sido obrigados a conviver com pessoas perigosas. Na vida adulta, elas podem estar na nossa casa ou no ambiente de trabalho. Não precisamos reagir a tudo o que as pessoas ao nosso redor fazem — isso não é bom para quem quer que seja. De quem você gosta de estar perto? (E lembre-se de que não é porque gostamos de alguém ou de algo que esse alguém ou esse algo nos faz bem.) Quem é seguro? Quem você quer deixar entrar? Você pode escolher agora.

16. **Sirva aos outros. De propósito.** Sirva aos outros quando quiser e quando lhe parecer correto. Use sua intuição; siga seu espírito. Atos de serviço, amor e bondade não são atitudes relacionadas à codependência. Eles beneficiam os outros e ajudam a curar nossa alma.

17. **Seja flexível e esteja disposto a recomeçar com a frequência necessária.** Em inglês, a sigla GOGI — Getting Out by Going In [sair ao entrar] — significa escapar de qualquer prisão em que nos encontramos ao entrar nela. A organização sem fins lucrativos GOGI foi fundada pela voluntária treinadora Mara Taylor para ajudar presidiários a criar uma sensação de liberdade interior, independentemente das circunstâncias. As ferramentas que ela e a população carcerária desenvolveram incluem: Ferramentas do Corpo (Chefe do meu Cérebro, Técnicas de Respiração e Interruptor de Cinco Segundos — que envolve encontrar cinco motivos para tomar a melhor decisão possível, com as melhores consequências, em uma série de circunstâncias); Ferramentas de Esco-

244 | *Codependência nunca mais*

lha (Pensamentos Positivos, Palavras Positivas e Atos Positivos); Ferramentas para Seguir em Frente (Assumir Responsabilidade, Desapegar e Perdoar); e Ferramentas de Criação (E Se, Choque de Realidade e Liberdade Verdadeira) —, uma mistura útil de sabedoria fácil e prática para qualquer um que esteja recomeçando. Você pode aprender mais no site, em inglês, https://www.gettingoutbygoingin.org.

18. **Não faça** *gaslighting* **com você mesmo.** Apesar de *gaslighting* ter saído do reino dos jargões e entrado no vocabulário comum, o termo se refere a algo que a maioria de nós que já amou um alcoólico ou dependente químico vivenciou ou confrontou ao perceber que não estava fora de si; somos codependentes e estamos reagindo a uma situação disfuncional. Não caia nessa. Não podemos controlar quando alguém tenta praticar *gaslighting* com a gente, mas podemos escolher se aceitaremos, concordaremos, assimilaremos e absorveremos a negatividade direcionada a nós. Se você já caiu no *gaslighting* de alguém (o que gera ansiedade e, no geral, raiva), desligue-se emocionalmente, sinta seus sentimentos e se realinhe. Nós costumamos ser mais vulneráveis a isso quando existe um desequilíbrio de poder ou quando a outra pessoa tem algo que desejamos (ou que não queremos perder). Ficar se criticando e se desmoralizando não ajuda, assim como se inferiorizar; amar alguém mais do que amamos a nós mesmos não funciona.

19. **Não se deixe levar pelas aparências.** Não acredite na fama de pessoa alguma, nem na sua. Quando a empolgação vai embora, ficamos com uma sensação ruim, e isso causa ansiedade. Vá com calma. Analise a pessoa ou organização. Não chegue a uma conclusão apenas porque a outra pessoa diz que algo é real e verdadeiro — é você quem toma as próprias decisões. Quando nos sentimos desconectados, frustrados e ansiosos, é mais fácil nos tornar vítimas — mas não necessariamente porque a outra pessoa/organização está tentando nos manipular (apesar de estar em algumas ocasiões). Qualquer um pode se desconectar de si mesmo. As pessoas podem tentar nos convencer de algo. Não queremos ficar na defensiva, mas, sim, apenas tomar cuidado.

Tranquilize-se | 245

20. **Não, o fim não justifica os meios.** Cada um de nós é responsável pelos próprios comportamentos e escolhas; às vezes, podemos nos iludir ou abandonar valores próprios. Você sabe o que valoriza? Honestidade, paz, bondade? Integridade? Muitas "curtidas"? No fim de cada dia, o mais importante é gostarmos de nós mesmos e da nossa vida. Recentemente, eu estava conversando com um vizinho que tinha acabado de voltar de uma viagem com a esposa e o filho ao Nepal. "É um mundo completamente diferente. Mesmo quando estão trabalhando, os nepaleses estão em paz, aproveitando a vida. Não completamente ensandecidos com um monte de tarefas", disse ele. "Até as palavras que usamos causam ansiedade. Tipo 'prazo final'." Também descobri que a palavra "intenção" é mais útil que "objetivo", apesar de podermos usar as duas. *Intenção* abre mais espaço para liberdade de espírito, criatividade e milagres rotineiros. A *intenção* coloca o *controle* no banco traseiro (ou na mala) — onde é o lugar dela.

21. **Amar e aceitar a si mesmo, incondicionalmente, é essencial e o segredo para a recuperação diária da ansiedade e da codependência.** Durante meu tratamento para dependência química, em 1973, assisti a uma palestra sobre trabalho e amor. O palestrante costumava discursar uma vez por semana (e como passei oito meses lá, ouvi isto umas 33 vezes) sobre como trabalho e amor acabam sendo a mesma coisa, mas que poderíamos demorar um tempo para entender o que isso significa. Ele tinha razão. Nunca abandone sua alma e seu amor-próprio por qualquer relacionamento ou trabalho. Leve sua beleza interior para tudo o que você fizer e sempre que interagir com outro ser humano ou criatura. Quando fazemos isso, criamos uma vida linda.

22. **Compreenda que você é um ser humano, não um produto.** Podemos ter produtos, mas não somos um. Somos pessoas. Sujeitos com alma, não objetos.

23. **Lembre-se de que cada momento, ação e interação não precisa ser (e geralmente não é) definitivo, fatal, transformador nem determinante.** Todo momento é importante, assim como cada fase do nosso

246 | *Codependência nunca mais*

crescimento. Envolva-se de natureza — veja como ela faz um trabalho fantástico. Viva um momento de cada vez, aos poucos, lentamente, a cada estação. Nós também podemos permitir e apreciar nosso crescimento. De forma holística. Sem pânico. Com paciência e amor.

24. **Ria pelo menos uma vez por dia.** De preferência, mais.

25. **Cuide de si mesmo.** Não se volte contra si mesmo. Quando você mais precisar de consolo, amor, perdão, aceitação ou um ombro amigo, não comece a se criticar ou se culpar. Não se trate com frieza nem se ofenda. Console a si mesmo da exata maneira como faria com uma criança — com carinho, amor e bondade. Não dê broncas; isso não é reconfortante. Ninguém é perfeito, afinal o que significa "perfeito"? As pessoas fazem coisas maravilhosas algumas vezes e coisas terríveis em outras, e então mais coisas maravilhosas por causa das lições que aprenderam ao fazer coisas terríveis. Nós perdemos o contato com nós mesmos e saímos do caminho de vez em quando. Então aprendemos, retomamos o rumo e seguimos em frente. Permita-se absorver todas as lições e experiências. Pare de ser hipervigilante. Não temos a obrigação de ser detectores de mentira humanos nem garantir que todo mundo nos fale a verdade sempre. Nós temos a obrigação de não enganar a nós mesmos nem os outros. Aceite os superpoderes que você absorveu com os momentos difíceis e aproveite o amor que oferece e recebe ao longo do caminho. Construa a vida mais recompensadora possível. Viva um dia, um momento, uma intenção, um sentimento e uma crença nova de cada vez. Não se apegue ao pior momento da sua vida e não sinta desdém por si mesmo. Também não é útil julgar os outros com base nos piores momentos da vida deles. Podemos responsabilizar a nós e os outros. As pessoas mudam a cada momento. A vida muda a cada momento (apesar de às vezes ela poder parecer bem tediosa). Tenha mais compaixão com os outros e consigo. Nossos erros nos ajudam a criar nossos desafios e, com frequência, nossas maiores lições. A vida nos molda da mesma forma que o vento o faz com uma árvore. De todos os danos que os traumas causam, de todas as coisas que podem nos tirar — a sensação inerente de segurança, a

confiança, um coração receptivo —, talvez o pior seja o que ele causa à nossa segurança em relação à vida e a nós mesmos. Podemos sair de um acontecimento traumático convencidos de que não merecemos amor, que há algo errado com a gente, que merecemos ter nosso mundo virado de cabeça para baixo. Não importa o que o trauma diga, você pode dizer a si mesmo que é suficiente. Você consegue dar conta das coisas que precisa fazer e encarar sua vida. Você merece amor — é completamente capaz de oferecê-lo e recebê-lo. Talvez perfeição seja ser quem somos — não quando chegamos àquele momento em que arbitrariamente decidimos que a alcançamos, mas em todos os outros ao longo do caminho.

Não importa se o globo de neve da nossa vida se espatifou no chão de repente ou se desenvolveu rachaduras aos poucos, traumas não são o fim da história — eles são o início da transformação. Nós não nos espatifamos para ficar quebrados, mas para ser transformados e até assumir um papel ativo nessa transformação.

Tudo começa quando tornamos nosso mundo pessoal — nossa vida e ambiente — melhor e mais seguro. Nós somos os cuidadores, os preocupados, os empáticos e os incentivadores, certo? Sabemos como fazer isso, apenas precisamos aprender a cuidar de nós mesmos. Então é a sua vez: ajude a si mesmo a se sentir quentinho e aconchegado.

E deixe sua luz brilhar.

Atividade

1. Muitos comportamentos codependentes têm origem na ansiedade/ nos traumas. Entenda seus traumas, sua ansiedade, seu pânico ou seu TEPT. Dedique um diário aos traumas. Planeje escrever nele por um bom tempo. Observe a si mesmo de forma gentil. A fera da ansiedade, quando nos tem em suas garras, nos leva a fazer coisas que não ajudam, como ficar buscando tragédias no celular, ou pior. O que você faz para se distrair ou dissociar? Como você se sente ao se distrair? Como você se sente depois? Quais são seus gatilhos? Qual o seu nível de ansiedade

248 | *Codependência nunca mais*

perto das pessoas na sua vida? Com quem você se sente seguro? Quem lhe deixa nervoso? Que situações engatilham comportamentos compulsivos ou impulsivos? Faça anotações. Essa atividade se trata de percepção. Você não precisa fazer coisa alguma, basta que dê uma olhadinha no seu interior. Olhe para suas camadas mais profundas. Conheça sua ansiedade.

2. Observe seu processo de cura e faça anotações sobre ele também. Isso é algo que acontece aos poucos, mas é importante observar melhoras e mudanças. Faça avaliações periódicas de si mesmo.

3. Procure ajuda se e quando você empacar em alguma questão ou se sentir sobrecarregado. Há muitos programas de apoio gratuitos para saúde mental.

4. Aqui vai uma lista curta de frases que uso quando tenho uma crise de ansiedade. Elas não são de minha autoria, mas são usadas nos meios de recuperação há muitos anos. Fique à vontade para pegá-las emprestadas ou criar sua lista.
"Aquilo a que resistimos persiste."
"Pouco a pouco."
"Não precisamos gostar; apenas temos de aceitar."
"Vá com calma"
"Um dia de cada vez."
"Minha alma pode estar em paz."
"Senhor, conceda-me a serenidade/ Para aceitar as coisas que não posso modificar,/ Coragem para modificar aquelas que posso,/ E sabedoria para distinguir umas das outras."

21

COMO APRENDER A VIVER
E A AMAR DE NOVO

"Pelo menos não saio mais por aí procurando pela minha desgraça."

— Anônimo

Meu plano original era separar o material deste capítulo em dois: "Como aprender a viver de novo" e "Como aprender a amar de novo". No entanto, percebi que lidar com vida e amor de forma separada não era a questão. O problema que muitos codependentes encontram é aprender a fazer as duas coisas ao mesmo tempo. Este capítulo não aborda apenas relacionamentos românticos, mas todas as nossas relações — com amigos, parentes, filhos, colegas de trabalho.

De acordo com Earnie Larsen e outros, os dois desejos mais profundos que a maioria das pessoas tem são (1) amar e ser amado e (2) acreditar que merecem a atenção dos outros e saber que alguém acredita nisso também.[1]

A maioria de nós está tentando, em algum nível de consciência, saciar essas necessidades. Para se proteger, alguns de nós podemos bloqueá-las ou desligá-las. Reconhecendo-as ou reprimindo-as, elas continuam ali. Compreender a nós mesmos e nossos desejos é poderoso. O que precisamos aprender é a *saciar* esses desejos, necessidades e vontades de formas que não nos machuquem nem a outras pessoas e permitam o aproveitamento máximo da vida.

250 | *Codependência nunca mais*

Isso significa fazer as coisas de um jeito diferente, porque nossos métodos atuais não estão dando certo. Nós falamos sobre alguns conceitos que nos ajudam a fazer isso: desligamento emocional, parar de resgatar os outros, parar de controlar os objetos da nossa atenção, sermos diretos, prestar atenção em nós mesmos e nos tornar subdependentes. Acredito que, conforme nos tornamos mais saudáveis, o amor muda, se torna melhor, talvez melhor que nunca, se nos abrirmos e permitirmos que isso aconteça.

O amor não precisa doer tanto quanto antes. Nós com certeza não precisamos deixá-lo nos destruir. Como uma mulher disse: "Estou cansada de ser viciada em dor e sofrimento. E estou cansada de deixar os outros me sobrecarregarem com suas questões não resolvidas!" Não precisamos continuar em relacionamentos que nos fazem mal.

Podemos aprender a reconhecer a diferença entre relações que funcionam ou não. Podemos deixar as destrutivas para trás e aproveitar as boas, e aprender novos comportamentos que as melhorarão.

Acredito que o Universo permita que certas pessoas entrem em nossa vida, mas nós somos responsáveis por nossas escolhas e nossos comportamentos para iniciar, manter e/ou encerrar esses relacionamentos. Podemos querer e precisar de amor, mas não precisamos de um amor destrutivo. E não estamos mais desesperados. Quando entendemos isso, nossa mensagem é transmitida com facilidade.

Acredito que nossa vida profissional pode ser diferente e melhor. Podemos aprender a cuidar de nós mesmos e de nossas necessidades no trabalho. E se não ficarmos tão obcecados por outras pessoas e pela vida que elas levam, se acreditarmos que somos importantes, ficaremos livres para estabelecer nossos objetivos e alcançar nossos sonhos. Nós somos capazes de imaginar como queremos que nossa vida seja e de usarmos nossa voz. Isso é empolgante, porque coisas boas podem — e vão — acontecer se permitirmos isso e se acreditarmos que as merecemos. Elas provavelmente não virão sem um pouco de dificuldade e sofrimento, mas pelo menos nós estaremos lutando e nos esforçando por algo que vale a pena, em vez de apenas nos martirizando.

Nós podemos ter relacionamentos amorosos bem-sucedidos e aproveitar todos os aspectos da vida. Podemos passar por dificuldades e querer cavar um buraco e se enfiar nele, mas tudo bem, crescer é assim. Se as coisas parecerem muito confortáveis, muito naturais ou muito fáceis, não estamos crescendo nem fazendo qualquer coisa de diferente, estamos apenas na nossa zona de conforto.

Aprender a viver e amar de novo significa encontrar um equilíbrio: aprender a amar e, ao mesmo tempo, viver nossa vida; aprender a amar sem se apegar demais aos objetos de nossa afeição e abrir mão do amor-próprio.

Boa parte da recuperação se trata de encontrar e manter o equilíbrio em todas as áreas da vida. Precisamos observar a balança para que ela não se incline demais para um lado enquanto pesamos nossas responsabilidades com nós mesmos e com os outros. Precisamos equilibrar as necessidades emocionais e físicas, mentais e espirituais. Precisamos dar e receber na mesma medida; encontrar o limite entre o desapego e fazer a nossa parte. Precisamos manter um equilíbrio entre solucionar problemas e aprender a viver com problemas sem solução. Boa parte da nossa angústia está relacionada ao luto por problemas não resolvidos e ver que as coisas não acontecem como queríamos e esperávamos. Precisamos abrir mão das nossas expectativas e lembrar que somos pessoas importantes e valiosas, que merecemos ter uma vida decente.

Como começar

Sempre me perguntam: Por onde eu começo? Como eu começo? Como encontro um equilíbrio?

Para alguns de nós, alcançar um equilíbrio pode parecer uma tarefa avassaladora. Sentimos como se estivéssemos deitados no chão de um porão escuro, incapazes de nos levantar e sair. Contudo, nós somos capazes. Como dito anteriormente, o Alcoólicos Anônimos e o Al-Anon oferecem uma fórmula simples, de três passos, para isso, a recuperação [sigla "HOW", em inglês]: boa vontade, honestidade e mente aberta. A mudança começa com percepção e aceitação, e então por atitudes assertivas.[2] Isso significa fazer as coisas de outro jeito. Seja honesto, mantenha a mente aberta e tenha boa vontade para tentar agir de outra maneira, e você mudará.

252 | *Codependência nunca mais*

Escolha um comportamento para melhorar, e quando se sentir confortável, passe para o próximo. Já ouvi falar que precisamos repetir uma ação 21 vezes para transformá-la em hábito. Essa é a regra para se ter em mente. A lista do Capítulo 4 pode oferecer algumas dicas de por onde começar. As atividades no fim dos capítulos podem nos dar algumas ideias. Determine por onde quer começar e faça isso. Comece onde está. Se você não conseguir entender qual deve ser seu ponto de partida, vá a reuniões do Al-Anon ou outro grupo adequado. Se estiver deitado em um porão, comece a se levantar e saia. Nós aprendemos ao longo da caminhada; conseguimos nos equilibrar conforme encontramos e permanecemos no caminho para o bem-estar.

No início da minha recuperação da codependência, eu me sentia desesperadamente presa em mim mesma e no meu casamento. O desânimo tomava conta de mim e a depressão parecia ter me confinado para sempre na cama. Certa manhã, me arrastei até o banheiro para me vestir. Meu filho entrou de repente, pedindo que eu o seguisse. Meu quarto estava tomado pelo fogo. Ele havia se espalhado pelas cortinas, pelo teto e o carpete. Minha filha estava na escola e meu marido, no trabalho. Peguei um extintor de incêndio e tentei apagar as chamas. Tarde demais. O incêndio continuou ganhando força enquanto eu e Shane corremos para o quintal.

Quando os bombeiros chegaram, a casa estava destruída. O Natal seria dali a duas semanas, e eu e meus filhos tivemos de nos mudar para um pequeno apartamento, sem boa parte das nossas roupas. Meu marido resolveu que aquilo era demais para ele e decidiu que precisava "viajar a negócios". (Na linguagem dos alcoólicos, isso quer dizer "vou beber".) Cheguei ao fundo do poço com meu desânimo e minha ansiedade. Eu já tinha perdido tanto, inclusive a mim mesma. Minha casa era meu ninho, minha última fonte de segurança emocional, e, a partir de então, eu tinha perdido isso também. Eu tinha perdido tudo.

Com o passar das semanas, a vida começou a exigir uma movimentação maior da minha parte. Análises do seguro, negociações, limpeza e planos de reconstrução exigiam minha atenção. Eu me sentia ansiosa e insegura, mas não tinha escolha. Precisava pensar, me ocupar e tomar uma atitude. Quando a reconstrução começou de fato, precisei fazer ainda mais. Tomei decisões sobre como gastar milhares de dólares. Trabalhei junto com a equipe, fazendo o possível para ajudar a reduzir os gastos e acelerar o projeto. Isso incluiu atividades físicas, uma parte da minha vida que havia se tornado inexistente. Quanto mais eu me ocupava, melhor me sentia. Comecei a confiar nas minhas decisões. Fui me libertando de muita raiva e medo. Quando eu e minha família voltamos para casa, meu equilíbrio havia sido restaurado. Eu tinha começado a viver minha vida e não pararia mais. Era uma sensação boa!

A ideia importante aqui é começar. Tenha uma motivação.

Evolução

Depois que damos o primeiro passo, seguir em frente se torna um processo natural — se continuarmos nos movendo. Às vezes, daremos alguns passos para trás. Não tem problema. Há momentos em que isso é necessário — faz parte de seguir em frente.

Alguns de nós podemos estar encarando decisões difíceis, sobre pôr fim a relacionamentos tristes e destrutivos. Como Earnie Larsen costumava dizer: se a relação morrer, enterre-a. Nós podemos ir com calma, cuidar de nós mesmos e tomar a decisão certa no melhor momento.

Alguns de nós podemos estar tentando recuperar relacionamentos complicados, mas que continuam "vivos". Tenha paciência. O amor e a confiança são entidades frágeis, com vida. Elas não se regeneram automaticamente quando queremos depois que são feridas. O amor e a confiança não voltam em um passe de mágica se a outra pessoa fica sóbria ou soluciona o problema que tinha.[3] O amor e a confiança se curam no devido tempo. Às vezes, eles se recuperam; às vezes, não.

Não tem problema estar em um relacionamento romântico, mas também não tem problema não estar. Encontre amigos para amar e ser amado; pessoas que pensam que você vale a pena. Ame a si mesmo e saiba que você vale a pena. Use seu tempo sozinho como uma pausa para respirar. Desapegue-se. Aprenda as lições que deveria estar aprendendo. Cresça, desenvolva-se, aprimore-se, de forma que, quando o amor aparecer, ele realce uma vida completa e interessante. O amor não deveria ser a maior preocupação da

254 | *Codependência nunca mais*

nossa vida nem uma fuga de uma vida desagradável — nós sempre seremos tão felizes em um relacionamento quanto seríamos não estando em um.

Não importa nossa situação, podemos ir devagar. Nosso coração pode nos guiar a lugares que nossa mente diz que não deveríamos ir. Nossa mente pode querer seguir um caminho que nosso coração não deseja. Às vezes, nossa atração por sapos pode nos levar a situações que nem nosso coração nem nossa mente desejavam. Tudo bem. Não há regras sobre quem deveríamos ou não amar e nos relacionar. Nós podemos amar quem quisermos, como quisermos. Entretanto, vá devagar e tenha calma para fazer isso de um jeito que não lhe cause sofrimento. Preste atenção no que está acontecendo. Ame de acordo com suas forças, não suas fraquezas, e peça aos outros que façam o mesmo. Tome boas decisões todos os dias sobre o que você precisa fazer para se cuidar. Se estiver sintonizado com seu eu superior, entenderá o que — e quando — fazer. Espero que encontre pessoas que gostem de amar você e o desafiem a crescer.

Um alerta: de vez em quando, talvez você se desequilibre. Você pode começar a correr, saltitar e pular, e então, de repente, dar de cara com o cimento. Todos os sentimentos loucos voltam na mesma hora. Contudo, não tenha medo, isso é normal. Características codependentes, formas de pensar e sentimentos se tornam hábitos. Esses sentimentos e pensamentos habituais podem voltar à tona de vez em quando. Mudanças (até as boas), certas circunstâncias que são resquícios da insanidade alcoólica e estresse podem provocar a codependência. Às vezes, a insanidade volta sem motivo. Lide com ela. Não tenha vergonha e não se esconda. Você vai conseguir se levantar de novo. Você vai aguentar a barra. Converse com amigos de confiança e seja paciente e generoso consigo mesmo. Apenas continue fazendo as coisas que sabe que precisa fazer. Tudo vai melhorar. Independentemente do que acontecer, não pare de se cuidar.

Recuperação significa encontrar seu equilíbrio e mantê-lo. Se isso parece difícil demais, não se preocupe. Nós conseguimos. Nós podemos aprender a viver de novo, a amar de novo e até aprender a nos divertir ao mesmo tempo.

AGRADECIMENTOS

Por me ajudar a tornar este livro possível, agradeço a Deus, à minha mãe, a David, Shane, Nichole, Scott Egleston e a todos aqueles que generosamente compartilharam suas histórias comigo. Também quero agradecer a Gary, que me trouxe de volta à vida.

CANAIS DE APOIO

Comunidade de pessoas negras, indígenas, não brancas

Funai (Fundação Nacional dos Povos Indígenas)

A Funai é o órgão indigenista oficial do Brasil. Vinculada ao Ministério dos Povos Indígenas, tem como objetivo proteger e assegurar os direitos e a vida dos povos indígenas no país.

Site: gov.br/funai/pt-br

RedeMiR (Rede Solidária para Migrantes e Refugiados)

A RedeMiR é uma rede de alcance nacional que engloba instituições voltadas para o compromisso humanitário da atenção e do reassentamento de refugiados. Como exemplo de uma das instituições, pode-se citar a Cáritas Brasileira, que, entre outras áreas de atuação, destina-se à acolhida, integração e proteção de migrantes e refugiados, desenvolvendo projetos em diversas cidades do Brasil.

Site: migrante.org.br/sobre-a-redemir
  caritas.org.br/area-de-atuacao/6

Indique Uma Preta

O Indique Uma Preta é uma consultoria especializada em diversidade e inclusão que conecta a comunidade negra ao mercado de trabalho, liderada, gerida e desenvolvida por mulheres pretas.

Site: indq.co

258 | *Codependência nunca mais*

Cimi (Conselho Indigenista Missionário)
O Cimi é um organismo vinculado à Conferência Nacional dos Bispos do Brasil (CNBB) que tem como objetivo favorecer a articulação entre aldeias e povos indígenas e sua integração à sociedade majoritária.

O Cimi conta com um canal de denúncia anônima contra violências aos indígenas, sejam elas individuais, sejam coletivas.

Site: cimi.org.br

Embora não haja uma central de denúncia contra violência doméstica e abuso sexual contra indígenas universal, existem os canais próprios de cada aldeia/povo, como a Grande Assembleia das Mulheres Kaiowá e Guarani (kunangue.com/projetos) e o departamento de mulheres As mulheres indígenas do Rio Negro, coordenados por indígenas Baniwa, Tukano e Baré (foirn.org.br/mulheres).

Transtornos alimentares

GATDA (Grupo de Apoio e Tratamento dos Distúrbios Alimentares e da Ansiedade)
O GATDA tem como finalidade ser um grupo de referência tanto no tratamento clínico quanto na preservação dos transtornos alimentares.

Além de trabalhos clínicos e tratamentos de transtornos, como o da ansiedade, o grupo também está presente constantemente em conferências profissionais e na publicação de artigos.

Site: gatda.com.br

Astral (Associação Brasileira de Transtornos Alimentares)
A astral visa a informar, orientar e divulgar referências e conhecimentos sobre transtornos alimentares.

No site da associação é possível encontrar grupos especializados em transtornos alimentares cadastrados, muitos deles oferecendo tratamentos ou pesquisas e estudos.

Site: astralbr.org

Dependência em jogos

Jogadores Anônimos

O Jogadores Anônimos é um grupo de pessoas que trocam experiências, apoio e esperança de que possam solucionar esse problema em comum e ajudar outros a se recuperar de uma dependência em jogos. O único requisito para participar é o desejo de parar de jogar.

Site: jogadoresanonimos.com.br

Grupo Salvando Vidas

O Grupo Salvando Vidas oferece clínicas de recuperação para diversos tipos de vício — alcoolismo, drogas e jogos — e também para doenças e transtornos — depressão e esquizofrenia.

O tratamento para o vício em jogos oferece uma equipe de profissionais de suporte e atendimento e atendimento personalizado.

Site: gruposalvandovidas.com.br

Dependência em jogos eletrônicos

CGAA (Computer Gaming Addicts Anonymous) [Adictos em Jogos Eletrônicos Anônimos]

O CGAA é um grupo de pessoas que oferece apoio umas às outras por meio da recuperação da dependência em jogos eletrônicos, oferecendo informações e reuniões.

Embora encontros presenciais estejam limitados a cidades norte-americanas, já é possível participar de reuniões virtuais via Zoom com pessoas de várias partes do mundo, em inglês, espanhol, alemão, russo ou português.

Site: gamingaddictsanonymous.org/pt/gaa-portugues

Habitação e alimentação

TETO

Em associação com a organização internacional TECHO, a TETO atua há mais de 14 anos no Brasil mobilizando a integração de voluntários e moradores de comunidades precárias por todo o país em prol de construir soluções concretas e emergenciais para a melhora das condições de moradia.

É possível fazer doações ou se voluntariar no site.

Site: teto.org.br

Banco de Alimentos

A Banco de Alimentos é uma ONG, pioneira no combate à fome, que recolhe alimentos que já perderam valor de prateleira no comércio e na indústria, mas que ainda estão aptos para consumo, e os distribui a pessoas em situação de vulnerabilidade e insegurança alimentar.

A organização também aceita doações de empresas e pessoas.

Site: bancodealimentos.org.br

Comunidade LGBTQIAPN+

SOMOS

A SOMOS é uma ONG com base em Porto Alegre, mas que atua por diversas áreas do país, com ênfase em direitos sexuais e reprodutivos de LGBTQIAPN+.

Além de atuar nas ruas e nas redes com distribuição de materiais, intervenções nos espaços urbanos e protestos, há também um serviço de atendimento e acolhimento — individuais e coletivos — que funciona cinco dias na semana.

Site: somos.org.br

PoupaTrans!

A PoupaTrans! é um coletivo de mulheres trans com propósito de ajudar as pessoas trans/travestis na retificação do pronome e/ou gênero em documentos oficiais.

Site: poupatrans.org.br

Saúde mental

Instituto Bem do Estar

O Instituto Bem do Estar tem como propósito desafiar as pessoas a mudar o comportamento em relação à saúde da mente, colaborando para a prevenção de transtornos psicológicos e contribuindo para uma sociedade mais consciente e saudável.

O instituto realiza campanhas de conscientização, trabalha com conteúdos digitais e promove mostras e exposições culturais acerca do tema.

Site: bemdoestar.org

Soul Bilíngue

A Soul Bilíngue é uma ONG que, além de falar sobre intercâmbio para jovens de baixa renda, prioriza a pauta de cuidados com a saúde mental.

A organização atua com a finalidade de potencializar jovens de baixa renda para o mundo, e promove ações, como a de julho de 2022, em que 43 psicólogos voluntários foram reunidos para cuidar da saúde mental de mais de trezentos jovens de periferia ao longo de cinco meses.

Site: soulbilingue.com

Cactus Instituto

A Cactus é uma entidade filantrópica e de direitos humanos, sem fins lucrativos, que atua de forma independente para ampliar o debate e os cuidados em prevenção de doenças e promoção de saúde mental no Brasil, atuando com o desenvolvimento de parcerias com foco nas políticas públicas e inovações em saúde mental.

Site: institutocactus.org.br

262 | *Codependência nunca mais*

Instituto Vita Alere

O Vita Alere é um instituto com foco em promover a prevenção e posvenção do suicídio, por meio de ações de divulgação, conscientização, educação, pesquisa, apoio e tratamento, oferecendo atendimentos, treinamentos, palestras etc. — e até mesmo pós-graduação no assunto.

Site: vitaalere.com.br

Mapa Saúde Mental

O Mapa Saúde Mental é um site voltado para a saúde mental desenvolvido pelo instituto Vita Alere que mostra como e onde buscar serviços gratuitos de psicologia e psiquiatria.

Com apoio técnico do Google, o mapa conta com opções de atendimentos virtuais e presenciais e endereços de Caps (Centro de Atenção Psicossocial), Caism (Centro de Atenção Integrada à Saúde Mental), hospitais psiquiátricos, ONGs e clínicas de faculdades.

Site: mapasaudemental.com.br

Recuperação

Al-Anon

O Al-Anon oferece reuniões para pessoas preocupadas com um dependente químico.

Site: al-anon.org.br

Alcoólicos Anônimos

Escrevi muito sobre o A.A. neste livro e ao longo dos anos. A instituição ajudou meu trabalho e minha vida profundamente.

Site: aa.org.br

Cuidados temporários

Instituto Berna Almeida

O Instituto Berna Almeida tem como objetivo proporcionar ao cuidado familiar toda a base necessária para seguir em frente e conscientizá-lo de que seu papel é de cuidar, não de curar.

O instituto oferece o Projeto Conte Comigo, um projeto no qual voluntários vão às casas dos cuidadores e os ajudam a cuidar da pessoa necessitada ou assumem as funções para que os cuidadores possam dormir, descansar, bater um papo etc.

Site: institutobernalmeida.com.br

Dependência em sexo

D.A.S.A. — Dependentes de Amor e Sexo Anônimos

O Dependentes de Amor e Sexo Anônimos oferece recursos virtuais e reuniões do programa de Doze Passos para ajudar pessoas vivendo com dependência em sexo.

Site: dasa-sp.org

Abuso sexual e violência doméstica

Canal de denúncia

No Brasil, há dois canais de denúncia contra violência doméstica e familiar oficial com serviço 24 horas. Além deles, a Delegacia da Mulher, órgão público brasileiro criado para o combate à violência contra as mulheres, também pode ser uma opção, estando espalhada por todo o país.

Canal de denúncia: 180/197

Disque 100

Disque 100 é um canal de denúncia da Mulher, Família e dos Direitos Humanos voltado para a proteção de crianças e adolescentes vítimas de violên-

264 | *Codependência nunca mais*

cia sexual, além de violação de direitos de grupos considerados vulneráveis. A chamada é gratuita.

Prevenção de suicídio

CVV (Centro de Valorização da Vida)
O CVV realiza apoio emocional e prevenção do suicídio, atendendo voluntária e gratuitamente todas as pessoas que querem e precisam conversar, sob total sigilo, por telefone, e-mail e chat 24 horas todos os dias.

Site: cvv.org.br

Telefone: 188

Trauma e desastres

Movimento Internacional da Cruz Vermelha e do Crescente Vermelho
O Movimento é composto pelo Comitê Internacional da Cruz Vermelha (CICV), pela Federação Internacional das Sociedades da Cruz Vermelha e do Crescente Vermelho e pelas 189 Sociedades Nacionais. Atuando em todo o mundo, o Movimento tem como duas das principais funções prestar assistência humanitária às pessoas afetadas por conflitos humanos e assistir vítimas de desastres naturais ou tecnológicos.

Site: cruzvermelha.org.br/pb

NOTAS

INTRODUÇÃO

1. WOITITZ, Janet Geringer. "Co-Dependency: The Insidious Invader of Intimacy". In: *Co-Dependency, An Emerging Issue* (Hollywood, FL: Health Communications, 1984), p. 59.
2. DREWS, Toby Rice. *Getting Them Sober*, vol. 1 (South Plainfield, NJ: Bridge Publishing, 1980), xv.

CAPÍTULO 1: MINHA HISTÓRIA

1. DANEAULT, Serge. "The Wounded Healer". In: *Canadian Family Physician* 54, nº 9. Disponível em: https://www.ncbi.nlm.nih.gov/pmc/articles/PMC2553448/. Acesso em: set. 2008.

CAPÍTULO 3: CODEPENDÊNCIA

1. Paráfrase baseada em citação de Joan Wexler e John Steidl (professores de trabalho social psiquiátrico na Universidade Yale, em Colette Dowling, *Complexo de Cinderela*, Melhoramentos, 2012.
2. SUBBY, Robert. "Inside the Chemically Dependent Marriage: Denial and Manipulation". In: *Co-Dependency, An Emerging Issue* (Hollywood, FL: Health Communications, 1984), p. 26.
3. Todas as citações e ideias atribuídas a Earnie Larsen ao longo deste trabalho vieram dos muitos panfletos e palestras que ele compartilhou como parte do

266 | *Codependência nunca mais*

trabalho feito na área de recuperação nas décadas de 1970 e 1980. Apesar de Larsen não estar mais conosco, suas ideias causaram um forte impacto na área.

4. SUBBY, Robert; FRIEL, John Friel, op. cit., p. 31.

5. Grupos familiares Al-Anon. *Al-Anon Faces Alcoholism* (Nova York: Al-Anon Family Group Headquarters, 1977).

6. O Al-Anon protege o anonimato dos seus participantes e não mantém registros oficiais de informações sobre membros. No entanto, o escritório administrativo de Mineápolis concordou que esse número provavelmente está correto.

7. GORSKI, Terence T.; MILLER, Merlene. "Co-Alcoholic Relapse: Family Factors and Warning Signs". In: *Co-Dependency, An Emerging Issue*, p. 78.

8. SUBBY, Robert, op. cit., p. 26.

9. Ibidem, p. 31.

10. Descubra mais sobre os cinco estágios do luto de David Kessler e Elisabeth Kübler-Ross no site em inglês Grief.com. Disponível em: https://grief.com/the-five-stages-of-grief/. Acessado em 4 abr. 2022.

11. WHITFIELD, Charles L. "Co-Dependency: An Emerging Problem Among Professionals". In: *Co-Dependency, An Emerging Issue*, p. 53; KELLERMAN, Joseph L. *The Family and Alcoholism: A Move from Pathology to Process* (Center City, MN: Hazelden, 1984).

12. DYER, Wayne W. *Seus pontos fracos*. BestSeller, 2013; RUBIN, Theodore Rubin; RUBIN, Eleanor. *Compassion and Self-Hate: An Alternative to Despair* (Nova York: David McKay Company, 1975).

CAPÍTULO 4: CARACTERÍSTICAS DO CODEPENDENTE

1. Eu e Scott Egleston ajudamos muitos grupos de codependentes nas décadas de 1970 e 1980, antes mesmo de o mundo conhecer o termo codependência. Nós conversávamos antes e depois de cada sessão. As ideias atribuídas a ele ao longo do livro vêm dessas experiências. Ele é um excelente terapeuta e professor.

2. BRANDEN, Nathaniel. *Honoring the Self: Personal Integrity and the Heroic Potentials of Human Nature* (Boston: Houghton Mifflin Company, 1983), p. 162.

3. SAAD, Lydia. "Substance Abuse Hits Home for Close to Half of Americans", GALLUP, 14 out. 2019. Disponível em: https://news.gallup.com/poll/267416/substance-abuse-hits-home-close-half-americans.aspx.

Notas | 267

4. HOLLIS, Judi. *Fat Is a Family Affair* (São Francisco: Harper/Hazelden, 1986), p. 55. Todas as citações subsequentes se referem a essa edição, a menos que observado.

5. Ibidem, p. 53.

6. SUBBY, Robert; FRIEL, John, op. cit., p. 32.

CAPÍTULO 5: DESLIGAMENTO EMOCIONAL

1. Essa citação costuma ser atribuída ao filósofo William James. Eu a encontrei sem créditos em Dyer, *Seus pontos fracos*.

2. Grupos familiares Al-Anon. *One Day at a Time in Al-Anon* (Nova York: Al-Anon Family Group Headquarters, 1976).

3. HOLLIS, Judi, op. cit., p. 47.

4. WILLIAMS, Terence Williams. *Free to Care: Therapy for the Whole Family of Concerned Persons* (Center City, MN: Hazelden, 1975).

5. HOLLIS, Judi, op. cit.

6. W. Carolyn. *Detaching with Love* (Center City, MN: Hazelden, 1984), p. 5.

CAPÍTULO 6: NÃO SE INCOMODE COM TUDO

1. BACKUS, William; CHAPIAN, Marie. *Fale a verdade consigo mesmo*. Editora Betânia, 2019.

CAPÍTULO 7: LIBERTE-SE

1. LESHAN, Eda. "Beware the Helpless". In: *Woman's Day*, 26 abr. 1983, p. 50.

CAPÍTULO 8: LIBERTE A VÍTIMA

1. KARPMAN, Stephen B. "Fairy Tales and Script Drama Analysis". In: *Transactional Analysis Bulletin* 7, nº 26 (1968). Disponível em: https://karpmandrama-triangle .com/pdf/DramaTriangle.pdf.

268 | *Codependência nunca mais*

CAPÍTULO 9: SUBDEPENDÊNCIA

1. RUBIN, Theodore Rubin; RUBIN, Eleanor, op. cit., p. 278.
2. WOITITZ, Janet Geringer. *The Complete ACOA Sourcebook* (Deerfield Beach, FL: Health Communications, 2002), p. 163.
3. RUBIN, Theodore Rubin; RUBIN, Eleanor, op. cit., p. 196.
4. RUSSIANOFF, Penelope. *Why Do I Think I Am Nothing Without a Man?* (Nova York: Bantam Books, 1982).
5. Dowling, *Complexo de Cinderela*.
6. Ibidem, pp. 152-3.
7. Ibidem, 22.
8. CAPELL-SOWDER, Kathy. "On Being Addicted to the Addict: Co-Dependent Relationships". In: *Co-Dependency, An Emerging Issue*, p. 23. Quadro reimpresso com autorização. Veja também: PEELE, Stanton; BRODSKY, Archie. *Love and Addiction* (Nova York: New American Library, 1975).

CAPÍTULO 10: VIVA A PRÓPRIA VIDA

1. BRANDEN, Nathaniel, op. cit., p. 53.
2. RUBIN, Theodore Rubin; RUBIN, Eleanor, op. cit., p. 65.
3. Ibidem.

CAPÍTULO 11: AME-SE

1. RUBIN, Theodore Rubin; RUBIN, Eleanor, op. cit.; BRANDEN, Nathaniel, op. cit.
2. SUBBY, Robert; FRIEL, John, op. cit., 40.
3. RUBIN, Theodore Rubin; RUBIN, Eleanor, op. cit.
4. BRANDEN, Nathaniel, op. cit., p. 76.
5. DREWS, Toby Rice, op. cit., p. 4.
6. BRANDEN, Nathaniel, op. cit., pp. 1-4.

CAPÍTULO 12: APRENDA A ARTE DA ACEITAÇÃO

1. KELLERMAN, Joseph L. *Um guia para a família do alcoólico* (Nova York: Al-Anon Family Group Headquarters, 1984).

2. WOITITZ, Janet G. *The Intimacy Struggle*, rev. ed. (Deerfield Beach, FL: Health Communications, 1993), p. vi.

3. Ibidem, xiv.

4. SWIFT, Harold A.; WILLIAMS, Terence, op. cit.

5. BRANDEN, Nathaniel, op. cit., pp. 62-5.

6. KÜBLER-ROSS, Elisabeth. *Sobre a morte e morrer*. WMF Martins Fontes, 2017.

7. Os cinco estágios do luto estão listados em inglês no site Grief, de David Kessler.

8. JEWETT, Claudia L. *Helping Children Cope with Separation and Loss* (Harvard, MA: The Harvard Common Press, 1982), p. 29.

9. JARRAT, Claudia Jewett, op. cit., p. 66.

10. POWELL, John. *Por que tenho medo de lhe dizer quem sou?* Crescer, 2015.

11. Ibidem, pp. 71-2.

12. KÜBLER-ROSS, Elisabeth, op. cit.

13. ANDERSON, Donald L. *Better Than Blessed* (Wheaton, IL: Tyndale House Publishers, 1981), p. 11.

CAPÍTULO 13: SINTA SEUS SENTIMENTOS

1. GREENLEAF, Jael. "Co-Alcoholic/Para-Alcoholic: Who's Who and What's the Difference?". In: *Co-Dependency, An Emerging Issue*, p. 9.

2. BRANDEN, Nathaniel, op. cit.

3. POWELL, John, op. cit.

CAPÍTULO 14: RAIVA

1. WOITITZ, Janet Geringer. *Marriage on the Rocks: Learning to Live with Yourself and an Alcoholic* (Deerfield Beach, FL: Health Communications, 1979), p. 50.

2. ROSELLINI, Gayle; WORDEN, Mark. *Of Course You're Angry* (São Francisco: Harper/Hazelden, 1986).

270 | *Codependência nunca mais*

3. Efésios 4:26.

4. DREWS, Toby Rice, op. cit.; ROSELLINI, Gayle; WORDEN, Mark. *Of Course You're Angry*. São Francisco: Harper/Hazelden, 1986; e Scott Egleston.

5. PEARLS, Frederick S. *Gestalt-terapia explicada*. Summus Editorial, 1976.

6. ROSELLINI, Gayle; WORDEN, Mark, op. cit.

7. WOITITZ, Janet Geringer, op. cit., p. 29.

CAPÍTULO 15: SIM, VOCÊ CONSEGUE PENSAR

1. DREWS, Toby Rice, op. cit.

CAPÍTULO 16: DETERMINE SUAS INTENÇÕES

1. SCHARTZ, David. *A mágica de pensar grande*. Record, 1975.

2. Ibidem, pp. 163-4.

3. Ibidem, p. 164.

4. WHOLEY, Dennis. *The Courage to Change* (Boston: Houghton Mifflin Company, 1984), p. 39.

CAPÍTULO 17: COMUNICAÇÃO

1. DREWS, Toby Rice, op. cit., p.76.

2. POWELL, op. cit.

3. Ibidem.

CAPÍTULO 18: SIGA UM PROGRAMA DE DOZE PASSOS

1. Grupos familiares Al-Anon. *Os doze passos e as doze tradições do Al-Anon*. JUNAAB, 2019.

2. GREENLEAF, Jael. "Co-Alcoholic/Para-Alcoholic: Who's Who and What's the Difference?". In: *Co-Dependency, An Emerging Issue*, p. 15.

3. VAILLANT, George E. *The Natural History of Alcoholism: Causes, Patterns, and Paths to Recovery* (Cambridge, MA: Harvard University Press, 1983).

4. Warren W. contou essa história em Mineápolis no dia 23 de agosto de 1985, pegando-a emprestado do palestrante Clancy Imislund, que administrava a Midnight Mission de Los Angeles

5. Teste tirado de Grupos familiares Al-Anon, *Al-Anon: Is It for You?* (Nova York: Al-Anon Family Group Headquarters, 1983). Reimpresso com permissão de Al-Anon Family Group Headquarters.

6. A., Tony. *25 Questions: Am I an Adult Child?* (Adult Children of Alcoholics® / Dysfunctional Families World Service Organization, Inc., 2015). Disponível em: https://adultchildren.org/wp-content/uploads/Literature/25_Questions_EN-US_LTR.pdf. Panfleto adaptado de *ACA Fellowship Text ("The Big Red Book")* (Lakewood, CA: ACA WSO, 2006), pp. 18-22.

7. Os Doze Passos foram tirados de *Alcoólicos Anônimos*. Reimpresso com permissão.

CAPÍTULO 19: UMA COISA OU OUTRA

1. DREWS, Toby Rice, op. cit., p. 52.

2. RUSSIANOFF, Penelope. op. cit.

3. CAPELL-SOWDER, Kathy. "On Being Addicted to the Addict: Co-Dependent Relationships". In: *Co-Dependency, An Emerging Issue*, pp. 20-1.

4. As ideias debatidas aqui foram retiradas de vários artigos em *Co-Dependency, An Emerging Issue*: Janet Geringer Woititz, "The CoDependent Spouse: What Happens to You When Your Husband Is an Alcoholic"; Gerald Shulman, "Sexuality and Recovery: Impact on the Recovering Couple"; Marilyn Mason, "Bodies and Beings: Sexuality Issues During Recovery for the Dependent and Co-Dependent"; e Janet Geringer Woititz, "Co-Dependency: The Insidious Invader of Intimacy".

CAPÍTULO 20: TRANQUILIZE-SE

1. *Onde eu moro*, dirigido por Pedro Kos e Jon Shenk, lançado em 3 set. 2021, na Netflix, 7:45. Disponível em: https://www.netflix.com/title/81240756.

2. VAN DER KOLK, Bessel. *The Body Keeps the Score: Brain, Mind, and Body in the Healing of Trauma* (Nova York: Penguin Books, 2015).

3. "Anxiety Disorders", National Alliance on Mental Health (NAMI), atualizado pela última vez em dezembro. Disponível em: https://www.nami.org/About--Mental-Illness/Mental-Health-Conditions/Anxiety-Disorders.

272 | *Codependência nunca mais*

4. BANDELOW, Borwin; MICHAELIS, Sophie. "Epidemiology of Anxiety Disorders in the 21st Century". In: *Dialogues in Clinical Neuroscience* 17, nº 3 (2015). Disponível em: https://doi.org/10.31887/DCNS.2015.17.3/bbandelow.

5. Ry Gavin, "From 'American Idol' to Queen, Adam Lambert Is Going All the Way", *Hunger*, 11 fev. 2022. Disponível em: https://www.hungertv.com/editorial/from-american-idol-to-queen-adam-lambert-is-going-all-the-way/.

CAPÍTULO 21: COMO APRENDER A VIVER E A AMAR DE NOVO

1. MASLOW, Abraham H. *Motivation and Personality*, 2ª ed. (Nova York: Harper & Row, 1970); WOLMAN, Benjamin. *International Encyclopedia of Psychiatry, Psychology, Psychoanalysis, & Neurology*, vol. 7 (Nova York: Aesculapius Publishers, 1977), pp. 32–3.

2. BRANDEN, Nathaniel, op. cit., p. 162.

3. BRANDEN, Nathaniel, op. cit., p. 59.

BIBLIOGRAFIA

LIVROS

Grupos familiares Al-Anon. *Al-Anon Faces Alcoholism*. Nova York: Al-Anon Family Group Headquarters, 1977.

_____. *Al-Anon: Is It for You?*. Nova York: Al-Anon Family Group Headquarters, 1983.

_____. *Os doze passos e as doze tradições do Al-Anon*. JUNAAB, 2019.

_____. *O dilema do casamento com um alcoólico*. Al-Anon, 2019.

_____. *One Day at a Time in Al-Anon*. Nova York: Al-Anon Family Group Headquarters, 1976.

Alcoólicos Anônimos ("O grande livro"). JUNAAB, 2019.

ANDERSON, Donald L. *Better Than Blessed*. Wheaton, IL: Tyndale House Publishers, 1981.

BACKUS, William; CHAPIAN, Marie. *Fale a verdade consigo mesmo*. Editora Betânia, 2019.

BAER, Jean. *How to Be an Assertive (Not Aggressive) Woman in Life, in Love, and on the Job*. Nova York: New American Library, 1976.

BRANDEN, Nathaniel. *Honoring the Self: Personal Integrity and the Heroic Potentials of Human Nature*. Boston: Houghton Mifflin Company, 1983.

Co-Dependency, An Emerging Issue. Hollywood, FL: Health Communications, 1984.

Day by Day. São Francisco: Hazelden, 1986.

DEROSIS, Helen A.; Victoria Y. Pellegrino. *The Book of Hope: How Women Can Overcome Depression*. Nova York: MacMillan Publishing, 1976.

274 | *Codependência nunca mais*

DOWLING, Colette. *Complexo de Cinderela*. Melhoramentos, 2012.

DREWS, Toby Rice. *Getting Them Sober*. Vol. 1. 3ª ed. Baltimore, MD: Recovery Communications, 1998.

_____. *Getting Them Sober*. Vol. 2. South Plainfield, NJ: Bridge Publishing, 1983.

DYER, Wayne W. *Seus pontos fracos*. BestSeller, 2013.

ELLIS, Albert; HARPER, Robert A. *A New Guide to Rational Living*. Hollywood, CA: Wilshire Books, 1975.

FORT, Joel. *The Addicted Society: Pleasure-Seeking and Punishment Revisited*. Nova York: Grove Press, 1981.

HAFEN, Brent Q.; FRANDSEN, Kathryn. *The Crisis Intervention Handbook*. Englewood Cliffs, NJ: Prentice-Hall, 1982.

HOLLIS, Judi. *Fat Is a Family Affair*. São Francisco: Harper/Hazelden, 1986.

_____. *Fat Is a Family Affair*. 2ª ed. Center City, MN: Hazelden, 2003.

HORNIK-BEER, Edith Lynn. *A Teenager's Guide to Living with an Alcoholic Parent*. Center City, MN: Hazelden, 1984.

JEWETT, Claudia Jarratt. *Helping Children Cope with Separation and Loss*. Harvard, MA: The Harvard Common Press, 1982.

_____. *Helping Children Cope with Separation and Loss*, ed. rev. Boston: The Harvard Common Press, 1994.

JOHNSON, Lois Walfrid. *Either Way, I Win: A Guide to Growth in the Power of Prayer*. Mineápolis: Augsburg, 1979.

KIMBALL, Bonnie-Jean. *The Alcoholic Woman's Mad, Mad World of Denial and Mind Games*. Center City, MN: Hazelden, 1978.

KÜBLER-ROSS, Elisabeth. *Sobre a morte e morrer*. WMF Martins Fontes, 2017.

LANDORF, Joyce Heatherley. *Irregular People*. Georgetown, TX: Balcony, 2018.

LEE, Wayne. *Formulating and Reaching Goals*. Champaign, IL: Research Press Company, 1978.

MASLOW, Abraham H., org. *Motivation and Personality*. 2ª ed. Nova York: Harper & Row, 1970.

MAXWELL, Ruth. *The Booze Battle*. Nova York: Ballantine Books, 1976.

MCCABE, Thomas R. *Victims No More*. Center City, MN: Hazelden, 1978.

PEELE, Stanton; BRODSKY, Archie. *Love and Addiction*. Nova York: New American Library, 1975.

PERLS, Frederick S. *Gestalt-terapia explicada*. Summus Editorial, 1976.

Bibliografia | 275

PICKENS, Roy W.; SVIKIS, Dace S. *Alcoholic Family Disorders: More Than Statistics*. Center City, MN: Hazelden, 1985.

POWELL, John. *Por que tenho medo de lhe dizer quem sou?*. Crescer, 2015.

RESTAK, Richard M. *The Self Seekers*. Garden City, NY: Doubleday and Company, 1982.

ROSELLINI, Gayle; WORDEN, Mark. *Of Course You're Angry*. São Francisco: Harper/Hazelden, 1986.

RUBIN, Theodore. *Reconciliations: Inner Peace in an Age of Anxiety*. Nova York: The Viking Press, 1980.

RUBIN, Theodore; RUBIN, Eleanor. *Compassion and Self-Hate: An Alternative to Despair*. Nova York: David McKay Company, 1975.

RUSSIANOFF, Penelope. *Why Do I Think I Am Nothing Without a Man?*. Nova York: Bantam Books, 1982.

SCHWARTZ, David. *A mágica de pensar grande*. Record, 1975.

STEINER, Claude M. *Games Alcoholics Play*. Nova York: Ballantine Books, 1974.

_____. *Healing Alcoholism*. Nova York: Grove Press, 1979.

_____. *Scripts People Live*. 1974. Reprint, Nova York: Grove Press, 1990.

_____. *What Do You Say After You Say Hello?*. Nova York: Grove Press, 1972.

Twenty-Four Hours a Day. São Francisco: Hazelden, 1985.

VAILLANT, George E. *The Natural History of Alcoholism: Causes, Patterns, and Paths to Recovery*. Cambridge, MA: Harvard University Press, 1983.

VAN DER KOLK, Bessel. *O corpo guarda as marcas: Cérebro, mente e corpo na cura do trauma*. Sextante, 2020.

VINE, Phyllis. *Families in Pain: Children, Siblings, Spouses, and Parents of the Mentally Ill Speak Out*. Nova York: Pantheon Books, 1982.

WALLIS, Charles L., org. *The Treasure Chest*. Nova York: Harper & Row, 1965.

WHOLEY, Dennis. *The Courage to Change*. Boston: Houghton Mifflin Company, 1984.

WOITITZ, Janet Geringer. *Adult Children of Alcoholics*. Hollywood, FL: Health Communications, 1983.

_____. *The Complete ACOA Sourcebook*. Deerfield Beach, FL: Health Communications, 2002.

_____. *The Intimacy Struggle*, ed. rev. Deerfield Beach, FL: Health Communications, 1993.

276 | Codependência nunca mais

_____. _Marriage on the Rocks: Learning to Live with Yourself and an Alcoholic_. Deerfield Beach, FL: Health Communications, 1979.

WOLMAN, Benjamin, org. _International Encyclopedia of Psychiatry, Psychology, Psychoanalysis, & Neurology_. Vol. 7. Nova York: Aesculapius Publishers, 1977.

YORK, Phyllis e David; WACHTEL, Ted. _Toughlove_. Garden City, NY: Doubleday, 1982.

PANFLETOS

BEATTIE, Melody. _Denial_. Center City, MN: Hazelden, 1986.

BURGIN, James E. _Help for the Marriage Partner of an Alcoholic_. Center City, MN: Hazelden, 1976.

The Enormity of Emotional Illness: The Hope Emotions Anonymous Has to Offer. St. Paul, MN: Emotions Anonymous International Services, 1973.

H., Barbara. _Untying the Knots: One Parent's View_. Center City, MN: Hazelden, 1984.

HARRISON, Earl. _Boozlebane on Alcoholism and the Family_. Center City, MN: Hazelden, 1984.

Hazelden Educational Materials. _Learn about Families and Chemical Dependency_. Center City, MN: Hazelden, 1985.

_____. _No Substitute for Love: Ideas for Family Living_. Center City, MN: Hazelden. Reimpresso com permissão do Setor Especial de Ação contra Abuso de Substâncias, Escritório Executivo do Presidente, Washington, DC, junto com a Semana de Prevenção ao Abuso de Substâncias em 1973.

_____. _Step Four: Guide to Fourth Step Inventory for the Spouse_. Center City, MN: Hazelden, 1976.

_____. _Teen Drug Use: What Can Parents Do?_. Center City, MN: Hazelden. Reimpresso com permissão do Departamento de Instrução Pública, Bismarck, ND, Ato de Educação contra Abuso de Substâncias de 1970.

KELLERMAN, Joseph L. _The Family and Alcoholism: A Move from Pathology to Process_. Center City, MN: Hazelden, 1984.

_____. _A Guide for the Family of the Alcoholic_. Nova York: Al-Anon Family Group Headquarters, 1984.

NAKKEN, Jane. _Enabling Change: When Your Child Returns Home from Treatment_. Center City, MN: Hazelden, 1985.

SCHROEDER, Melvin. *Hope for Relationships*. Center City, MN: Hazelden, 1980.

Scientific Affairs Committee of the Bay Area Physicians for Human Rights. *Guidelines for AIDS Risk Reduction*. São Francisco: The San Francisco AIDS Foundation, 1984.

SWIFT, Harold A.; Terence Williams. *Free to Care: Recovery for the Whole Family*. Center City, MN: Hazelden, 1975.

TIMMERMAN, Nancy G. *Step One for Family and Friends*. Center City, MN: Hazelden, 1985.

_____. *Step Two for Family and Friends*. Center City, MN: Hazelden, 1985. W., Carolyn. *Detaching with Love*. Center City, MN: Hazelden, 1984.

WILLIAMS, Terence. *Free to Care: Therapy for the Whole Family of Concerned Persons*. Center City, MN: Hazelden, 1975.

ARTIGOS

ANDERSON, Eileen. "When Therapists Are Hooked on Power". *The Phoenix* 5, nº 7 (jul. 1985).

"Author's Study Says CoAs Can't Identify Their Needs". *The Phoenix* 4, nº 11 (nov. 1984). De Family Focus, publicado por *U.S. Journal of Drug and Alcohol Dependence*.

Bartell, Jim. "Family Illness Needs Family Treatment, Experts Say". *The Phoenix*, 4, nº 11 (nov. 1984).

BLACK, Claudia. "Parental Alcoholism Leaves Most Kids Without Information, Feelings, Hope". *The Phoenix* 4, nº 11 (nov. 1984).

HAMBURG, Jay. "Student of Depression Sights a Silver Lining". *St. Paul Pioneer Press and Dispatch* (*Orlando Sentinel*), 23 set. 1985.

JEFFRIS, Maxine. "About the Word Co-Dependency". *The Phoenix* 5, nº 7 (jul. 1985).

KAHN, Aron. "Indecision Decidedly in Vogue". *St. Paul Pioneer Press and Déspatch*. 1º abr. 1986.

KALBRENER, John. "We Better Believe That Our Children Are People, Says Children Are People". *The Phoenix* 4, nº 11 (nov. 1984).

LESHAN, Eda. "Beware the Helpless". *Woman's Day*, 26 abr. 1983.

ROSS, Walter S. "Stress: It's Not Worth Dying For". *Reader's Digest*, jan. 1985.

278 | Codependência nunca mais

SCHUMACHER, Michael. "Sharing the Laughter with Garrison Keillor". *Writer's Digest*, jan. 1986.

STRICK, Lisa Wilson. "What's So Bad About Being So-So?". *Reader's Digest*, ago. 1984. Reimpresso de *Woman's Day*.

VARIADOS

"Adult Children of Alcoholics". Folheto. Autor desconhecido. "Desligamento emocional". Folheto escrito por membros anônimos do Al-Anon.

JOURARD, Sidney; WHITMAN, Ardis. "The Fear That Cheats Us of Love". Folheto.

LARSEN, Earnie. "Co-Dependency Seminar". Stillwater, MN, 1985.

WRIGHT, Thomas. "Profile of a Professional Caretaker". Folheto.

Este livro foi composto na tipografia Minion Pro,
em corpo 11/15, e impresso em
papel off-white no Sistema Cameron da
Divisão Gráfica da Distribuidora Record.